Greater Heights Publishing

Word Search
Ultimate Music

How To Play

All of our Word search puzzles are easy to play. Simply find a word from that puzzle's list, then circle it and cross it off the list. Words may run up, down, across, forward, backward or diagonally.

NOTE: Apostrophes, quote marks, periods, spaces, etc., are all omitted from every puzzle.

If you ever get stuck on a word, you can quickly find the solution in the Answers section at the back of the book.

Enjoy More Word Search Puzzles

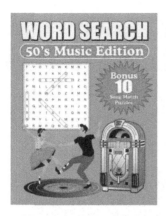
WORD SEARCH
50's Music Edition

WORD SEARCH
All Time Best Shows

WORD SEARCH
Around The House

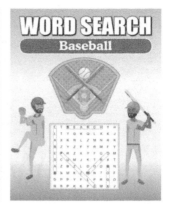
WORD SEARCH
Baseball

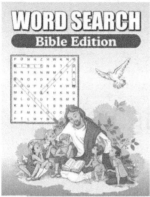
WORD SEARCH
Bible Edition

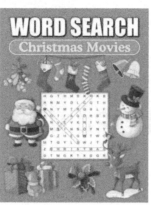
WORD SEARCH
Christmas Movies

WORD SEARCH
Fall & Winter

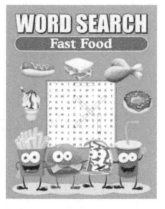
WORD SEARCH
Fast Food

WORD SEARCH
Food & Cooking

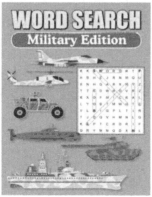
WORD SEARCH
Military Edition

WORD SEARCH
Spring & Summer

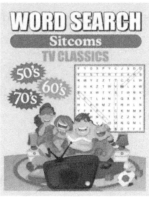
WORD SEARCH
Sitcoms

WORD SEARCH
Texas
STATE SERIES

WORD SEARCH
U.S. National Parks

WORD SEARCH
Westerns

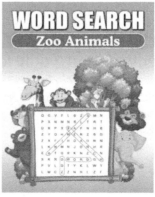
WORD SEARCH
Zoo Animals

Free

Word Search Puzzles

Visit Our Website

www.GreaterHeightsPublishing.com

Browse our catalog of titles and download a free sample puzzle from each book.

You can also find us on Facebook. Please stop by and say hello. We would love to hear from you.

https://www.facebook.com/Greater Heights Publishing

If you have a suggestion or an idea for a new book, we're always keen to get your feedback and would love to know your thoughts.

Thank you again for your wonderful support! We couldn't do it without you.

1940 Songs & Artists 1

```
G B E N N Y G O O D M A N W N Z Z H L M C G M F Y M T V
K C Q Y C N Z M H K T P Q J O P N C K Q M M N B G F Z C
K I L K B Q L H F K B P D R G O Z R H T K N S R Y M T S
K N L V J R K M M D Y L L L B G D P N B Q O Q T M K C R
L A J L L K D G T R N T W I N K Q Y X T R N D Y T Q F E
C M T F N W V M C V D B G O M J B B G C J O P J Z T H T
I E E L V D X M F Y R Y L Y N A M Q G U L M Z F Q R P S
S L I Q N R Q P M Y L O T Q B T G N T D T M N W Y W M I
A L G G L K J Y M B S N N T R L I I B Q I H C W J N Y S
W O O X Y B S E N I H L R A E B O L N L H B E B L E W S
E T O K K H L L V M G H N Z M F A U L A M R J R S B R W
R O B K N L R T U J K C D Y Z C N S I C T X H R I M K E
E N M X K N J T T O S M L R K F B M P S H I O M V E W R
H E U D L T O P V T S C G J G R R D P X J D O W R H M D
W L H Z N T Z G A L X D O J O Z T D Y R Y O Z N G Q L N
Q L R P P B P R A F B E N T A M K R L M X X R V N W A A
G C L Z M L D L R W K R H A H V W J M T C L L D D N C K
C W N L R U R X T G D E E R Y L A O J V F I N D A G C Y
N N R Q S D D K H R R E T V T D T J K K R A M N R N O E
C T L T J N C G C S Y W R F E J O H I P K T L S M L R S
N O I T C N U J O D E X U T C R N B O V G N N E L J D I
S I V A D R E T L A W J N T Y Q O H G Y E O Z G Y V E N
L T X K C A B C A L L O W A Y K T F Z C T T R A Y X O D
B O C A R T E R T R K Y K B Y H V D Y L K T H U T Q N E
P F T Q T V J W Y T Y K P J G R R L J L N O T N N B I E
R C Y L B F J Y P Q F M R I V V G F L L N C X D N P S D
Y N K N K K Y H G F W K N C C Y X N N K M O R Q Z J T Y
V P T Z P N B O O G I T T F H Y A D D N A T H G I N E C
```

Andrews Sisters	In A Mellotone	Red Wagon
Benny Goodman	Java Jive	Rhumboogie
Bing Crosby	Laccordeoniste	So Long
Bo Carter	Louis Jordan	Star Dust
Body And Soul	Mills Brothers	Tommy Dorsey
Boog It	Night And Day	Tuxedo Junction
Cab Calloway	Night Hop	Walter Davis
Cotton Tail	Nuages	Where Was I
Earl Hines	Old Black Joe	Woody Gutherie
Imagination	Only Forever	Yes Indeed

1940 Songs & Artists 2

```
M H M N V X H B P D K P X L R F L T M B N V G R M G D G
N E T I M E L O D Y F H L A F T E R H O U R S R K Y U D
K V N J W T L K H L L W N F W G H N Q P H B M K T N K B
V J L T M X Y L D F Y P X Q K C Y L Y R J H F B B R E K
V N P L T W C N Z B I J K O K O B S C C J B D M S M E D
X L Y L F N T V I E N T K V J D R Y W N T Z N M L B L A
R C N X Q R W L P E G K Y K W E T A R F R F Z L O W L N
N Z T M W R L N H R H Q G L E Y H N H L R K P Y W Y I I
T N G R N M L H N H O J L T N S L P R T V T N L F R N R
G P K V O G T Q L T M N O M E L S T S C W X M N R T G R
V F E N T M D F M E E I H I B C D B R O X M L V E G T O
N B R E K X W D V W R G T F T N N V Q E F Z M Y I T O C
G O L P L P V M C A L R R K B Y I C T G V T T R G N N E
E D K Z K S H M H E A G B G H B W R S W K A W Z H Q K N
C V K D Y F N C N T R I N E F K E T R T Q F E I T T Z I
M Y B P J R N N I F L O B I X R D M H Z O J R B N M X R
V F M L H M M N M L L Y N S W R A T F E R P K E G D R R
T G C T X I Y Q I O A M P A M S R N P T M L S D N I S O
X L R Q L H M E S M K L M B P I T T K B X A V K Q E B C
Z W T L I Q H X M C D G Q T C E L L W S M B N M N D S Q
X T E L Q O K R Y H L H T N C R L H Q N I R R I K I L I
K R L K L T M M R V Y L N U K R L M F T N N L P L N Y N
N H W I L P K M K M M L D O L A T L R L R H A L K O M Q
C C D R R Q L Q R T N B M C W S G H J M W P A T G W V T
D A T V C Y L M P N M R W J T U L D T F X N T G R T M E
Y C N M D O I W O R R Y D N J E G R K R N B Y C G A K T
M T I D N A E Z E E R B E H T G N T T X L K T P Q N L R
W J K N K V P R K R B T S E R O F P E E D K G T R M K V
```

After Hours	Dolemite	Sleep
Artie Shaw	Duke Ellington	Slow Freight
Big Beaver	Flying Home	Soft Winds
Billie Holiday	Frank Sinatra	So Long
Bill Monroe	Frenesi	The Breeze And I
Charioteers	Glenn Miller	The Man I Love
Corrine Corrina	Ink Spots	Tiny Hill
Count Basie	Ko Ko	Trade Winds
Deep Forest	Maybe	We Three
Do I Worry	Sierra Sue	WPA

1941 Songs & Artists 1

```
N T P H L L Z Q G V F B H R V K K X K Y M Y C P T L G Q
F D N W G N F Q K P R Y A Q T D R K K B L B T H G F S N
K G W K O Z R F F U L B R E D L U O B V B V E L T R S J
N L Y N M R L V N T M H R L D Z C K B T Q M T W L E D P
W V A R O Q R N P C L Y Y K R X V G V K O Z C R N Y W
Q H D W C S T I F T Z C J Y T F T N G L R Z H O F I V K
M K N R L M N B E R R F A T W K T S E V L V L M R A E T
F X U K D M Z H C D L W M T N L E L T X G O B X K R M V
P T S N G K S L O A M P E M Q U T R N H D Y T O C R F P
C D Y D Y F W I M J R I S M L O V Z S N M F I R O O O K
G I M X P P Y I D Q Y C N B Q F E O L M W R B Y O L L C
N E O N C K N K Y N G D H D V K L C R M T C M W L T L L
T H O X P G H F L T E S D X L O H L A E T Z R Z W E A I
B E L R O K B B H L I Y T U F R P F L M M Q B H A E C L
L C G C J R T M L F L B B L B H R O T S G R N N T W L G
U A H G G T Y M T U B L I E X F C D E L B I R N E S R R
E R J Y J Q K A K H E G J L C G K N G L P T B R R M H E
C O Y U S M C J K M H F R W N H O P L K K Y X N H N V E
H H M R N E V P L T M F L I V B E L K A Y K Y S E R C N
A M K N K K U H M H P F K A Y T T T B W V R F J L T N M
M M Q V N D E L N K M C P R M M D D R U M B O O G I E Y
P V F C N L K R B G X B D G V E B Q B B H P R M N C N J
A Q Z T T Q T D B E M K H H N W V P Z T Q V L F G D Q P
G B X G J C X T Z L I M F T E X A S P L A Y B O Y S B R
N E D U T I L O S H U T H K Z T S O N H O U S E L N K N
E J Q K H C F B T D Z E O W A L K I N G B L U E S Q P Z
P P M J B R M Q L M W V S O T Y B M C M R L C Y K N B M
V R T V J G F C X L T H K L H M U T A T T R A Z W N F M
```

All Of Me	Drum Boogie	Lil Green
Art Tatum	Dry Bones	Sidney Bechet
Big Maceo	Flamingo	Solitude
Blue Champagne	Gloomy Sunday	Solo Flight
Blue Flame	Harry James	Son House
Boulder Bluff	Hootie Blues	Sweet Lorraine
Buddy Johnson	Horace Heidt	Texas Playboys
Catfish Blues	Junker Blues	The Mole
Cool Water	Kay Kyser	Walking Blues
Dolores	King Cole Trio	Worried Mind

1941 Songs & Artists 2

```
J P Y Q L K R T S M T Z R Y N Y M N L M Q W W B V V C X
N C W Q W J Z L R X L E T E D J T H Y L H W I B E Z C V
Y J W D H L M Q U Z Q R Y W L D Q K T J Z G L R K H C K
Z Y Y L Q R W N O K P N N A C M A B V X B K O C S X N R
R Y N L M X F C Y F D X N G K R E D H I R H D N L H H G
Q P M X T L J L E A D B E L L Y D R L K S L V K L V W R
Y Q L Z A T T O Z Y B K B H M M M L S H T V N M I R Q F
T L D Q L W D E E D N I S E Y V B M A T N J K A W L W X
M G D Q O D K M D T N Q W F F R L N A T U P V R B J J D
M Y P K P C K D L K U E L N O R I H L S F N E I O E U R
H M C T A L G E Q R E R N O L D K T R T G H E A B R M B
N J J G M T S P C B D B N M L R N J V N T H Y E Y N P C
B N L C A B N Y A Q L Z B E F C J D A A L N N L V E F P
Q Y X M R Q N B Q K Y D R L R Y Y M E K Z C K E Y S O H
C K M O N Q Y L F H T K R P U Y R W J L Y G F N L T R N
B M W Y W B L R L L W Q L X M E R N S L J W D A L T J L
E N Y T L R L R L B T Y C M H E S B N E Z L D Z E U O R
A X N U Y M C V N M B T I Y T F K I B Q Y T D Z J B Y J
R P E K K D P T P R H J D N N J N K N I K E T C Y B M L
C S W G C Y O M T L S O I F H V V K T T F M N V L M N V
A K N G L N R G T I O W M Q M K J T J R H I Q E L Z L N
T L D Q I Z X T U W R K T B M V V T H V N E T B E Y M M
C N R G Y C M O S A X A W O O G I E W Y G T N S J R Q B
R R H X X P L K Y L R D L G E N E K R U P A N I T B G M
A T K M M T P Q Z P X N G M U S I C M A K E R S G R Y D
W J H J S N D N I M N I E L B U O R T M V Y Z N L H U J
L N W M R W P M T L E I N N I M S I H P M E M K T Y T E
H T Q M L V G T M R R L L K J K R V K T L R L Z M C N F
```

Amapola	Green Eyes	Sammy Kaye
Bear Cat Crawl	If Its True	Saxa Woogie
Big Bill Broonzy	Jelly Jelly	St Louis Jimmy
Blues In The Night	Joe Turner	Tonight
Bob Wills	Jump For Joy	Trouble In Mind
Daddy	Lead Belly	Wee Baby Blues
Dinah Shore	Les Brown	Winter Weather
Elmers Tune	Maria Elena	Woody Herman
Ernest Tubb	Memphis Minnie	Yes Indeed
Gene Krupa	Music Makers	Yours

1942 Songs & Artists 1

```
D L D L G K V N G J C Y D R O F E C N U J E I M M I J H
T D T Z K D N N V P I R M O N E D O Z E N R O S E S W Q
K N I C D E V Z C Q K M V Y T R C L Y W J K T H X L X Z
H F G W T O R K R H T T M E D I R D E R E D I R C R J Y
R Z D R W R R H T G L G M Y N E W S H T D K T G T R D W
C Y N N H N F R O L S T Y Y L D V K E W W H J L T Q G R
G K A T Y O R M H Y R A L A T Y E O Z U P N X P B R G K
Y Q T O Q M R X A M E M T P D C T A T E L B N X Y D B V
J R I M P N F Z D H N P L X P D Q E R I R B G B N E M A
C F E M J H J K I V N A K M N R N S L L O J K G R F Y P
O L K Y S G W K D T A R G Y W B K A K L Y N H S K V Z M
W Q A M W U X N M V M E P K Q I T C T G F B P F T R W B
C M T C E A V T P Y E D F V N L F R K H B W E H P H L T
O B F C E V K R Q G K K N E W W C A C S G K G L W R V P
W R T L T T J K Z J E L H R N J E R E T N I T B O J Y M
B V M E E M J Z G R Z A Y F M R M N T T L P N K W V K Q
O D K N L Q N L R T W Q L Y B F O L K N X K Y T G R E Z
O C P N O C T Z U K A Y L Y B J K H I C J B N Z V Q G D
G M V A I R F O I N I G A M E K F L S K Y L A R K K C V
I R Y N S R Y N Q N M D U K M R V Y G T T M M G P F E B
E N V H E S S M G O H D I C P A K F R P B V H Y N H N W
T C H N S Y C H O G P P Z M R B Y Z X O D L L L F V I J
P H R I W R O N Y W S H T T K E Z R L T C N M T T N R L
H L M B N M M V L K F T K Y R P I W V R T K Z K K J E C
Z R K M E I T L W E L L G I T I T V X W D C M H Y V G Z
N W R N S Q L Q M G D H W L Z Z M P A D B N H E Q M N Z
K N V T D L D W R T J D K V W V X C Z X Y K L W H C A C
D W H I T E C H R I S T M A S R F K W H B V T M B B T L
```

Amen	Moon Mist	Take It And Git
Cow Cow Boogie	My Devotion	Tampa Red
Daybreak	Night And Day	Tangerine
Dearly Beloved	One Dozen Roses	Tommy McClennan
Erskine Hawkins	Ride Red Ride	Travlin Light
Flying Home	Rock Me	Vaughn Monroe
Idaho	SK Blues	Well Git It
Jimmie Junceford	Skylark	White Christmas
Jimmy Lytell	Spike Jones	Xavier Cugat
Miss You	Sweet Eloise	Zeke Manners

1942 Songs & Artists 2

```
C H E R O K E E M A I D E N Y Q J M L P A B E L Y M A N
K M N V K C K J X L Z B T C L Y N R E L L A W S T A F P
J J R N V K X E N D M T I P C X E M R R B C K Z F P K M
C N K J M K C L N H H M M C Y B W R N D B K L W P K C R
K N K L M M B Q D R Z X W V Y Z A J O G X Y N K J V A V
T B N W T K X L J B O N K V M C K J R N T V R M N E L W
W T C C K L B R R J N H X V Z T L C V T I T P L K R S L
T K A T L A S T V V B R A Z I L O E G W T V Z G Y A E U
S E G D O H Y N N H O J R N M H P Y B T G L L C T L I C
K N O O G A L Y P E E L S Z E W P N H O Y Q N A D Y D K
L Q Z E Y N V B L N X R D R K L I B B H U L C C T N D Y
G X T Q M C X M K B J K Q N L X T M O R V N R N L N E M
Y J L K T E C N X N R P Y X J T S E K R Q R C M X L R I
T L A L R W K M Z R T J K U S R C G Y S N T Q E J N F L
R I W L K K C A N C N L D T T N B J E P T T H W A N T L
O O G O P X T F T T M Y O H U K Q U T C R L O C M H M I
H N U D L W K F W L G R V O N V L T R L R N N L B R N N
S E B R K H D C T A M K B T W B I L N R A U N B O V M D
G L R E T Y L W R Y D Y L X A R W R N R D N K D Q S P E
N H E P K C T L W X E M L M B B W C M D P N D G Z E E R
O A T A R T A E Z S M L A N R X Q L D B X L M Y R W T L
L M T P R N A W R L L M O G M T Y O T Y H J D D K V Q T
O P I M D T N E M P A T W H F L T L R M X G I D Q I Z R
S T J W H Q J W M M L G X T K Y Y K N P L D C K Z B R J
L O R E K M X M A E T F R Y W N L P N D O K C T V T L K
Z N R F N J Y M A M E R I C A N P A T R O L Q Y D R G B
B K C A J E V I J T A H T T I H T L T T V R V H Q C Y Y
H W K K K N H N D Q M T K H L T W K P D N K H N T B Z M
```

Abe Lyman	Fats Waller	Mama Mama Blues
Alvino Rey	Freddie Slack	Paper Doll
American Patrol	Hit That Jive Jack	Perdido
Andy Kirk	Jersey Bounce	Sleepy Lagoon
At Last	Jitterbug Waltz	So Long Shorty
Bicycle Bounce	Johnny Hodges	Stip Polka
Born To Lose	Judy Garland	Stormy Weather
Brazil	Lena Horne	Take Me
Cherokee Maiden	Lionel Hampton	Todd Duncan
Elton Britt	Lucky Millinder	Vera Lynn

1943 Songs & Artists 1

```
H M T W V M M P P N W P P D B Z N Y Q K R M H Q M K L H
M V R L H L M Z L L L G C H A R L I E B A R N E T R T D
T B E F W Y B R Y K Y L M B P L H Q T N N J Q E B B R J
K Z X C J Y M S D N O B A G A V R U O F O R S Y L A D P
K K L R N K Y D A E R U O Y E R A N T S N O N H N G L L
R T R H E A L B D Y O B G I B R K G T J R M L O K F N L
K G H G C T T V C T W N R L W Y N A V D F K E G L Y G M
D R R B Z K X N Q Y T Q Q D X Q F R I N V L T F J Z J J
F M T K G N K E I L Q N F D N F L V Q E K Y S X W N N C
R E B F H S N J D A G D R N O M A C L C P E G T W H M T
Q R G N V R W J J L U N R R K D K V A C D S E M V N Y C
L I L S C G L E G W A Q D E C Z E J D Y L R T M R Z T R
K A E P O J F F E N Y C C H A T K Y H T B O L T D K O T
L T N Q N N R B V T P M K A M M Q X D B Z D O K J L L M
Y S G H J T G C L K S Q G O D N E N W R N Y S R O O E J
Y A R V L M H S P K K L O F Y L N R R G T M T T H R C Y
K D A R R E N M P G T N U B B N O F P T K M R M N D N S
L E Y Z R K K X X I M K N M A N O M Z Z Z I K M N I A E
J R K R M M T T P M N H V N B Z L X G K K J E G Y N L M
V F Y H R L N K N M X N K B O E R M A K F T H E M V R Y
M C O M E S U N D A Y H E Y O N R K Q J T B M K E A I A
N K W R U D Y V A L L E E R H M N V M E S F P G R D S H
T X J T N T Q C T V C P F X S H M K F X O S Z W C E X K
R A T I O N B L U E S K G Q O J K F N K Q K I T E R N C
Y V N N X L R Z R X T P M K O K I R N W L L K M R W M I
G R R V Y C F L T R M F N L H R K I W R P K D N H L C D
W N B N J W D W N M C H T X S H H L P Y F B C Q D O B G
F K L L I W T O E L D E E W T T T K W P Q L X P N K T V
```

Al Dexter	Fred Astaire	Ration Blues
Are You Ready	Glen Gray	Riffette
Big Boy	Jack Leonard	Rudy Vallee
Charlie Barnet	Jimmy Dorsey	Shoo Shoo Baby
Cherry	Johnny Mercer	Sir Lancelot
Come Sunday	Jo Stafford	Song Spinners
David Rose	Lets Get Lost	Sweet Slumber
Dick Haymes	Lord Invader	Think Of Me
Dreamer	Oh Miss Jaxon	Tweedle O Twill
Four Vagabonds	Old Acquaintance	Velvet Moon

1943 Songs & Artists 2

```
W T Z E K A R D D E R F L A S R E G O R Y O R K K T N B
J K B L H Y N M K H K S V Y P K L S Y K X P T Y B H Z J
D K C T J O V Y Y C M Y L L L A T E R R T L P M L D W O
V F J T Z U V Y T I Q A L N Z Y K N N Z O T Y N T P L H
T N M K K L D L T R D S Q T D A N O C R W S P Z Q N L N
J P K K L L W L D G E R N J R L J P L F T A N K X V N
C N K C L N R R E R T H A N T M Z N V G D Z B L B D B Y
Y S X G K E X K S R F R J L K E K O X R M H R V I T Q Z
P T N X J V M R A C Q E M L Q N K C B C X K M R Z T R E
T A V M Q E K K E P Y D D R T H Z A R K B M A J T K A R
G O L Z G R N N L G M R F K W R J E Y B S Y D V Q J T O
W D W K G K D L P K X U T D X D M D G K M T E X Z D N C
N Y P M H N D K U N Q M J N E D K G Z C N C A N N C N Y
T Z G R R O Z L O L X S N O G N N J K D N K Q R Z F T G
N R M H I W Q Z Y C T D L B L V O I N U V M T H E Q N M
M I N V L N M M F W C R T L I O N I O G I J I V E Y P I
R A N X X K C Y I P J W K C E L P B H G C X J N L T E S
P M C T X M L E U F W P T J E B R P T S J N R T I Z K S
G L W Q N J V S C D W O F Y V E E K A X A K H R L L B M
Y R N E H N H O J H R N M X B X R L L Z W F E G U B F O
C J W Y H I T M N Y A F V B C T T Y G D M N D O F F A L
P P V M N L L V P T P R U D R G N T T N E M Y L U M F L
D J L S R L M O Y P T R M J H J H F R W I R Y C O M W Y
L J A R T L L M Y S H I N I N G H O U R O J A H R M B C
G N R W K K H R V M P X C K N N J L N F N Y A W J L I Q
D N W X A J N X R J M R X M V G T M L Z O L N M T B N R
T F K R Y D O N T C R Y B A B Y D L M R K X M T V V W K
B K L H C L O S E T O Y O U T B A F Q O B X L C W R J G
```

Alfred Drake	Jingle Bells	Prince Charming
All For You	John Henry	Pushin Sand
Appolo Jump	Johnny Zero	Ray McKinley
Close To You	Kay Armen	Rosalita
Deacon Jones	Mairzy Doats	Roy Acuff
Dont Cry Baby	Miss Molly	Roy Rogers
GI Jive	Murder He Says	Rubber Bounce
If You Please	My Ideal	Star Eyes
Im Old Fashioned	My Shining Hour	Victory Polka
Irene	Oklahoma	Youll Never Know

1944 Songs & Artists 1

```
T R R B Y E S T E R D A Y S T E A R S N M K K R T Y M F
P J S F W N D F D I N A H W A S H I N G T O N M Q Q R X
D T A J S M T B N T L Y G Y L H Y Q V B B Z N I P G F M
R M X J N B X V S G N I W O W T T N A W I E L V X L B J
R H E Z U X M N K J M D R M M H Y T G B H L A C X T V N
W R T T S X M K T R G T G J L I V S M W W Z W B T G O T
N F M P E R M V B N N F L Q U L L G C A O W D K O S W F
N M O R E M R C X E C F N R N S U L L A R O G M R O D V
L H R L R P C X H T N B E B D Y T K S E M Q D E D E Z L
G T F N H L Y T B F M T M V L K A Y V B H Y D Y P K R E
S Y E Q T M L D N N M H T O E L G I O K R N R P N F Z Y
E H R D H L N B B L F H M E O I L N G U A O O R L Y M L
U R U G I K W L M B M B O N C G L D I E J T T Y E K O X
L N O T C R T R Y L A J E T A V L E I L S U V H Y M M U
B I Y L O C Q L M R O B N L Z R H V B C L K S Y E R K Q
S Y L H L T J X D C R T B G L N I R I G K I X T V R T X
I R F U E B M O I B M L K J F R J S L L N N W J M G S K
H T I R M M H X R J U X K K L R U K K M V I C Y T E M X
P S V R A D E Q L E L G C B Z M N M R L X K K N O D G N
M I E Y N M K L S R L L M N E F G M B R T M W A L F K L
E T R H H K M C N R N W B H J C Y V T F R T H R M M M B
M R E U A H K N J Y T D T Z B B U T T S E N R E F M N Y
J A D R W Z M J P J B A C K D O O R S T U F F W N M I V
K G C R K M Y G R E T R R W X M Q Q N R T F T X W M T Q
F K A Y I X N L T R T C W V N N R L Y P Z N Z N K R R R
W Z P K N Z T Y D O P T H E T R O L L E Y S O N G L T X
R Q S B S K P M W M M M B T P L W Z T E N R O H A N E L
L G N M M M P H W E H L C J B E T H E L S M I T H V F L
```

Artistry In Rhythm	Guy Lombardo	Merry Macs
Back Door Stuff	Hurry Hurry	Mexico Joe
Bea Booze	Ill Walk Alone	Mills Brothers
Coleman Hawkins	Im Making Believe	The Music Stopped
Dinah Washington	Ivie Anderson	The Trolley Song
Ernest Tubb	I Want Two Wings	Three Suns
Ethel Smith	Jerry Jerome	Till Then
Evil Gal Blues	Just You Just Me	Woodyn You
Five Red Caps	Lena Horne	Yesterdays Tears
Foy Willing	Memphis Blues	Youre From Texas

1944 Songs & Artists 2

```
J Z C K L F F X Y T L F R M R G T D W N R M L J T G L P
S W I N G I N G O N A S T A R T R J O K B L J T K G K M
B M Z B K D L T N J O H N N Y L O N G O R L W Z N M R P
C T Z S A L T Y P A P A B L U E S F Y N H Q H U B M N T
Z L F H L N B T R T M T R E T T I R X E T N O Y J N X F
C R C T K M N Y O N A N F K Z M N C Q Y L Y I R Z K B M
C Q U X P W M G M B N Y P K R S K M B W R K Z B K B J X
W O T S Y E E M S Y R N R Y E Q V K L E N P J G O D B N
N M O V S T R M K Q H R P U D C F M T D L B C W F R G R
V K H T H M I R N R N X L T F K R S Y U O Y E V O L I S
M P Z E I T O T Y R L B K R O F E T S O L M I R K T X A
O K R L H E N R V C S J Q Z L L F C V Q M L Y K G K T M
T C K Z W M W B G A O H N N E T L B W Y R L X T T W K S
H D I B L V G I X A Q M M L Y X N K R W R I H E H N Y G
J L A T B F M E L L N Y O B X C R L T K H M R S X Z R O
H K T M O Z T R L L D U E N Y N Z J R J E R R S G N E T
K Y I H D C V F X B I T M N A A J G R V L A M T V D D H
C M L B R L I Y B S T A E Y N M D L D M E G X O T M N I
D W L K M P K T P Y M N M J N L P D P C N U M R R R O M
K Q E R K A H R H R I M F S A K J C F L F S W C C D W Y
P G R M B B I U B L C R W H H N R L T T O N M H Q T I V
K B T Y L M T N R N M P Z M L Z R X N C R A C S G C C W
C K S B A T M A S Y K N P V L J L Q N H E B N O Y V N R
H L E J O L M F D T J N V P I W M G L R S U R N R F O Q
M J K N Z I B Z L L E L M M H Y T M T R T C B G X M X T
X R K L L B G M P V T M R F P M B K T K N V P K A J G H
T P G I V X T Y W X T K G R W X R L M R H R P T X M R C
C R L M L L F T C H E R R Y R E D B L U E S X N Q B C H
```

Amor	I Wonder	Russ Morgan
Betty Hutton	Johnny Long	Salty Papa Blues
Cherry Red Blues	Lester Young	Sams Got Him
Cootie Williams	Lili Marline	Swinging On A Star
Cuban Sugar Mill	Louis Prima	Tab Smith
D Day	Main Stem	Tess Torch Song
Estrellita	Perry Como	Texas Blues
Helen Forest	Phill Hanna	Tex Ritter
I Love You	Red Foley	Tico Tico
Im Lost	Robin Hood	Together

1945 Songs & Artists 1

```
L F J C D V N O T N E K N A T S Q J X J D F W Y R M K H
N T R Y T A M P I C O W N W L J M M T H J L D T Z M N C
E L R M Q Q J H Z N L K F B Z N A K J W O F C S G J R H
L L R U O Y D E V O L I F I T E X T M H E B D A T G F L
G V T H C P T P K M F R L W R K R P T Q L L I P J T Q T
J K M T M W K W N T M Y T D P M K X T C I U W O A Z K T
R V K G U Z H K N T L W N B R R X D A L G E O C Y Z T S
B J T A M T Y H E L E N H U M E S L M T G S N Y M V P E
X G M R R C Y W N K J H Y T Q L D Q K R I W D O C N W U
F A H U K D E E L Y G G E P O O X V T N N O E B S T S L
L B V A J R G G L B N N N Y N N K X P G S M R W H N L B
T E K L Q O M T K S I P E I J K Y P M F T A J O A D L T
V L R W M Z H M R T E M A H P T L P N Z X N B C N Q I I
K A Q D B N L N R Q I W M K G N N C A R R K N K N L H O
M B D C B L N A N T K L J C R I Y I B S R W C K T N A R
J A M F D I M H T Y K M H N J N H Z N U T P C T N J M T
Q B X G R Y G H W R O I N K F X Z N Q I Z O L N I J O E
L E P M D Q G M V K C T F M R V C T I C P Z R M X X H D
T B G D N I B X A K Z T I F L Q R C R V W P M Z T N A G
L R E F L V T T E C L M L S Q L N N M X O Y I E L L L C
M R W I Z J L R Q G E H C A N D Y N H P S O R T Q J K J
F F W R W L Y L M F H O M S R P B Q L B Z K R X K Q O W
Y T L V L C Y L C X Q G E Z Z T M N L Y L Y V G K Q F B
T N P L H K G T K C M U V L T B G U Y G J Y Q B M W D G
G H L I K M R F N K L Y K T V R E H C H L F T T X T P R
F Z C L T J W K Y B T N Z X M S W W K B T K N L B N N M
B K Z R W K M Y K Q T G B F R I M F R A M S A U C E T M
V P C Y X H Z S L X L K M K L B L D G M K R J B L F Q M
```

Be Baba Leba	Freddy Martin	Laura
Big Maceo	Frim Fram Sauce	Oklahoma Hills
Blues Woman	Groovin High	Peggy Lee
Buzz Me	Helen Humes	SK Blues
Caldonia	If I Loved You	Stan Kenton
Candy	I Wonder	Tampico
Chickery Chick	Jay McShann	Tippin In
Cowboy Copas	Jimmys Blues	Tony Pastor
Detroit Blues	Joe Liggins	Twilight Time
Dream	Johnny Otis	Wesley Tuttle

1945 Songs & Artists 2

```
B R T L Z L X T L Y X M L T W J K X H F K R D N G K G V
N T D R P R X B G R Z D N V T C M N L K G M M P H C T R
Y Q B M P N F T X K R M W X J J G N N N M Y M G B P V G
B G J Y N O H P M Y S G G X H N C M T W Y N T T G A M M
Q K E N R U T C O N M E L R A H C L B G L K Y H Y K I Y
Y R S D Y L C T L R L Z H V H C N R Z C Z T V T T Z L A
L H T N Z Z C M E U G E N I E B A I R D X T W M K W V P
M H E G Z V Q W K B Q R R T V R K Z M C Q R X G W J R K
A W R H U L F N D L O N R A Y D D E W B V Q G V R E Y C
L R S Y W V H L J R N M L K M C T N N V K Z T W P Q T T
L B N F Y Y N L K R A R T I S T R Y J U M P S P Y L I D
O F Y W Z P T N T M R W T V D M N T L F C K I T W F L A
F D I Z Z Y G I L L E S P I E Z T L M M R R X H T K A D
M N F L U N R J B F S W C C Z L O N L L D T C G M N N D
Y P A R F T D Q T T I K E Q H V J F C Y R T K I C W O Y
L R X M R Y Q N U R T S Z I E L D P E M I L J N P O S D
I T B K M C U F K H I K H L G T O N M O T D N D H R R A
F T T Q H A F G O K M F E O L O O E O P P T X O N B E D
E Q N S B Y M M Y V B T L D U H O V R D M Y R O M S P D
D L I D L G A E M H T P P I E L T B D K H Y W G F E Q Y
X W K Y Y S M L M E S O M H N I D P R H Z M Y S C L K G
I Y M H J F D W R K M A T M O G K C F A T L F S R L M M
K R N T X F N S D P C Z M O P T A M A X T M L I L T T W
L G F G C R X J O Z K O V I C C M L K R X I J K K L N G
K M F M C L F M G C X K R D R L N Y K L E R U A H M X M
Q G Q K Y K D X S E U L B N I T F I R D N K Z G Y V T J
H A D D A B R O O K S G B T Q B D G N N N R R K X T H M
N E I G O O B S H A L U E B K J T L Q N C L M J N Y T R
```

A Kiss Goodnight	Eddy Arnold	Les Brown
All Of My Life	Eugenie Baird	Love Letters
Artistry Jumps	Fuzzy Wuzzy	Mop Mop
Baia	Guitar Boogie	Personality
Beulahs Boogie	Hadda Brooks	Rock Me Mamma
Chloe	Harlem Nocturne	Stuffy
Daddy Daddy	Im A Shy Guy	Symphony
Dick Thomas	I Should Care	The Honeydripper
Dizzy Gillespie	I Wish	Triflin Gal
Driftin Blues	Jesters	Voo It Voo It

1946 Songs & Artists 1

```
L R T L T T P T J C X R P M D T K K Z N Y Y Q F Y L H D
E D T K D L Y L V N J U L I A L E E F Z X Z L R L C F N D
R Y K Q O N C E K E N E B X E T M N Q N T V X N C K N D
I M K W C K R P Y R M C D T H G I L D E R K R C T J O Z
S N L C E Y R Q H Y N T V R N T N L K F N F R M L N R R
E L B Q M M J R R Z W V L J H Y Z J T F P K J T T Y T G
D N J B E P W D A Q H N V E T Y T Z X H L B R E A A F X
Y L X D C N Z A Y B F F G N G T H F M N K X X C H G Y Z
M R F W R Q B Y K C M Y L M N L W Z X V M P S C T A L T
S B N N O W M B Z B P A W G B I M T P W L E V B J L F L
T O T Z V Y L Y N S P N B W M U F X S A U Q O P H I T A
A B D R I Y L D Y P J Q R A P G Z N I H S N P R K N R W
H B T H D X J A M N R M H U L D E N S F E S E N T C L Y
T Y T L T Y T Y Z F L N I M B V G O X W N D E Q F A Y K
K S R O Y M I L T O N K P T A L N N A W N L X B K L M C
R O H J F I C L M T H Z M R S A I L R E Y K X B W I Z U
R X Q R H L K L Z Q Q M D N M A K M R L I F Y L M C M T
V B R T C T W Y D F R N R R H E G R S P D V Z N O N N
Z L Z M C O N K D G B L E N R C U O G O F M T V N P Y E
V U P H N N M V M R T H N D L S T Q O D M R B H Q D R K
M E F K F S P X V P A N P X M F N Z G D Q A H L P L M D
L S I T L B F N L N Z B P O R T W I N E D N V K U I R L
N Q W M M O T B H H Y X D R L T N C G P N A K M P E A C
X R K T B O P L F T H E M A D B O O G I E R Y F C Z S F
K N L M Z G M Q M K B M R J R M E R L E T R A V I S Q V
F R Y B N I K G R Y C T K X L B R T G C H N K V N Y K H
K T W G L E T C J Q N P J N T J R T U O N I K A E N S R
L H G K M M Y C Z M H L G R N K L T M B Q V M B T X K K
```

A Gal In Calico	I Know	Red Light
Amos Milburn	Its A Good Day	RM Blues
Bobby Sox Blues	Julia Lee	Roy Milton
Brad Bardy	Kentucky Waltz	Sneakin Out
Day By Day	La Bamba	Surrender
Divorce Me COD	Merle Travis	TBone Walker
Dont Explain	Miltons Boogie	Tex Beneke
Eidth Piaf	Passe	Thats My Desire
Guilty	Port Wine	The Gypsy
Hermanos Huesca	Ravens	The Mad Boogie

1946 Songs & Artists 2

```
B Z B B K C N Q G H A R L W D K G L M H B W N G D K Z D
M H U R J K Z M W K F R T G G U I T A R P O L K A M K P
J Z M F D O B N M L T R M K Q T F J K M N W G T L P F T
F M B T Y K L Y Q K E F X R K F R M M Y L M E G E B S J
T M L M E O S L N H R L H T L V J L N O N U L T R U K H
L K E Q D Q E N N L M L W K V B V Z W L H J O W G N M M
T Q B R D P I W M N I F R P Z V M E L A G O B U O Q D N
L N O T Y R K M M D D R V K X R L Q N F T M A S Y B T A
M K O Y H U S K B B N M L M M L Q O P I F N L C Y G K M
T Y G M O O E M R L I F G T F C D L E T A O L Z L N K L
Z X I L W T U K D Q T N P U V M Q P A J J R F N R O D L
M D E D A E L G Z T E Q L T A T I N N L M N B D C S N I
M L L R R D B Q V F L S B S N E Y W A R L N M R M L T T
V I B R D R V M H H O G T W R A M K W N Z Q M K P I R D
Z Y S M X C Y C H N Q J S P A D E C O O L E Y N T V S Y
R N R E G B T R J K E U S Y T I C X U O I S Q V N E B O
M J A E R N P R I S O N E R O F L O V E V V T L U E L L
Y Q A M K L O Y L O P Y L O R J O L E B L O N L N W H F
K J R C T R O S M S X N V Y H T M Z N N B X B C R L X W
K F B G K S A U R R U N O T S E W L U A P E T J F L Q R
F M R X N M E P L E R N C V L R P M D V I H T T M O B J
R G P X J L C B E R B Y N H A C R L D G J D J Z J B L V
T K K H T J T V E I V M R Y W C F W O L T F M W H J X T
W M X T K L L F E H L K E A R J A O H G Q D T R M T R V
C G N T M L T L B A T R L T N O B N K J W M N F M G P R
N J Y L B K V P R K W K A G P H A J C Q K Y K N X N B K
K K W K G F P H G Z E T N H L E M D K Y K C F N K T N K
M K K L F R L N M M D N Z L C B S Y K W R N W Y F F Q M
```

After Midnite	Guitar Polka	Prisoner Of Love
Al Jolson	Jack McVea	Roly Poly
Blue Skies	Jan August	Sam Donahue
Boll Weevil Song	Jole Blon	September Song
Boogie Blues	Ko Ko	Sioux City Sue
Bumble Boogie	Lowell Fulson	Spade Cooley
Charlie Parker	Miserlou	Sunny Road
Detour	No Vacancy	Tanya
Eddy Howard	Paul Weston	The Best Man
Floyd Tillman	Petootie Pie	Walk Em

1947 Songs & Artists 1

```
H K T L F I T A S I N N R Q P K H L N N U D E Z M C R T
Q N Z D R V W J G M N T M K G S L B N O N I Z F G T L S
T O F B M F K F F Z M D P U N N T L Y C G K R T H J N G
W M F J N N L N R L T N I I T M I R Q O K A B T T E B Y
K S J L W Z G M M T L H K C R U A V O N N P T R A L O A
V U J N P M W M T Q D T L M K E A B I C Y Z Q K X D J D
H I P Y R T L H Q F A N P K N J D Y I L P T Y V L X R N
Y N D F R C J D R T M Q K X D I U S L T Y P X L D P L I
L O C O C A I N E B L U E S A P C R K R E S I X R N R L
L L C N R P J H D P X X Y M N R C A G T A T A Z R S R C
K E M T H G C C N K Y U E N A M T U E E A E L E C G M R
K H Q L D N M P K N M L O I H N H L X H N G O R A N V D
T T C Z L L H R W X O N G Y Q N H D W T M S L E D I C R
R O O T I E T O O T I E R J R L L L N W M L L T I R V A
N N Q G G N I M O Y W R L W G O G A L D D X I T L R N W
M N Z M L D F W D G N L Z N R M F N M T F V P E L A F O
K A Q N W O R B Y N N A F S S I M G H G R W O L A E N H
K J N N Y P M M V Y G C T A H E Q S V B R J P A C N W A
H B L A R G L K R Y F C N L R L L Y N R P D M E B E N T
Z V I C N Z L N X R L I N T Y G H N M Y B F A M O D L T
V J M G K A C Z E P R M K Q N N C E H J V N M E O L J E
J H Q F L X P E L E D N K H L I R G M Z L W A T G O T S
Q Z T L T E E F L F M T K L M D P N Y H T R N I I G C O
H N N M Y A G L T P R T Z D M E R K G R M B Z R E M T R
G C B H T D A S C R G D L X V R D T N X W M F W K C D X
Z C M S R B K B M E I G O O B K C O L C O E N O W W T L
H Q H R H M N L K G W W M N W L M K K R K Q F M Y G L T
P V P D L L T Q M K K K R L R Y S T I C K M C G H E E K
```

Auld Lang Syne	Francis Craig	One OClock Boogie
Ballerina	Free Eats	Red Ingle
Big Legs	Golden Earrings	Rootie Tootie
Cadillac Boogie	It A Sin	Rosetta Howard
Chet Atkins	Linda	Sneaky Pete
Cocaine Blues	Lollipop Mama	Stick McGhee
Dick Jurgens	Manana	Thelonius Monk
Early Autumn	Miss Fanny Brown	What Ill Do
Easy Living	Near You	Write Me A Letter
For You	Ole Maid Boogie	Wyoming

1947 Songs & Artists 2

```
K I N G S I Z E P A P A M X B R F M M T T T D F H F N R
G R J P L Q H M H N L Y X D J K Y D J Y H H P M J T H L
V E Z B G H J L P R H A R M O N I C A T S P J Q V M L W
T H C W V H L L A E R E H P S O M T A Y Z Z I D M X D G
R C B N X W M I U T P L F Z N N Y F Z R R R H A B Z O I
W T R N M G V R L R V L O R Z L B O W H R W H K S D L F
F U N G D D Z H G Q O Y U N V T R B U N T A R E D L T R
Z L N E N D T T A P L C R L L T N Z L D L T U O I L E T
H E H M I X M R Y Y V Y K X M X R N K I O L N N Y H R M
C I Z L T G B E T K K Q N I C M V G A K B T O D C N M K
H L L L E X O V E T L Q I K N J R J V P L I O T Q K C M
I L S D N Z Y O N B M Q G R M T A H O I S S E C B T W L
C E R Q D T W N B Z P N H Z W C H T K J P L D P W R G G
A N E T E P J O G S N B T M K N W E A A F C K L M Y Y N
G V Z G R M D T T J K B S S V O I C H Y T R B W G Q L H
O C A L L T M I N K M W O Z L T Q R T O N Z R B D T M T
B A L F Y R L E K A M N A B K U Y S Z R U T N T J M H W
O N B B K V K V L T C T W H E N U D E V M S C T L G N F
O N E T B F N O W L K I W T O D W O G H L L E V I K P C
G E V W C L J M Q X J Y L B R H T Q L C C J V N G D H M
I D I N K X Z H L T C Z E L P M C X V M Q A D Z T P V C
E H F N V R P L F M Z N Q R U V R T V P A I T F N M Y V
N E B H A N K W I L L I A M S M R C T P M N C R X G R H
B A W L I G H T N I N H O P K I N S Q D N W R X A G M R
R T K E I G O O B D R A Y N R A B O N K J G D I J E R B
K R Y T Q M N Y M X R X L N L J K U O K Z P M K V M H N
N K M D R T R U E B L U E S M T O F J M K L N B D E H M
N N O O M R A G U S T T D W K R N L L F Y G P M V Y R X
```

Barnyard Boogie	Hank Williams	Nellie Lutcher
Blow Top Blues	Harmonicats	Ol Man River
Canned Heat	Hawks Boogie	Paul Gayten
Chicago Boogie	Heartaches	Rockin The House
Dizzy Atmosphere	Illinois Jacquet	Round Midnight
Dusty Fletcher	King Size Papa	Sugar Moon
Ebony Rhapsody	Lightnin Hopkins	Tenderly
Five Blazers	Mahalia Jackson	Thrill Me
Four Knights	Moon Mullican	True Blues
God Dont Like It	Move It On Over	You Do

1948 Songs & Artists 1

```
J L K T A N E L L I H C E I G O O B H M Z N T M N J V L
T B P X C N Q R S S E N I P P A H Y M R X S L G V P M R
F M T H E Z W R Z R L P M R R W N K P N K M G O G D N E
P B G C T T D V Z L T M G E K O Y L X R F O N R T T K K
N Y M N N J B J H Q Z R L M O M T N B D C K K I H M X K
Z N N N A R V T N N M B E M P T C P P K E E J O G D T I
L H Y K M K C T N U B S E E X N L E L Z C Y W L I R L L
Y M N B N Y T L D I S U R L S Q I X T D I H T E N H M T
M X T T A Y L D H I L K G U M G R R K N L O L S W T C O
M J P H X B Y L N B H Q F T O Z G V N B G G G C O N Q P
E K M K E W A A N C K N K O R H P H P Z A G R L R G N C
L K M J A T R N G M Y R B Y H U R H M B N T Y V R T A C
L K T T T O W N A N D R J R R N M E O L T R W F O W T L
O X E J U H T I L K O D D V T R T P T N L P N L M G U Y
R R L N H B G K S T R F X T J O H M E F K F T Q O L R T
S L D K X J C I A T T A T W I K B H T T A Y Y C T M E R
W G L O R I A V N F E L X R Q N V E J J E S T V N H B T
B Q J H K W E K M T D R T E L F A P X V M E E O X F O X
M R C Z X L J H N I N R J T T R Q R R T Q L R U N M Y X
N T D B E L T L X J E E R N D K X R Q D W K G S L K D W
T W C M R B R I R L M M L R Z M K L P C M T X Y M B I V
X V Q R Q Q E Z L C Y C O I W P M J R N M Y H T T G D N
B N R N T A L I L K R P D N S M Y T J Y J H P D L W K J
L Y L W I T M Z L M B T B T K D N A T U R A L B L U E S
Y P C R G D C Q Z L M X C B B L O W E L L F U L S O N R
B L E K E G K Z U F N T C H U B B Y N E W S O M E B M M
Y S F R Z D G E N R M O T T O B K C O R V L L D F K J T
J V L M T W S D N Y B M F J B N K K H R R G Y N T V M L
```

Al Hibbler	Honky Tonkin	Rock Bottom
Blue Moon	Lowell Fulson	Roll Em
Blues After Hours	Manteca	Silent Night
Boogie Chillen	Messin Around	Smokey Hogg
Cecil Gant	Muddy Waters	Tear Drop Blues
Chubby Newsome	My Happiness	Texarkana Baby
Dixieaires	Nature Boy	The Twister
DNatural Blues	Orioles	Tomorrow Night
Elevator Boogie	Pot Likker	Trees
Gloria	Red Miller Trio	Trumpeteers

1948 Songs & Artists 2

```
C Y T C J G W C R Q T N J A B E W I L D E R E D E B K G
R D C H A W F M F B X S P R V Y T N N P C C D K N R X Q
T P D F P M R L F M Q N S B N Y K B R O B K N T I O Y F
K Q P J Q P I L T J K M N E R W C H Z H P L N C T W C D
H Q N A W M T L R L J T M E N R R A T S Y A K L S N X V
J A T L U R N L L L B Q J S Y I D N T A V N Y A K I V N
T V L L P L Y C G E N T V T W K P Z T X R C J M C E B P
K M N S L D A O O F H R L I K K R P G E Y F T A E M T L
D Z O R I M R W B R L O Y D L X V D A T K L L M Y C T N
C T S T T N M R A E N T W H B D Y Y Z H L X A N L G N G
C X K R Y P G K T T L B D A N L G M B T Y L T I L H W P
T V C K K Z Q E M P S T R M R H V X C K O M E K I E Y K
Y C A H J M W W R T V O T E R D P F L V B Z F A B E T F
H M J T L M H N C M P R N I A B P F E R D J R H G B B T
M V A X T O B C N G R J V X L D X M Q E L D E S L C L N
R M I W M G V L K R U N J O E D E T I M W L I P P M N T
X P L E N N F X W L S K L D Y T T G P E K K G I V K K M
N N A Z L O R N Q O R Z X K O L O Z T F M K H H M B T T
J D H K R L G W D R P T W N G O G S J A V N T F N V K C
T N A K T O F A T M C K I M B L F P B M T K G L J Y L B
J T M L M G B K D L L G L N O E T E T L B M M K H X Q N
K P Z F R R T N H B H L I N E H L H U M X Z V B K Q H T
L Y T W A V K T Q T Z K G B J S P A H V J T Z Y G B V Y
Z S F B X F F M N Z C G N T C D F K R C F S O T I R E D
R Q Y F N L F L Z O O R J O M Y B K A T I E M A E Y X T
M G V A D Z M F R N W B T Y M G L M Z V M D N R X Q R Z
Q T R G R P D N E N B T D T Z S E N O B R E H T O R B Q
T L L N N X V J D L R M K N F S I R R A H E I N O N Y W
```

Arbee Stidham	Hal Singer	My Fault
Barbados	Hip Shakin Mama	My Happiness
Beef Stew	Katie Mae	Paula Watson
Bewildered	Kay Starr	Rockin Boogie
Billy Eckstine	Late Freight	Run Joe
Brother Bones	Little Boy	So Tired
Brownie McGhee	Long Gone	Texas Hop
Camille Howard	Love Me Tonight	Who Me
Corn Bread	Mabel Scott	Wynonie Harris
Go Long	Mahalia Jackson	XRays

1949 Songs & Artists 1

```
G Z L M L M G L K B M R E K O O H E E L N H O J X P X K
K V R T S O L T E G Y B A B T Z R V J M L W R L D R Z R
G L X H G Y T W T W C W B E D D T B X T T E Q G N C P G
O L R R M Y Z Z B W L N L Y Z R Z B T Y R T W T M V R Y
S L Y L C N N M Q T A L L Q P G B X F K S H G E K K P Y
P Q Z K L C Y F L H M L T C N M Y J K R K K H N R F V T
E J Z D D K T P R E Z D S P R Q R T E N J V A H N A M P
L R R R M B T D S P N J G E R K S H M M N V F R F L F M
T F D T C L N O V N V N H C L E T F Z H A N J H J V K Z
R B L Q S K W A H T H G I N U O N L A R M T L M L X C D
A L I Q B G N K M H K R G L R X C M A T X K N A G H T Z
I Y H J E W E L K I N G B B C L E C J W W L P R E E G Q
N G C Y J N R W X T Q K E K Y S Y S Z N G Z B Y O Y M S
F O S Y N Q N L Y W C R K F B O L X R K G W P S R L C R
C R Y D M R H F T I O K S R V I B P M D Z Z C F G I V E
G E D N W J T B S M T I O N P T V Y B N F M Y I E T S V
V E O U Y F C E L W T T W P C T W Z R F K G B N M T E A
X C B O L W V E R A H C I W M A B I V T R M W E O L L E
N A O R X O D L S E G N M D L F N O L N N Q B P R E R W
Z R N A L R K U R V A T M R N G K D N D J U R R G G A Q
X T H N K L O S R R D D M V J L R T Y E W G O V A I H W
W E J I R Y Y X O K P V L T F M M R N K S I H C N R C V
Z R D K C R N U H J Q M C K N N F V R M I H G M J L Y W
M R N A T R N K M C P Z L C M N N N D P M S U F J Y A Z
L A V E N D E R C O F F I N M Y Q H G R B P S F M R R R
K C K N D R Y B R L B N F R A N K C U L L E Y E F T H C
J W Z S J R O A M I N B L U E S T V M B D R P B S L M P
M R O C K T H E J O I N T K T T F K L L R Y G Q Q Y E T
```

Ames Brothers	Goree Carter	Ray Charles
Baby Get Lost	Gospel Train	Roamin Blues
Candy Kisses	Hey Little Girl	Rock The Joint
Caravan	Jewel King	Slippin Around
Cole Slaw	John Lee Hooker	Sneakin Around
Country Boy	Lavender Coffin	TBone Shuffle
Delmore Brothers	Lovesick Blues	Tell Me So
Farewell	Marys Fine	Weavers
Frank Culley	Nighthawks	Wild Wig
George Morgan	Nobodys Child	You Satisfy

1949 Songs & Artists 2

```
N D K Q C C L L W S E U L B O B O H X Y M J P Z N K N H
Q H K Q K H D T B R O K E N H E A R T E D K M K M T M C
B V F Z F T N C H T G T D N H P M K Y Y D J L N R K B N
N L R K K K W M K R N V R R Q A L T T M I V W F C R R Z
N J P W C V O H J O P F N L I F N B I M B B N U H Z P Q
F M X N G B R B S C T P N M J N F K M N N L B H K X R C
Y U N C Q T B J E K K N T D J N K Y S C Y E B K M B Y T
T L R L N Y H E U C N H Z M T S P I K N L G F P A R K R
X E L M B K T E L O C Z T B M R E T N K O K R B F W R O
R T K T H N U D B L H B C K E P K U C G T W Y I R P R C
H R T K Y M R Y N A X M N S S J Z U L K B G L F M E M K
K A R J J K T C H T M C T E X L H Y R B E E Q K D E Y A
R I R Y P C K R O W M O U X Q E G H G T S T E N R Y S W
G N T X N K T E J G N L K B H W E T L N M Y E R Y N R H
R S D N B N J M G X B G B T L L C O F Q T R K M J N K I
T T T Q T K F K N N Z R L K P T S W B M Y B S C V M D L
Q Y H A M P B P O W H G M M X T P C N D S L E R I M B E
Z L B N C K C I J N C K E X H L T K U O J A U Z Y R K F
M H X A L P S D P L D S L D H D N R L L N C L R T R N C
N M C R B S E O V M O Q Y F L K M O X Q L K B T L R C R
P X W U E E M H M M M T W F D W N V Y D T C L G H X G Z
D L X F T G M K E T N Z V T K G N D K W V O E B Y D B K
D M N G A T T D W A Y N E R A N E Y N R D F D Z M J L G
C O C R D C I D L X W W L Y G V K W Y L X F O T G Q Y L
C N G Q K Y M N W O K B N G M H T C F L M E M Y J C M X
R Z T P Y M K Y O M H T J L H Y N M N C N E T C T M V V
I V O R Y J O E H U N T E R L L R L O S T H I G H W A Y
P N O H W S S E U G T X Z R Z E N I A L E I K N A R F K
```

Baby Get Lost	Hepcats	Rickys Blues
Black Coffee	Hobo Blues	Rock Awhile
Broken Hearted	Hold Me Baby	Rock Cola
Confession Blues	Ivory Joe Hunter	Rudy Render
Cuttin Out	Jimmy Preston	Ruth Brown
Drinking Beer	Jong John Blues	So Long
Frankie Laine	Lost Highway	The Hucklebuck
Guess Who	Mercy Dee	Tiny Grimes
Hank Snow	Mule Train	T Model Blues
Help Me Some	Rag Mop	Wayne Raney

1950 Songs & Artists 1

```
N R Q R F V R V P P Y H V T D L A F L B M M R B M H L P
X L O R E L J D K L Y B X P E I J Y W L J K W X K Q L D
W L T Y J W L V M R K H J C R X X H M B E W I T C H E D
J I M K R E W J R R K T A C T R S E D R E V S O H L O
B A T K F P R R G P R A M H K M R I Q B G C Z W S T W J
B T S M V K S M B Q V E B B E N K Q T V Z D Y M I L T I
X N A M K C T U D A V L H U N R W D Q T D V Y T R A Z L
J O R L Z L R M T A S Y T Q S B O M Q G E Z G M R R H L
I T A L R T N N R C N E T S W H C V R V M R O K A A T N
M T K X V M P W T O A Q R X N T E M I Q N A L T H S L E
M O N L N Y N F H Z L C M E Y I J L K N N K H D L P J V
I C O G X H S T A M P E D E T R K P A I G N R K I A D E
E R T K L E N C L Y D E M O O D Y N N N U K L B H W B R
O E N H G A R T O O F R A G U S K T E O D C I M P I C B
S T A P Y R G R P P X Y Y T Y D H D Y J W A M N L W Z E
B E H A N T F L N D W D W J C E M F S H N R P L D T Q F
O P R N X C L Y P G R L N F B R O T Y I D O Y E W F D R
R V R R L R K N K Y K T Y L H G H S T M H W D K C T T E
N J H T L I C P K N R N U T N G H R W Q H L B R L K N E
E Y R T E E Q D K M W E G I I O A R T I N L B V O K M Q
T T T T H S R J K Y S H K L U M K H T T L K U L R G K Z
K L B L C F L L X M X N R L Y F R L H Y X V T Q H T H C
P N M Z T O J T K K I U D D M M O Q P G Q X T R P Y M K
H P G K I R L X R H O I D X R C D R P J V J S N J R X C
M N B K M Y N T T B C E Q Y K N N L T V M N E X F Q N C
Y W V L Y O K L R R R J D W B J J E L O C G N I K T A N
Q K N R U U T A Y F H H Y Z H X W D R Z V P R K R L X K
T N F L G L H G O O D N I G H T I R E N E B E Z L B G K
```

A Bushel and a Peck	Gordon Jenkins	Peter Cottontail
Anton Karas	Guy Mitchell	Phil Harris
Ave Maria	Harbour Lights	Ray Anthony
Bewitched	Ill Never Be Free	Stampede
Billy Whitlock	Jimmie Osborne	Sugarfoot Rag
Cactus Pryor	La Raspa	Teresa Brewer
Clyde Moody	Moanin the Blues	Tex Ritter
Ernest Tubb	My Heart Cries For You	The Roving Kind
Freddy Martin	Nat King Cole	Thinking Of You
Goodnight Irene	Olhos Verdes	Why Should I Cry

1950 Songs & Artists 2

```
L Z U R Z G Y T T X F I N M X Y T R W X N W K F B H K K
N S T A M H W M L L T Y B P R L G Q G K C M L M I X T R
L K E T E Q L K Y I N O T T O C Y L L I B S B T B K G N
I N Y Y L V X N S G N O G N I V O M M I R R M C B L Z J
T L M T E D A N J O H N N Y B O N D K E B H L Z I W N R
T V T H P T T L F E T W N K F K N X T K P C L M D T G D
L C N P F F O N C X D W C R X M B S T K A T G E I Y W T
E W V R A L K H M E K D A V S F I N T V N I N C B A Q X
J B M I G Z D P S G R N Y E N S W E N C A G M N O R C Z
I M R W P V K V G D K D S A S Y N Q R M M U L A B T Z L
M N V W Y B T N K I O S N W R N N H F P E B N D B A N L
M Y W X C T I B E W I O E A E N L T V H R E W E I N J N
Y H V B N H C L J K K R L S T Q O K M N I V Y R D I M N
D J Z R T D A K S T D N S B H C G L Q Y C O V A I S F I
I L L E N I Y S M N O E J H I P W P D R A L E U B K Y T
C V H Q N N E J A D E I T W R J F K L N N E T Q O N G R
K T K E Q L M E R W V R M P D K J L M R B H T S O A A A
E L Z H E T H A A K B E C K M J G B G Q O T E D P R C M
N K H R J T B L V Q D L R K A W T X Q G O L G O K F A Y
S T A F Z M T L T H B A W P N T V P K V G L I O K R N N
P C T Y O Z M Y R H N G L Y T H T S K R I V R W Z V A O
L V C L R M L Y W K N E T W H B A X A J E W A Y M R M T
L V Y D N D J R V N G L G T E N Q N L M T F U L Q F E M
R U D L V I C D A M O N E N M R V J K G S Q D L L P D Z
G K J R R S A M T S I R H C E U L B V S P S G O T C E V
B E Y O N D T H E S U N S E T L K N P L N D O H Y Q P B
F X N Z V M J T T V Z R J K N M L Z K L F O B N J X Y D
L N B O N A P A R T E S R E T R E A T V Z K W T G B N L
```

Andre Claveau	Frank Sinatra	Pe De Manaca
Beyond the Sunset	Guy Lombardo	Sams Song
Bibbidi Bobbidi Boo	Hank Snow	Tennessee Waltz
Billy Cotton	Hollywood Square Dance	The Andrews Sisters
Bloodshot Eyes	Im Moving On	The Lovebug Itch
Blue Christmas	It Isnt Fair	The Thing
Bonapartes Retreat	Johnny Bond	Third Man Theme
Careless Kisses	Le Galerien	Tony Martin
Eddy Arnold	Little Jimmy Dickens	Vic Damone
Frankie Laine	Pan American Boogie	Yvette Giraud

1950 Songs & Artists 3

```
Q E M L A T N E M I T N E S T Z N M R T Y T Z M L M T B
H K G X D L E I F Y A M Y C R E P W N R R E C O N K N M
A S N M T F X S L I P P I N G A R O U N D X H N L K H F
N L L N F F A D E D L O V E Y M U D D Y W A T E R S T T
K X T L R J D W Z W N X G L W L L F Y Z D S M S P X F Y
P C B G I N T C R O H T R S R F P E Q C B J X I X R N B
E C F M T W V N T L J Z E X Y L M C T T F I X L M E B Z
N G P G H Z E S Q K W U L H K R H P R M R M X V V L T K
N T P D V D E E T K L L I K O R B T K W W R N E N L H P
Y R F B B W C C L B P L T T R K R H W G L O D R M I D O
B C N M L G X B R E L G L M X G N L X L Q B P D W M E M
Y T U U Y B R U L B I E R O H S H A N I D E H O N H L G
C N A D K F O E I D M N F L K B Q Z P T M R Y L Y C M A
M P W T D Y O L V R R M N D P K G L K O V T Z L A T O R
Z V R X E L L O K L J G P H E F L M N N D S N A W I R K
D Y H S H Y E G L L I B M N O L F A Z Z R O M R A M E L
H V O P F O T B L I I S E C A J L D G M V N G R L F B V
L L L E Z T O P U N S R K V B I L Q W G V R W R A L R M
Y H V G M L X P G G I H I C S C G Y Y C C T Z F E T O F
Z E X C M L Z C D T G E H A I X C M R Y K P M R T M T B
R M L Z K J R P H E E I N E L U L J T N R N T W S M H Z
B H H N J O T G K N E J N G A Z Q C U V A R T D M X E D
D K N T S D I R R N L D N B X R F N A X K R E W N R R L
B R K B G N N O W L N C O N A K T K E L M T T H D M S C
N M Y T D L S V L L R C T O T B H Q N N K H M L C G N M
T X R O T E B R N W R C M K R B Y J E K M H C N U N J D
D R O Z R T K M H Q L T F V M Q T L G Z Y K T Z M N O J
Z G J F R O S T Y T H E S N O W M A N Z N M N K R V D D
```

Art Lund	Hank Penny	My Foolish Heart
Bing Crosby	Hillbilly Fever	One Silver Dollar
Cuddle Buggin Baby	HoopDeeDoo	Paul Weston
Delmore Brothers	Johnnie Lee Wills	Percy Mayfield
Dinah Shore	La Vie En Rose	Quicksilver
Don Cherry	Lose Your Blues	Rag Mop
Faded Love	Mel Torme	Sentimental Me
Frosty The Snow Man	Mitch Miller	Slipping Around
Gene Autry	Mona Lisa	Steal Away
Goodnight Irene	Muddy Waters	Texas Jim Robertson

1950 Songs & Artists 4

```
T S Z D L E F T Y F R I Z Z E L L D J Q F C Q Q T L X P
L T R C O V T Z E N A T Z E N A M R T Q F J R Y X X L M
K Y R E J R X G M H T I A F Y C R E P C R N B K Y K N M
R C L R E Z I J X Z K M O H B A B E P V C D H K T X W
H P X P A P L S X F J W D N K E G A P I T T A P B M N M
P O L B K T D S D R S R E G O R Y O R E Z K B G H O F Y
Y N P N Y X S L A A J R R Q Z G B M K V C I T M T F P B
M E V S J J Y Y A M Y M X L H Y Q M A O L J D P L V I I
R L X E C L I L A N M T T G W Z C L Q L N L M F T P B C
E B P N C O K M X K O Y P R K K C W Y Y F A E C P P G A
D M R J R H T Q M Y L D K L Z I N E W M H N G I W N C N
F A M O A G N C P Y G Q N A D H C B X L O B S G U K D D
O H Q Y R Q P R H J W K F E Y K P T E L M S R O Y A C R
L T K Y T G N M D P N A S Z S E N N U A I Z Y T L T M E
E R M O S N W L N N O G K T T X O F J S V E Z V K C T A
Y A P U E Q R Z A Y E L I E L I H L S X V T A G Z L B M
F U N R H L L C G R S N K R L T C I N E R D W R L M X C
G T A S C M Q R A T E M W A I Y M D T Q E P T E D Y K A
Q S N E R L G R N B J M A A L L M Y L O V E B N X J C N
C X T L O F D Y A N T N F I J K J W L W B J W O K D R T
Z M O F S I X X L H V N M K L D T I F R T L N T T T Z I
Y Y N C S D R P F P U C K T T L V R K T V L D S R W R X
W Q I F O R F Q H W P R F Q N E I W Y N T V M N D F Z Z
X P C B L C H Y P J V B G X I R P W W K C T V I Y D X C
T T O L E C X W L V R L P R T Y N L K N Q Z M L H D K M
B M G N O H W K A F F Q A K Z T J H R N W C M L X Z B T
N D K W J Z G N R R B P V C N Q P N X J A B C O X D Y W
T W K R L L R P D Z K F H B D K W Y M R W H T R B C M P
```

Alcides Gerardi	Hank Williams	Patti Page
All My Love	Hop Scotch Polka	Percy Faith
All My Love	I Can Dream Cant I	Ralph Flanagan
Antonico	Jimmy Wakely	Red Foley
Billy Eckstine	Joe Loss Orchestra	Rollin Stone
Dalva De Oliveira	Kay Starr	Roy Rogers
Donald Peers	Lefty Frizzell	Sammy Kaye
Doris Day	Lionel Hampton	Stuart Hamblen
Enjoy Yourself	Mississippi	Tzena Tzena
Eve Young	Oh Babe	Unfaithful One

1951 Songs & Artists 1

```
M L J T G A R T M O O N E Y C X Q D W B J C H T N W F N
M Y R T K K P Y I P P I S S I S S I M D N A R E T S I M
Q Y T H R T H Q Q K F X R J S Y K V R Z N T L R N Q J V
P W L R H M Y Z M X J C W V R E N W B V T M Z Q Q F L V
H T H E R H U M B A B O O G I E U D R N R B N C T G K N
P T X E K B L R M S I L V E R D O L L A R T F T Z Q V K
R K V O N H O B O B O O G I E Y B A B L N K M L T Q W N
L L W C O Z L K W T F P Q B T N R N N A J L F T R J X V
E G K L S Z M M H P H B Z L J T E Q T E N V Z Y T D X B
I V J O N T Q Y G T C E V G H L C D L Z R A F W F K E C
D L F C H V E C R V J N T U S V V T R E Z D I R R A I L
R C T K O R Q K W E V I R H N L T W N A N N A S U J S A
E H T B J Q Y N C V S G N M I I O R H X I N J T U K U U
V A T L Y B P D L O O I F A L N U W K V C N I N R O O D
E R G U D B V Z A D R Q S A V T G N P I L F O X N K L I
N L N E D J J P F N K N E T B O O T S O U D Q T Z N A O
S E O S E J G R T R C V E E A T T C R L K K C N T K J V
R S R D T Q E L P J I E Z D S N O N B Y F E N G W K Y I
E T T J V Y X F N L L L M N L A C R A M Y T D M N Z S L
I R S T T M Q F S W E B E E L O O E G M X T Q T N H U L
D E M X B V J T V V N R T V L W G M I F Y M K T M R O A
L N R T J W E C O K B O E R N O M E X S W R Y G T G L L
O E A L C L T L Q E O S R E R M O H H R L N K C L H A Z
S T S J J N Y P I Y R Q Y M J Z Q S M T X O M R G G E Z
D C I N M M L K O T J E B M L M T M E Y L G W V L R J N
L N U R E R C U F R S V F J H C R Y A R E I N N H O J Y
O H O B F A N G L V D Z H F S E M A J E R O M L E M V L
L T L D J G K H Y L W N H R Y L P G Z F Y D F R Q C H V
```

Arthur Godfrey
Art Mooney
Beautiful Brown Eyes
Be My Love
Charles Trenet
Claudio Villa
Dance Me Loose
Elmore James
Francisco Alves
Hobo Boogie

Jackie Brenston
Jealousy Jalousie
Johnnie Ray
Lets Live A Little
Louis Armstrong
Lousiana Blues
Mantovani
Mister And Mississippi
My Resistance Is Low
Old Soldiers Never Die

Silver Dollar
Slow Poke
Teddy Johnson
The Golden Rocket
The Rhumba Boogie
The Thing
Three OClock Blues
Toni Arden
Too Young
Zeb Turner

1951 Songs & Artists 2

```
T W R J G F F Y Z T L A W E E S S E N N E T H T H C Q F
M K N B A T X M T I K R L V R D P C A R L S M I T H D G
X W L C R T L N J H T H K L N P V Y N M T K C E M N Q Z
F J L J O X D Z L W M S R R J C H Y O K F K L P M D N T
W L I T C Y D W K M N M N L C Z L C T Y L T K Y T Z V G
T F H G C M G J F L Q M N O C N T N L W S T T L L W X R
T C D M A N J X M G Q W L O S D X V E I H H L H B H J N
J R R F B H N Z L B W X L A O I D L H L E F W C E Q A Z
A Q I R O N R G T R C D R O K Z N W S P X G G N L J N X
L H B H T L X R T Z C K W X K G E F E J L L Z M O B E X
A Z N Q W C G C V O I E Z J L M F T N Q G G D F V W T L
L R I F E Y T D L E H H O Z O O I X N J K T B Q E R U K
Y X K P H T V D S T G H K S D T V B A X R N Z Z D M R K
E W C L C X H H N Y N Y E N E O R H H R M H Y L B C Z K
H R O M G E I I Q N P N U W C R M W X D D J T G E K Y G
X J M P A B L B I L O O A Y L R I I H X F N R B F N W N
L D M R L R M E L L S L H D E U P J N N R Y L Z A R T I
B K T E I R A E H B T T P F M C I L D O K X L L I H W K
W P Y G Y N W X M Z L M M Y V P A S E U J M H K T C Q B
N K C C D O M P R M W Z K K W T R R M B O X G M H F L B
B F L J P J C N A L B L E M L G K T D A E L P P F N N V
P M A D L J V V Z C T R H T X M L G J O R Z U L U R M Z
K C U D W H I S P E R I N G M L T M M T R I E O L F Z Y
K B B E R M B D Y K L K K N H O J R A E D T A J M T M T
F M H T P N H L L T H R T K V D X Y C N N N O N T Y G N
Y M T O H W B E C A U S E O F Y O U T Y D Y V H O H K Y
H K Q U C K R G B T S T E L O I V T E E W S R G J V P L
M R R R K J Z W Y B U N F O R G E T T A B L E T V V K L
```

Anne Shelton	Detour	Luis Mariano
Arkie Shibley	Domino	Mel Blanc
BB King	Girl In The Wood	Mockin Bird Hill
Because of You	Hey La La	Mouloudji
Beloved Be Faithful	Hot Rod Race	Sound Off
Bud Powell	Its No Sin	Sweet Violets
Carl Smith	Jane Turzy	Tennessee Waltz
Chew Tobacco Rag	Jezebel	The Petite Waltz
Cold Cold Heart	Johnnie And Jack	Unforgettable
Dear John	Lonesome Whistle	Whispering

1951 Songs & Artists 3

```
W B M S J L J C T X K K T L K C Y F L A M I N G O L Z S
L T V G A V G R Y T G Y H Q W Y Y R N T K K H T F H L
V T K H Z M T L W L H R R C Q G X K J X T Q Z O G R V J
H E D M R F T M N T W E X R T J G K W T R B U X I F J R
O R N Y P L K S P M V W W B O J R L Z Q N R K M L R R Z
W C A X Z R Y Q I V P P H E L S K N T L A R P N Z R H L
H E L L K H M I T R M F K N A T D M V C C B N K W Q W Q
I S S B I K B N A L H N R K Q V V N E H O P K W R K N S
G O I D H N M G N P E C Z Z N W E S A A C Q D H C Y C H
H N D Y R K D R D L O T E N L D L R T R Q V E V M J R I
T S R V F A G A L K L L L U M H M S S V E Z L J Q W N N
H T I R C T W A B A M J O H L A N G M P H B W T W T C E
E I B N V D X D W A H D H G I B T G O Q H C O T D K Y S
M R E F L E R Y E T T N F N I N R R O N Y J O S J Q Q H
O Q U M R K K K X Y Y I I E T C Z T K R T E N D D K V B A
O T L N Y C L L T S M Q S J X F E T B Y N Q J T G C M V
N T B C U D B B O X M M M Z T H T B X Y H O N V L H T I E
R Q L T R N T N V P Y M O T A N C V M R O V N V E T L S
F Q N L N L S D P K Q M N T P Z N Z T B L Z G T A K Y H
K E N A Y T R T R T H T R L T V C L S N C M N P R L K O
K Z D J I C T E D D Y H O W A R D J U L Y Q G W T D D W
J D O N T O P O F O L D S M O K Y M D D R D J L S X R E
M D I R E I G O O B E E K O R E H C W K A X H L T C N R
T S T C R Y I N H E A R T B L U E S R X M Y Q J R Z R M
J R L V T W J P P Y Z P M L M L L M M L E N C G I K T Y
W L T I N Y H I L L T P X Y X X B B R P S T L G N B M T
B N T A E R T E R S E T R A P A N O B T O W B X G R L F
B K Z L T E O R N O M N H G U A V G Z G R V Y W S K M H
```

Ann Blyth	Eddy Howard	Rex Allen
Bluebird Island	Flamingo	Rosemary Clooney
Blue Christmas	Four Aces	Shine Shave Shower
Bonapartes Retreat	Heart Strings	Shrimp Boats
Charmaine	How High The Moon	Sick Sober And Sorry
Cherokee Boogie	I Apologize	Sin Its No Sin
Cry	Its No Secret	The Weavers
Cryin Heart Blues	Kentucky Waltz	Tiny Hill
Del Wood	Linda Batista	Tommy Edwards
Dust My Broom	On Top Of Old Smoky	Vaughn Monroe

1951 Songs & Artists 4

```
N T W N L V L M H M G N C M T R R L O C O L O C O P N U
O J O H N L E E H O O K E R N Y B P G H N L H N T M F T
O V K Q Q B S A E D I T E G I J M P V T R Q R Z T Y N F
M R Y N X Q P R M T E N N E S S E E E R N I E F O R D N
E W I N I F R E D A T W E L L G T D X W G H H P Y T V P
H T R Y M K F B M R T M Z M K F H N T K Y E M M T T C B
T F R R X O K F T W A T F L I F H P N X X Y S E P L N Y
T J Z M L F C M G R Q Z R M V H D K N X L G E N X V C X
A R K W L K X K T T D L I K O J M P T T Z O U Z N I T L
N G E K T G G E I F W N X A N B W M J J H O L T N Q C N
I M T D R D L M R N T L G K M L R L K K T D B T X B P O
L R V D N L P K R H G Y T D G I M F K K H L N T X N R B
W L M E A O W O E . C B Y P A Y V N O Z E O I O G M R T
O N Y C E M Y M I A M A I F N H K H L S S O L D K T V X
H F O E X L O N R S D O Y R R Q L N M A H K L E C A K X
Q R M M H O I M W O O L O T D E B Z L P O I E V R I J M
E L F T D C I B A O U N N N V H B Q C O T N V E A L X X
T X Y M K C I T U R D G L O F G I K T C G L A Z Z O B H
J T N M H X I M T J N G D O N Y X L T Y U H R A Y R B W
F Z T A P N M Y K U A O Y T V Q F B L O N G T R H M M C
L W E Z A K L P O C T M T N H E W R D B B G M I E A N T
E L C K D U R Y N A I T A G C T R W Q W O V Z D A D T W
S B L B R L Y D R N K M D B Y K T R N O O K M L R E T G
P L L T T M W T K W T R N M A Z X M R C G K N A T W B B
A L Y L M N E N D N K D T G J L L N T Y I N C W T O C H
U M R I L R Q L G R N X X L W B A M X R E R K H F M R T
L M J F Y Q N H R L G A S S O R A N U L R W T N W A X P
Y G M F N T K C X Q P E E W E E K I N G V F H Z F N N B
```

Alabama Jubilee	Jimmy Young	Pee Wee King
Anita ODay	John Lee Hooker	Poison Love
Cowboy Copas	Les Paul	Retrato do Velho
Crazy Heart	Luna Rossa	Tailor Made Woman
Down Yonder	Martellacore	Tennessee Ernie Ford
Hey Good Lookin	Mexico	The Shotgun Boogie
Hoagy Carmichael	Mick Micheyl	Travellin Blues
Howlin At The Moon	Mockingbird Hill	Un Poco Loco
I Get Ideas	Mr. Moon	Waldir Azevedo
Im In The Mood	My Truly Truly Fair	Winifred Atwell

1952 Songs & Artists 1

```
L V Y D M K X X M B R W E Y K N K V N Q B L R Z L E N D
V L N Z L G F R F F N M R N M R T R B F T R Y C I T M L
N R D H D E Y N Q Z O D T J Y M Q A R F N L N G V A V T
X N F N E L M J J L F R H H L A C H N N U L O S D L B T
C N M T B K K M H V T Y E V E K W K Q O Q O R K E K M R
T N U N X P J K J R N R J V S G R Y S T B K L E V T J H
H P V J P T J Q Y Z R I K T E H L D B T Q B D E O O K M
R R L B J B W S R D M J R X C R N O E B J Y A T L Y E M
E L X W C L L R L M O E P U L A M K W T O Y X S A O E J
E V S W W D L B Y O E B M E T H C G V W A B K M G U P H
W J E F G N B B K T W S Y R A U R L B L O Y L C N R I E
A X Y T L V O K A K A P A S B R L P A R P R W D O H T C
Y L E V T Y K F G F L E O K U W L B R M T H M O L E A R
S W E F D K F H L C H V L K D B M B T J B K M N A A S E
O G H J J A D A W L K I G B E A Q N A Y X C R A S R E I
F E T Z I P H N H C M L L J J C N F M I F B J L E T C P
K T N R L H A N K T H O M P S O N Q M M L J R D M T R B
N X O E P G Y Q K K V T R X W A T L D Q R E N T O F E B
O N Y F L M Q X L F Y L Q F K U Q B N R T Q Y K C Z T E
W J S T K R M K H F R J Y K N G G J M N I Z Q X X C G W
I R A Y R T A Z L L V Y P H G A K H G T G L R L K X D R
N X E H H T X M M N Q B B M M D Q X Y M E L T R Y L N K
G F G L M S E N O J E K I P S A Y J J K R L M T N F L M
Q K V K J L A L M O S T B L J T D M M L R J W M Z K Y R
D H C N Q B G E N E K E L L Y A L V L R A M R W Z D D T
E S R O M E A M A L L E T T F L J Z H M G H G L M T K N
V V C Y V L P T G X G H R Q N L L E N R O C N O D T F P
J J T B Q X L K T F O R T U N E S I N M E M O R I E S T
```

Almost	Fortunes In Memories	Milk Bucket Boogie
Back Street Affair	Gene Kelly	Pearl Bailey
Bobby Wayne	Half As Much	Skeets McDonald
Busybody	Hank Thompson	Slow Poke
Comes ALong ALove	Heart And Soul	Spike Jones
Don Cornell	Jambalaya	Talk To Your Heart
Easy on the Eyes	Jimmy Boyd	The GlowWorm
Ella Mae Morse	Keep It A Secret	Three Ways Of Knowing
Feet Up	Lata Dagua	Tiger Rag
Forever	Marlene	Webb Pierce

1952 Songs & Artists 2

```
X V Z Y H M B N T M R F R X A H U W X R K Y R H D H T L
K V Y M M C T N X A K V A L Q T T T C L K R S R L Q F J
R N P P X R N M Y W K N M L O M F M Q J B U Z V O E N F
W F N P W K T P N M Y A L M N H D Z K D B Y J Q G M U C
Y R P Z V K R L H T R P O X R B N F N R M L G R D O S D
T M B R N I F N I T G C N M L N Y F A N C Q Z N N T R G
F M L E C N D M I R M P I E E L Y G G E P W R X A S E L
T Q H E C Y E N L E N T G Y T M U C R G M Z M T R G T B
M T M E L A O R U N P N H H M S B K C R C T R X E N S W
J Y E W R H U G P T C V T Q F M V Z T W Q V P D V O I K
I O L L K E L S X T T P T K R K C K X F D Y O G L L M V
N M N K L A I E E R W D R H I G H N O O N N M K I E E T
D B N I X M N N K Y W R A N J D M Y Y Q T A D C S B S H
I N R X J F E L M U O V I R H R Z A C S T G V T H T A E
A R D G N A T W V Y J U N P M L D K T N G O Q R P R E G
N V Q R G M M F H T H N R D F Y R A L R K C K P X A L O
L P T T A W V E N Y M E V E P B Y W R X L A C T H E P L
O F V L Q W J F S T C X A P M A N J Y B J M N J J H K D
V N T E M M O T M I W J A R W I K O L K K L D X Y T V R
E M Z G Q P T H R J Y H G A T Y N J G K Z A V M K A M U
C G X O Z K L P N H H L Y C K M D E V N K P R H K H F S
A N Y R V Z D C L O D D C B R Q D W H K A C K Z D T K H
L P N I X Y B T W Q D L N K N G Z L M R L T N T N T Y I
L K C L O V T A K E S T W O T O T A N G O K E B P T Y S
Q K L L R F J O H N N Y S T A N D L E Y D K N U L C W O
T X L E T L L B C T G X V E R A L Y N N Q K R K L X V V
M T Y R E D L O B D N A R E D L O V F Z Z B N G H B W E
F P Q H E R I F F O S S I K Y J K F C K C H M P V M Q R
```

Alguem Como Tu	Indian Love Call	Peggy Lee
Alma Cogan	Johnny Standley	Please Mister Sun
Al Martino	Joni James	Ray Price
Anytime	Juke	Silver And Gold
Because Youre Mine	Kiss Of Fire	Sugarbush
Blue Tango	Le Gorille	Takes Two To Tango
Don Howard	Lloyd Price	Tell Me Why
Dont Stay Away	Night Train	That Heart Belongs To Me
Here In My Heart	Oh Happy Day	The Gold Rush Is Over
High Noon	Older And Bolder	Vera Lynn

1952 Songs & Artists 3

```
C Q L E M O T G N O L E B U O Y M G T X T N W M B B N P
K D M R T T C C C J N T R G Q N E K C K R Z H N J N Q T
K K E L V P X L C M K L C N D O Q R K F G D G P D H T N
L J J A N M M Y R B L N T M R X N H G J H N L N I Q Z L
Z D C N N H L R E K C F B G Z G L Y K N F K K D S F M Z
D K M N W M L N N N U D E D B C W W P K M K G Y L N N R
L P T F O R A G F L R S H U R H F B L I P R J U E O A L
N L L H K O K R L Y B A D T Q M N N V T Y Z I G O U G Y
L H E L E F M T T R T D F X H A P T L T L L Q A F T R B
X P V N P B I Y A I Y M R K M G W X Q Y L C R S I S O X
R M M Y N M L S E M N N J S C K M T X W K H C I N I M V
Y N J N E O S A O N I L Y K P I R G A E J V Q Y N D E R
J L M J L E C R C A O D G R D A D L G L T Z V U I E G E
Y K O Y N D R O P K A H W T E Y K M G L C H M G S O R T
D B P S M O L S N L S K R H N A O N L S M P L A F F O L
W T R D W T F Z K E L M Y U L H X U A H M G T Y R H E A
A L N K K O K L K Z L M I O O L K X W M T L R F E E G W
L T P L Y W V T M R E E N T P C T B T I T N P L E A B E
C K P D F W F T J K L E H C H P T T D V N I P M Z V K L
S C A M L H B L A M K B M G V B D Q R V N A H G P E R T
S L K C B K G T R T H N Q L C J L H F Y M H G W V N B T
I W H E E L O F F O R T U N E J H U K D I F M A M M C I
M J X G N A H A L L A C R M T E E M E F L N K Y I I X L
Y F R E N R O C E H T D N U O R A M X S N V G N X N L X
D L F T D V M P H H U G O W I N T E R H A L T E R P K S
W D M T G L T P A R I S C A N A I L L E T L L N O W V N
A V Q X Z M G M M T K J E F I L F O E D I S D L I W J T
L L Q J J J X M N V C L R V H K H F M N R P Y L R L V Q
```

A Guy Is A Guy	Ill Walk Alone	Outside Of Heaven
Around The Corner	Isle Of Innisfree	Paris Canaille
Buddy Morrow	Kitty Wells	Slim Whitman
Dean Martin	Lady Of Spain	Take My Heart
Dick Farney	Ladys Man	The Blacksmith Blues
Full Time Job	Lawdy Miss Clawdy	Trying
George Morgan	Little Walter	Wheel of Fortune
Georges Brassens	Meet Mr Callahan	Wild Side Of Life
Helen OConnell	Now	You Belong to Me
Hugo Winterhalter	Our Honeymoon	You Win Again

1953 Songs & Artists 1

```
N T D Z K C H R W T E L L M E A S T O R Y F Y C K R C L
D J X H E Y J O E M R Z Q H K N F M J M N D T D A V L T
R F M W F L N T L D X L R R D H T N C N A W D T P V O T
F N N I A G A E N I M E R U O Y Y A S E W K I M T D U R
O K D K H Y Q K N J N K D V M Y R H T Y R U K H V K D W
R V K L V N N A X Z Z D T L P L C S A T G H E L H W L A
N T X E C J H H R R N B H R Y A N N V S T R V J G T U H
O H T W K F N O P T M Q D L O I Y M R P E K Q F N H C S
W Q Q E R V C Y J F A K Q C O W P E F S V D P J U X K D
A R R C L K Z C R E D N N G H M L K T N K L M M O R Y A
N G T N K W C F A X M E D E F B Q A Y O N M T H Y G S R
D B T E W I K T Y R D E R D M L N C P O Q Q K V N Y E B
A B H R G Q C K R L I E V A O D G C J T K V M L O C V N
L K E W W D R A O B I B G I S T M M X H T F N L R R E Y
W N S A W W H G N W O L B T G G T M M E R L J Q A Z N L
A M T L M R A Z A T I N H E M R K Y T R N C X L F N U O
Y A A M F N L N G T W E I M A G O G T L P N K M B O S R
S R R W I V D P A V G A T L M N R F L O D C F Z Y C S A
T I G P N E C R K L Y J I B O F V J R V D N C E N V I C
W E A V R T O T A F K D T T N C Y Q T E T D V G Z K K D
M T Z K B Z B S Z M T V O J Y H C N P N N O V M D H M A
T K E L A K S M K J X M T C Y T N I G R L M C K Q L L N
W R R K R A M E D A R T V P Y F D Y P I J P J J K P R N
K B S R W F N Y N Q D M M V J T K Y S A P G M W L R M Y
O H M Y P A P A V C L R R B F D T P B V P L M Q H H N K
M P L M F R Y R A J L E A H C I M E N D Q P B C V F K A
Q M K M W W L R F C T G X Z N G B K B K Q L O R V T F Y
P T T P F P F G O L D I E H I L L D P K T H W P X L Y E
```

Anywhere I Wander	Gamblers Guitar	Michael Jary
Art And Dotty Todd	Goin Steady	No Other Love
Betty Cody	Goldie Hill	Oh My Papa
Caribbean	Hey Joe	Poppa Piccolino
Carolyn Bradshaw	I Cant Wait	PS I Love You
Cloud Lucky Seven	In A Golden Coach	Say Youre Mine Again
Danny Kaye	Kiss	Tell Me A Story
Faron Young	Lawrence Welk	There Stands The Glass
Forgive Me John	Lita Roza	The Stargazers
For Now And Always	Marie	Trademark

1953 Songs & Artists 2

```
Y T H E D R I F T E R S Y M G L E T M E B E T H E O N E
F C F R T G R M X B L L F N X S E U L B E Y B E Y B T V
N W M Y Y M W N W K L K M W Y J T C T X F M T V K L N P
F L C J R L L V G A Q S K K Q B A N W X R G K N T Y U D
K L N L V D S N N K L Z A N M N X F Z E L X K K X O L L
Z T J L T T J R K G C K N N T X Q J K L K G Q D Y L L P
T Y S A M H F L E D Z T I I T Y B C B D K G N T T E K P
K P L B T G J J Y N Z K M N A A I K A F F N U J W L K K
I J E E B Y N Y E Z T W P W G P B V N F K O N D L B L M
M B E R M N E P N A Y R A Z N B I A C P H Q R B L M D J
A F P I F P U T X K N T A O R D E Y B T Q A Z Y D K L M
N F R F W V Q K Q F A S T P W P Y H I Y C L N P V K R Y
O T N H N N S R T H T T H H G V J W I K T R Y N W L N T
L Z T S R V I M T G O A I E X N E K C N L Z N K W A I R
D Q G I M M R K N C N T M B P M I A R L D V N M H W B A
O X B N N R L K . S F J T J S A J G G G R Y T K X G E P
L Q B A N A Y R W I Y K M T O P R T N N L R O B R I L A
D X G P W F M E E M K Z A Q I A M D N A N C N U J W I E
M L K S C Y R L J L G H C D I K O P L T H P N K Q E E V
A L T K E M D K X V T Q Y K V R A V G Y C C J Q E E V A
N E M H E F L Q Z M L T R V C P A H A H D Z W P B S E H
L C R J T G H P H F M G D T Q Z F P T L C L F G B S K S
F R A N K C H A C K S F I E L D K T M R E V N Y T E Y T
L N N J K L N N E L G L L E R R A D W U A N R T I N T E
T X L M Z H W C D R B L K G D L Q T C T C E T W D N V L
P R O F E S S O R L O N G H A I R D P J X H N A E E R M
H B R J R U B A D U B D U B W B H X Z C R W E L O T T X
H X D M B G M Z M V P R Y K B C N I A P S F O Y D A L T
```

Answer Me	Hey Mr. Cotton Picker	Lets Walk ThataWay
Bye Bye Blues	I Believe	Professor Longhair
Cant I	Im An Old Old Man	Risque
Changing Partners	Im Walking Behind You	RubADubDub
Darrell Glenn	Jack Cardwell	Santa Baby
David Whitfield	Jean Shepard	Sleep
Eartha Kitt	Joao Valentao	Spanish Fire Ball
Ebb Tide	Lady Of Spain	Tennessee Wig Walk
Eh Cumpari	Let Me Be The One	Thats Me Without You
Frank Chacksfield	Lets Have A Party	The Drifters

1953 Songs & Artists 3

```
C T W R F C L T J S S E H C I R O T S G A R W R H F R Q
K N F M Y Q V Q J I J C M L L W X T P M Z G V N H X T V
O Y Y V L M K B L D W P Q L S D T J T J Q L R P J R A L
R N K L K N C R Y E F G N J D G K H I N J L D R R Z I K
O T B R Z Z J R N B K N R V L G N M A J K R Q N R T N Q
T M W L U K J P C Y M H Y G V N M I Z T H D K F R Y E J
L M T E K S M W D S G B K R R Y R B W Y S D W E W P D K
L J V D D N T F K I N B N N D E T D Y N K A V R P M R S
E T B D V L Q Y L D H X A E K T B O R G E L M L H G A T
H I R Y V M T L D E N M A R B U U E K F A K R O V D G E
C P L S D M L J M R Y N K F Y R O B R C J H O X R N E M
T I R S W K L G N A A T P D C R C Y E F R T N R T E U O
I T G O R F Z X H P R P T H E G F I U Z N T L R B R L C
M I K N D Q Y D F T W N E T P A D W M O V A K R G F B S
P N K G N H R M Y J U A T R V D R W K B Y C T C F G J I
Q A P F W A T N F H T E C J E V M J Z N W U R S G Z R H
D G W L H V L Z E I L H W Q Q P J C O N Z T O T F D N D
E L L C L K L E N N I G C T F L C L F A L F M Y J M M N
T H I D Y M W H H C C Z Q K T Y M G V N N H N K K K K A
N R K J L E E O K D O R I V A L C A Y M M I W W Y D R Y
A L F X E A J A F S E V E N L O N E L Y D A Y S K T F E
W W K P R R B P C O R H T E J D N A R E M O H V Z D L L
P V R T A O R G D G R K Y H I T S B E E N S O L O N G A
L W R E O K F G N F M L K C W V D M H G O D D N U O H H
E N D M N K E E P I T A S E C R E T V N Y Q C N W T N L
H A L T R K L Y T I N R E T E O T E R E H M O R F W X L
O B F V F K W O N D E R F U L C O P E N H A G E N C K I
N R R K T A N N A K P V D Q K G L V B R N W L H N N C B
```

A Dear John Letter	From Here to Eternity	Richard Hayman
Anna	Homer and Jethro	Rusty Draper
Bill Haley And His Comets	Hound Dog	Seven Lonely Days
Blue Gardenia	Its Been So Long	Side By Side
Broken Wings	Jimmy Dean	Stan Freberg
Chicka Boom	Keep It A Secret	Thats Amore
Dear Joan	Mitchell Torok	Tipitina
Dorival Caymmi	No Help Wanted	Wonderful Copenhagen
Eddie Calvert	Pee Wee Hunt	Your Cheatin Heart
Eddys Song	Rags To Riches	You You You

1953 Songs & Artists 4

```
K P X D K D E T N A R G E C R O V I D F T N Y B K C P Z
J J B M W M W F W H E R E T H E W I N D S B L O W R M L
K Y T Q A Q L A G Y M E L O T S Y D O B E M O S D A O R
W L H L M R C M H J X L Z D R R P X L K D R F K R Z N Z
K Y G B Z M R J D G P Q T F E O B Q K V D R Q G R Y E M
V M I L F S T I M R W G M F H T T N B V V P G N C M Y N
R T R Q X L A J A P G X Y H H L R X K K T S W C D A H P
N Q L R Q R L T D G Y M A O R R S A L N E Q B B M N O H
C N L C E N D C I T E P E I U R R B E L M E T C N C N H
D Q A W R K N I Z S P O G X E R L Y O H V A D Q L R E B
N Y S L W H C F L Y F S F T I M E I M E N N G R Z A Y K
A F T G C G B E D L Y A S M Z C R J R K Z W K I T Z K Z
M G A F Y V D A D A A I C H E O A L U T L K O G L Y K Y
O Q H M V Q Y Z D A S V I T E X E N C S T R H D N W D Q
R N T E N G A R D S N L E H I Y I H J P T J T R T J A B
F I J Y X V E V I H I A T N S O R C M O K I T H P R K K
E L B D Q T R V J L Z N I I U T N C A G E J N Q W X P N
N K R H S K A R I C K G S D G J M G N N W M M L X R M G
A C F E Q D M H J N H T K W G Y X H U D J W Q G O K M Y
J O Y D E X I G M L E L Z L J R P K K A T O R G L V Z L
B L R H F L V W V R Q R M P J T L L L M R P E Y K N E N
R K T D O N D T S R L V T R K Z G T L P T A F Z Q G F M
K N Y M G G N T O O Y O U N G T O T A N G O N D L X Z G
R A X F R C N P T J H A V E Y O U H E A R D ? T B L K M
U H L K N O T H O L E W N M K Y R M X Z Y K R D E Z Q G
B M I D N I G H T L Y D O S P A H R H S I D E W S E M R
Y L W N P W Q Z L B R K X L T X H F T F M B J J D R D R
X N X K C K B N L C D I S Z A T Y O U M Y R T L E H Z T
```

Beverley Sisters	Jane Froman	Satisfaction Guaranteed
Crazy Man Crazy	June Valli	Somebody Stole My Gal
Diana Decker	KawLiga	Swedish Rhapsody
Divorce Granted	Knothole	Thats All Right
Downhearted	Marriage Of Mexican Joe	The Davis Sisters
Dragnet	Mexican Joe	The Orioles
Hank Locklin	Midnight	Too Young To Tango
Have You Heard?	Money Honey	Where The Winds Blow
Hi Lili Hi Lo	Oh Happy Day	Yesterdays Girl
Is Zat You Myrtle	Ruby	Youre Just In Love

1953 Songs & Artists 5

```
M L P C B V Z W L H H N H Y N N H O J K Y Q R G X Z J T
T M O J W D N R W N W D L I W G N I W O L B B X Z P Q P
L Y K O J R N L R C X F K Z C R P W T G L L D R L E V T
Z D F T K K I V L G B R R T M I S T A N B U L R E K H J
S T U K J A N C P B I L L G O O N A L O N E J G P V B K
O L L A R N T B O M L V W I T H T H E S E H A N D S H L
N E D A C X K T B C P P R E T E N D T F G G K S H Q Z C
N P I C W E A F H W H L R R D N Q X M D F N M O Z G F E
Y A C M R T B U G A R E Q M T N L C M H K O K U R R D S
J H K L L D S T T J T N T N L A K C D Z K T K T G F G T
A C I L T X L A R R Z G T R P Y M B M F L N L H T T P S
M E E N K V R D L E Y C I R R K G V T L P R T O C T K I
E H V T F K W T L E B I I R P M B Q Q X S O V F H L M B
S T A L Y R N T R C H L N W L W V D Y N W H D T R H X O
D N L J B Q Z Q J L I T I M Y H N T O L F T L H M H R N
W I E X V K B N L N C J H G A I A D Z O M E H E Z E M L
J G N Z J C J L P N M O L F W N N S U J D A B B E C C T
Y N T L T C K O Z M T R M H T A T R O K V M P O O I M T
L I I D Y T R Y N T N J T K S X L C X R D E H R J N V Q
Z Y N N R T M B O R Q R X O K A B P K N A I R D Y T R H
F R E M U F L D Z Z O F L R D O B P A N J L V E E N Z P
H C K G P Q D N N N M F R S N K L H J Y X L S R H I Y L
T Q A T Y Y J L X M L L Z N J N A N T J M I K U G A T K
Z L Z H Y Q J H G M D F I N G E P H X M J W R L I T J M
L T B L W Q M L T N K E G C K T R C M N H H X M Y L Z Q
M D B R M Q C M Q C L T G A W X P L T T Z K N G N C U P
X R R G C V K R R O Z T H B U M M I N G A R O U N D V J
K R N T K C N T U N X S J L K D N N W O R B H T U R M M
```

April In Portugal	Gee	Pretend
Autry Inman	Gilbert Becaud	Ricochet
Blowing Wild	Hey Joe	Ruth Brown
Bonnie Lou	Hot Toddy	Shake A Hand
Bumming Around	Ill Go On Alone	Sonny James
Cest Si Bon	Istanbul	South Of The Border
Crying In The Chapel	Johnny	Taint Nice
Dickie Valentine	Julius Larosa	The Last Waltz
Flo Sandons	Look At That Girl	Willie Mae Thornton
Four Lads	North Wind	With These Hands

1954 Songs & Artists 1

```
D Y A W A T O G T A H T N A M E H T X N R B C H T T Y Z
L T X K R H C R T H E K I D S L A S T F I G H T C F S C
T H E N I L L S T O P L O V I N G Y O U C V V R H E D G
S R E N T R A P G N I G N A H C X M Y H Q B H R M J L H
V H Q W Y R Q T I L O V E Y O U T H Z T T T R L G V G D
L D E Z D Y Z Y Q B J Y Y G Z H E F N Z Z W O Q J K C O
L T T I T R K T G R D F Z E E V I R G V L H F B Q L T N
H F F B D Q F C H J N W Z C S N R N R T Y V G J N V R T
L O M H Y E M K L G R M R L G I I L O O R M P Q C V M D
Q V N V Z Z R G M U I E C E Q L L H R L L N L T N Q T R
T M L E N Z Q O N O W R R W L Y N E R Y I L V B G C M O
T Y A M Y N D E S C R O L A Y S L R N D W H G X D V Y P
J R T R N L M M U L F E C L D R Y O L N W M I A B R N I
O Z Z M I O O T N S E R A R A M N M X C A C D L R R H T
S V C T F L S V U T O I O N R S T Y X G L L V E I N H K
S B M F L M Y S E F X W N L D H T N C N Z D P N K L E Z
A V R K F K P N U R Y P E L F M R A B K R H K O V N I R
L P C B C I V O M T G G P Q K X O T H Y E A G T L C B H
A Q M Z C V Y B T O N R B K Z K L R J T K L R S D C V V
I K D I D K D E M A N L Q M N K L U E L L T L F H N L Y
R D O T N F R G H M B R K T B W L H K Z A E N O K Z L F
O N T A M P Y T T B K Z O R L F K T F L W R C T X J V L
L Q H Y R V R R Z N N M M E N X G N F S Y R B R L W N M
G T W Y G A R L K P L B J V M B K O H L L Y W A N K K T
B T K R E Y X T P N L C N B K X T D X O L M G E X J Q L
L E P E T I T C O R D O N N I E R I G W I Q T H F Z T X
Z F X H C S N E H L E D E I R F L L D L B G Y F R Y T N
L X W V A B A B I J J A H T Q P T F J Y C X V D G R M W
```

Al Terry	Hajji Baba	More And More
Annelise	Heart Of Stone	Pretty Words
Billy Walker	Heideroslein	Run Em Off
Changing Partners	Hi Lili Hi Lo	Slowly
Dont Drop It	Honey Love	Thank You For Calling
Earth Angel	I Dont Hurt Anymore	Thats All Right
Erroll Garner	I Love You	The CrewCuts
Finger Of Suspicion	Le Petit Cordonnier	The Kids Last Fight
Friedel Hensch	Leroy Holmes	The Man That Got Away
Gloria Lasso	Marilyn Monroe	Then Ill Stop Loving You

1954 Songs & Artists 2

```
T G H Z K E I D O T G N U O Y O O T H C U M P T E J Q F
T N R S W A K E U P I R E N E V Y V F J L R Z M T L N N
K L L N J N G H R B R U O Y D E E N I Y E N O H M N M L
T H G I N O T E M H C A E T X G R V R N Q C J M J P S C
R D T U Q M Q K R T D R B Q T V C R R T L J M M T Y L R
V K H G D M Q A C N K R R L V D N U B L Y J N H Y N E Z
F K E N L H E N T F F Q T K K L T H A I Z A O Z R X I G
Z F F E X T I I J L T L D H Y E N U K L M U N Y H Z N V
T O O P M K R T K R N M V R O N O G M W S B N L T Y A L
W N U E N V A F F X M T M J K Y E D E H G N O L K S P B
O A R H W H M O W V L K G L V L I N A K T B C H C E S K
G I K T D K E Y V K W I X W A N Y L E H M M Y H K I L N
L L N M K P S R Y B B R G E A M T V K A H H F N O D W F
A A I R M P O O V R R P K H M N O K M H E Y T H E R E N
S T G J Y L R T H G T A W I O L W S X V O M Q W H E D D
S I H Y V N R S G H H A J T T G E W J O J K H J W N X S
E O T R T M H E X S S B S E P V F K P M A R M Q L R L M
S B S M R F F H G H P T R J O H V S N F Y K B X M E J T
J M D N J M L T I R E C X L N C H C X C E H L B T W V N
O A K T K C R N W A E X A F T O G D F Y P W V D H L N K
E M V N R N G R L S T P M N O L H T H J M D X M Y C W F
D F J G P T V R Q N A C F P Z P J V X Q O M N M H A T Q
Y E N Y O B T D K P H M T N J W N L H Y R G N C B J W B
L K T N T H E N E W G R E E N L I G H T G T G D K D L S
K P K L L L K M R N B H X X G L M L C T T A X T Y B X N P
H P T B I F T R Y N T T B L M W N X Q R N R V Y T T D V
Q D G T P J T N R A B E H T D N I H E B T U O W T L H B
L M V T L H D L M T E G I S K N A H T E H T S I S I H T
```

Big Joe Turner	Much Too Young To Die	The Four Knights
Bimbo	Oop Shoop	The New Green Light
Chords	Out Behind The Barn	The Penguins
Dinah Washington	Papa Loves Mambo	The Story Of Tina
Hey There	RoseMarie	This Is The Thanks I Get
Honey I Need You	Secret Love	Thou Shalt Not Steal
Jaye P Morgan	Shake A Leg	Two Glasses Joe
Jilted	Spaniels	Wake Up Irene
Jimmy Newman	Sway	Werner Dies
Mambo Italiano	Teach Me Tonight	You All Come

1954 Songs & Artists 3

```
N E V E R T M F J N F R G X M P R L C W J E Z L R Z J T
E L V I S P R E S L E Y Q N V M M A J P L W Z T Y L Z M
V X H T F R R Q K N L M N H I R P D I L D N M A D Y G R
D T V H R H D Z R K R N D Q W L E Q I N I K W W F J X R
R T M J Z O T P A T Z Q T N L T R C T F R A N H P N K D
J Y X M R O X D L Q V M R H N J U A Y T E A B D P S K K
N N G N R C F Z C M G B Z A I L L O D D L P I L L E J L
I N M G C H G Q A L W D W F L S U H I Y C L Y N N L T Y
S H C V T I Y P L C P L R A Q L O H K F R M T H R R H C
A O K H M E G W U G R C E D O B S L D P N C K L B A X V
S J W B D C B L T Q V D W V P O N R E N A G Y D T H I Y
N N E H I O F N E D D W E T D Q L C R H E E L R V C N N
I A V A M O P L P O X M T N G B H R R Z O I H D C Y F X
T Y E P D C R L O T E B A Y W J N T E T D U R Y N A M R
A M G P I H T G B X X N T N V T H R I L T W S F M R Z K
E M O Y M I H Y N N R K T X L E Z F K L E Z R E Y M N G
H I N W T E T P P E V G J N C X O N N R N A C D K M I F
C J E A H M F Z H V M M F H B E Z T K L H H S M G K C J
M M T N E A M O O B H S O A R C H I E B L E Y E R P C V
J P O D L N K X F B H R C A M A K E L O V E T O M E V N
N R O E I N L N R D D K W V B C P B K K N Q F G L E W L
B H F R G G F G F E U E N Q T P B R G G G F T R B J R O
N R A E H P C C T P B G F J L G N C T N B C X K G B L G
L T R R T K X T B F Q H L K K V D T B N G J P C B Z B Y
R Z J H S C E U X C T F H J B N X P L F W W C J M F G O
N W B R K S D L M T N O O M E H T E E S I Y Z F J B N B
J D R R N D B N P N K K N T Z K L Y B A B T A C P E H O
H L N W Y C Z F R W D C L L E S S U R E I L L E J B D G
```

Archie Bleyer	Happy Wanderer	Never
Back Up Buddy	Hep Cat Baby	Petula Clark
Beware Of It	Hernandos Hideaway	Rain Rain Rain
Cheatins A Sin	Hoochie Coochie Man	Ray Charles
Cry Cry Darling	If You Love Me	Release Me
Dim Dim The Lights	I See The Moon	ShBoom
Ellie Russell	Jimmy An Johnny	The Chordettes
Elvis Presley	Jimmy Heap	This Ole House
Go Boy Go	Make Love To Me	Wanted
Good Deal Lucille	My Friend	Weve Gone Too Far

1954 Songs & Artists 4

```
N D Y B L G T M X R N F R A N C I S L E M A R Q U E T K
Z D G Z P X M V R C T A V M K J K W F D E F C J V Y V F
N H O L D M Y H A N D N M D V Z Y W V E B G G H T V Y T
R C N N C E T T G D V N T D G Q O Q S Z N J W S G T T M
M S N M T L S V G G I D J D N D G O J I M P I L P E K N
F N M P W H H I X C Q E N T K A T F H D F M E Y X N O T
F O W I M M G T D T P M Z A H K S T Y Y D Z Z A L O J T
U T V Y L X X I Y A Z N F E C B Y R D P T B S M N W I H
D L L O F E M H N M R O T A H R H H E E Y T L E C K M O
E I B U T M F V H A X A B V E N R L W T Y P B L R N R N
I H M N X Q V P Y Y H G P V Y L W N K L S U V K E Z E K
L E V G C N L M V W N C E N T N A H E T T I F M K D E Y
R I I A V T Z K H I F Y U H I E T R I Y H B M G A Z V T
A N C T Y C T G K L M M M S J R C I O S R D G G F V E O
R N O H H T M O X L L D R W M L E U L K K H T R A Y S N
T O T E D K O F V M Y N M N K Y B G L L X Y K M R A G K
B R O A P L T J Q L M J M H K W W R N W T F S H E D K G
B R R R T M K C G Z M K F R K N P K L A X H C B L E T I
M B R T F D F J L N N F M B X L V M Z N R V E F O M P R
I F I G I V E M Y H E A R T T O Y O U L W T R N O O L L
B B A K H N K N B T H K R Q F Z Z D Z L M O S M F S T N
G Y N A I M A R A C H V N T N T W K N W G R M M A K Z F
M L I J N X G L B N L P D M Z L L B K C L M H A N K M L
K Y G B C X K G N K L G Y L C R K N J B Y T D J N L R Z
N R C Q K R T O L A N A E M S G N I H T E L T T I L D X
K T C O U N T Y O U R B L E S S I N G S Z N F D V H V D
E T R A N G E R A U P A R A D I S N G K K L F C N G V P
L W J B X Q D Y G O D E H T G N I K L A W M I G G C T P
```

A Fooler A Faker	Im Walking The Dog	Smile
Arlie Duff	Jean Wetzel	Someday
Cara Mia	Jim Reeves	Stranger In Paradise
Count Your Blessings	Little Things Mean A Lot	Such a Night
Die Zehn Whiskys	Looking Back To See	Till Then
Etranger Au Paradis	Mister Sandman	T Texas Tyler
Francis Lemarque	Misty	Vico Torriani
Hold My Hand	My Everything	Wodka Fox
Honky Tonk Girl	No One But You	Woman
If I Give My Heart To You	Ronnie Hilton	Young At Heart

1954 Songs & Artists 5

```
C B J J T B H X F X S A M M Y D A V I S J R G H C H N B
M M Z Z G F H T E V E N T H O W L E G R I S B I K B A H
V L X K L G Q R J C Q Z N H O X R F Q B P N R Z Z R M Y
L M W E Q H R N L Z T V G N K K T M X J D T Q T K N O Q
J M O G Q K L A C M M Y U N K Y L R R Z W H R Y F X W T
C W R D H J M G N C W O M K V X T J L T M T W M T M A T
Y L K I S H L G M A Y M E I R E T R A M H P L A R Z T H
L Z W R A Y T C M D D T L V T T K M X M J R K P R L O A
M P I B C R L I E E L A T A N O T N A S W H T T K L G T
Y R T E A P M E F D E C A S T R O S I S T E R S N O E C
R C H H R W N Z Z F N T P M W Q N A S M P R N W V R V R
H L M T O I G B K D I V K Y Z K M N P J C N J W P D I A
J W E R L W N H C Z M R H H K W W W M A L T C T V N C Z
W B A E H R G S A W I K G M P O H O R E P A K L M A W Y
M M N V A V M I K N Q L X Y R J N K C D L Y E R K E T M
N P N O K X Q N G Y S V L B D E F S R L K D M I M L W A
M R I S L T K G L K M A E B B N A L M Q A W T H T T J M
H B E S N Z T I L L F H R Y E R A E Y M D T D H O T M B
T R V O B L X N E C T B O N O T U G N S Y F F T K A V O
K H N R T R Z G F K T N C T O P H E P K A K C V T R R T
H G J C T L N H Y M E S A X G S D E A F G S X Q R E N H
Y L T H P B Y I R B J N M M K E I L R D W Q S M M K D I
K R R N X B Q L R Z E X L R W N L M R E N C R I D A N N
M K R M M T V L E R M V J H A E F W O M J H N K A H J G
F T X R G Y Q S T B M J C P N H C B B N L C H B M S L J
K R Z Z L N T J Z C Z S G L L G C M X M L Z Z J P X F B
K R N X P L R Z X G D N A L R A G Y D U J F J Z X M F H
M T V S E L U R E H T N I K A E R B P G M L W N H P Z L
```

Andy Griffith	I Need You Now	Saca Rolha
Breakin The Rules	Ive Got A Woman	Sammy Davis Jr
Call Me Up	Judy Garland	Santo Natale
Charms	Kitty Kallen	Schwedenmadel
Cross Over The Bridge	Le Grisbi	Shake Rattle And Roll
De Castro Sisters	Lys Assia	Singing Hills
Even Tho	Oh My Papa	Terry Fell
Granada	One By One	That Crazy Mambo Thing
Hans Arno Simon	Ralph Marterie	The Browns
Ill Be There	Renato Rascel	Work With Me Annie

1955 Songs & Artists 1

```
N L N P N L J S U R E F I R E K I S S E S J V B Y H V R
R P S J F N R E W O L F D O O W D L I W J V L A J V X T
V Q R N D D N C G F E R L I N H U S K E Y G V B L G R H
X R Z M O K H D G Q F T Q T K M Z F L L B F B Y L X E N
C M I M P T N J Z A H H C H G N F F Z G Q R M L Y H D S
N M H G O R N M C E L K K R V L C D M C L J X E Z T N A
N E R K U M L E R M N E L Z Z A D E L Z Z A R T B M A X
B V E J M E E E E N R M S T M D F C L J R M V S B S X E
P X M T R Z S N H T K K L T L P F A S N H T L P O A E T
V Z L R N H T S T N X P K Z O N F Y P P R K C L R P L F
R H W N E E R J I S L I C G C R P N E J K C O A N R A O
T Y V G R K V Y R M T C S X R H M N E L M V N Y T I R E
C M O H E B R E T B C O R C N B R H D X E X W H O L E S
V E V K V D V A S V G R R P Z Y N O O L C J R O B I T O
S X T Y O R N M P G J Q A E T I L J Y Z H H D U E N E R
F T V W L N H Y F S B F V Z M P F B K V K E R S H P P W
Q N F D O C D T W H S O K O Y E A V R V I Z G E A A M O
G Z N X G U L D R W L E C W X B M Q V T C X L F P R P L
L K Z T E T L R N F X S F D Y T H B N H X C P B P I Q L
T R D Y M F P D O G Y X S K B M K U E R N Y L P Y S L E
X H L R T J R S Y N R E H G G M B Z D R T U G Q Q L L Y
Q X Y P E T D B A O L C L D V Q C G T T E J C R F X C C
G M J X L N H P N K U C H R I S T M A S A L P H A B E T
R M J V I B M H C Q N M X L T K J G T I N T I M E X K V
K C J K K O Y I R N L T I B L N H A M V Z F K K Q T H G
L N O N C R T G Z P N X N X Z R H C B Y N Y L R P C T
Y W N P R T N K R Z K M C W D U N G A R E E D O L L F P
T N J G I C C G N I M A E R D P O T S I N E H W W R K T
```

April In Paris	I Guess Im Crazy	So Lovely Baby
Baby Lets Play House	In Time	Speedo
Blue Star	It Tickles	Sure Fire Kisses
Born To Be Happy	Johnny Ace	There She Goes
Christmas Alphabet	Let Me Go Lover	Two Kinds Of Love
Companys Comin	Moments To Remember	Untied
Dungaree Doll	Peter Alexander	When I Stop Dreaming
Ferlin Huskey	Razzle Dazzle	Wildwood Flower
Fess Parker	Seventeen	Would You Mind
Gale Storm	Sixteen Tons	Yellow Rose Of Texas

1955 Songs & Artists 2

```
J W N V H I F L O V I N Y O U I S W R O N G H T P T L T
K M M Q G P L E D G I N G M Y L O V E L H F B M H R L P
M G I V E M E Y O U R W O R D C Q N Q X C H R L R N D Q
G N K H K H B W Y P S P W D D M R K Q M N X Q N L X R N
L R G C D V I H F W E S E M I T E M O S E N O L D L O B
R L Y W W D L Y K H V M C S M A I L L I W R E G O R E J
V N R J R T L B S B A T X W Q L M W F W N M C Z G D I O
L R Y C T K H A R I E Q I F Y O U A I N T L O V I N M H
H R L K F X A B Q L L V N M R H T D N T G Z T M L N A N
R D K F F B Y Y M Q N V X L C G C N T P I C T F O W R N
C M M V G T E W Y M N E Q E Q P D Y L P Z C I W G A Y
X I H Z J N S H N T U N C R Z A C B O J P W S R Y V L D
T P G Q C M O Y P R T G K H B E R V Q X N S N L X N M E
T H K A N W H S K K U L Z M V E E N L C E Y L M E T O S
H G G N M L T P N L A M T E L Y L L I S L A L R F J R M
G B P I P K K N X A L S N J O T T L S N F T E Y K D F O
I Z T N R . C R J B I T L U F W Q O S O T H L R R Y N N
R J P L S L T A N L U K M O E D P L T B W H Z R B Z A D
L W B . E Q L Y L E N O C E N E R S Q Y L R E E J V M L
L M O M L G M A L B S N D U K G O E R N T J K B K F N F
A . L H D T W L S T D L T A T M A E A M J Y N K L G M J
S G K B O W Z N L T E L T M Y N V S L M X W K C F U M T
K J T Y R N R Y N D A L O H T E E F I K B L G U J H E G
F H T H A N X Q E G G H R T C K L K C L T O G H M M P S
Y G C W D X K E N B V K T H A V D T E X I D A C Q K Q T
J B G H O W G P C T N K G Q J H Y B W H T V Q T T L N N
B K X G S T H E P L A T T E R S T G T M T K E K C F B Z
Y B R R E N O G A W R E T R O P T C G W Q C R X R D N Q
```

All Right	If Lovin You Is Wrong	Roger Williams
As Long As I Live	If You Aint Lovin	S.O.S.
Autumn Leaves	I Love You Mostly	Silver Bells
Bill Hayes	Johnny Desmond	Take Possession
Chuck Berry	Learnin The Blues	That Old Black Magic
Dreamboat	Man From Laramie	Thats All Right
El Dorados	Most Of All	The Kentuckian Song
Eventuell	Old Lonesome Times	The Platters
Everywhere	Pledging My Love	Tweedle Dee
Give Me Your Word	Porter Wagoner	Why Baby Why

1955 Songs & Artists 3

```
L V J J F L E Y R P M Y S C A L L I D A C E H T J K R W
N M Y T F V V N M E L O D Y O F L O V E J R P Y G Q K N
W Q G F K Q O K A F N M K G K B Z Q R L L T C V C M K G
W R M H Z L L L L M F M X Y N F T L L R M B C X R H G R
D T R X K H N W G Y A P R L E T M E G O L O V E R P P P
R B Q F M R I Q N L Y M X C Q R G K W M P B L J Y A L A
P X W R T K N Z L F V P I E N E L L E B Y A M O T N Z R
C T N T M T A R T H H N G J D Y G F P M Z N B B D O J T
M E L H K L M C Q Y B D N O D N O L B O B H O R T I M R
N G I X K M O M X N L L N K P L G X T N S O I Y Q D N E
V R R N C L W R J O H N N Y C A S H T I N B L Y X O L D
F O T R T W A D B R Y K Y P V Y B M N E G T Z F K N Q N
N F R R X H L C G M Z N M B M L T N L N F Z M P C T T E
E T G E O Y E Q H M J X G O R H A B I O R D G H E B S T
G N T A T O J J R E W G O Z F M G M S F M N N D V E E E
A O H I W A D Y A V T N L H J H M Y L A F I T V O L N H
I D E N K B W T L I G A J Z P U L K C L A L R W L I O T
R P W T D J R L N L L F T H H T L W L R Q N N D E E J S
R Q A T N M J F O O K H R K F Z I I T Q R M K G V V E I
A L L H L W R W P O R F O O I S N Y E N Y C N F O E G E
M L L A K V S B M T C F S U E N R L V L X B Y D L I R V
D L F T G K K H R T W K Y M S E S P D R O R R F E W O O
N V L A B L P X C Q R L A M T E L Y L G Y N W T V I E L
A Z O S M G W X L Q J N T S T H N M D X D L D Q O L G R
E N W H L J Q P N W N Q Y R T A D O T R B Z X O L L P C
V X E A R J V D V M N M T V N P C D W R D N C V N K Q M
O K R M N L Y S T R A N G E L A D Y I N T O W N B L R F
L L H E C U Z Z Y O R E S O S W E E T N V Z Q K L L H D
```

Aint That A Shame	Im A Man	Maybellene
At My Front Door	In The Jailhouse Now	Melody Of Love
A Woman In Love	Johnny Cash	Moonglows
Bob London	Julie London	Mystery Train
Chet Atkins	Let Me Go Lover	No I Dont Believe I Will
Cool Water	Love And Marriage	Pat Boone
Cuzz Yore So Sweet	Love Is The Tender Trap	Softly Softly
Dont Forget	Love Love Love	Strange Lady In Town
George Jones	Mac Wiseman	The Cadillacs
Humming Bird	Mannish Boy	The Wallflower

1955 Songs & Artists 4

```
T L V L N Y H R V T P L Y E V E I L E B G N I K A M T Z
J Y L P O G C W T X F I M I N L O V E W I T H Y O U A P
D S L R T O M L G H N M I S T E R S A N D M A N M L H N
K B N N N Q F N A V E C O B I L L Y V A U G H N B T W T
R G Y A R B M U Y U Y C O T P V Y D R H G H M X R T W M
N L Y B B Q J R O J D N A M E B B F L C Y L E L K R O L
Z Y W Q C R K I M Y I E V T A L W D N R Q T T Z S B N L
R M R X B B U B M M K B R B T T T K L Z Q W N B E L K I
D M K V P Q L T O W C C Y O H L Z T R H R V E W I C U T
N W M Y V X R D E M I Z A H B M E C I M M C L V L N O T
I N L K R N S J N H A L Q B T I L C L L H C A C L W Y L
M L L L J T K N M R T Y S X O N N W A X W H V T U P Y E
D D H J A T K H C X N N Y O C G T N G L C M A K F L D R
E L V F Z F F S N N T T K M N G M N P Z L Q N B I J D I
I T L R D R S R K G W B G F Q F M X T T B M I C T C A C
F O L L E I T A I C C I R P A C S E J T M J R Y U T D H
S K G S K T H I R T Y D A Y S N G R U J K P E Y A K F A
I D V C S N B L L C N T M D K O J L S I R N T K E R B R
T M N C L E X Y Q L U L G N T R J I T V D L A P B O W D
A L D X N N L T G T H N D D Z M N N I L N O C X D C Y M
S V P L K Q P K T M N N R L K C C H N F L Z N I G R T V
A T L V D L H I C K L A K L E T G L T M C D D T J J X C
D J C L H J F F N E H M T R N T E K U N J D N F C L Q T
K R M K T R K L P Z R T E K L H T V B Q L M C L P A D N
J B R F U D B T Z M J L T G H P R P B E Q V L F W N R K
T K H T G P V Q W C Y V Y R B K Q N Y R V R F W R R F E
K B T K B K Z K C O L C E H T D N U O R A K C O R X Y X
X I N N L T H H K E M O S E N O L E M L L A C T S U J V
```

A Satisfied Mind	He	Mister Sandman
Beautiful Lies	I Dont Care	Reckless
Billy Vaughn	Im In Love With You	Rock Around The Clock
Bo Diddley	Jim Wilson	Scapricciatiello
Caterina Valente	Just Call Me Lonesome	Sincerely
Claude Robin	Justin Tubb	The Cattle Call
Daddy You Know What	Kiss Crazy Baby	The Turbans
Fats Domino	Little Richard	Thirty Days
Go Back You Fool	Little Tom	Tutti Frutti
Hard To Get	Making Believe	WPLJ

1955 Songs & Artists 5

```
M Y M K K T L K R Z G Q W Y D Z L R S E T M K F R A W T
W Q Y C T D O X N K H B V L Z E T T D M M T R P H L M W
G L E K Y I O U P E T M N G N W R C G E T N F H N I J B
G T L M T E S F N N I K D I M A W K R R R Y L M T U M B
C Q L I J G E T L C Q R M Q N J R M N E Z D T Q Y Q V L
H G O L K I T Q D L H U A G V K Y F J W G T V P T E K F
E N W L K P A N X A O A E M G Z V W N U K L X F M T L F
A I R B M S L Y J Y Y R I K A Y V Q R O Z Z V J C G Y B
R K O A V Y K B E X I D T N Q N T W X Y W T B Q G N E E
T N S B Z B V R H N R N R P E W I N F F T G J B M I L I
S I E Y G A A H P X N E E E R D T T Z I W N D Q M K L G
O H S S V N N A C N V M B A A E M I Y J V F P D Y N O O
F T G I N D R X G G N Q H E R M V E M L L R J P W I W O
S N K T D A W L O L A P N C W T I O L E T M N R K R R B
T E Y W D Y L P X F P A C D M N H N E O G V T N N D O N
O E V I K R L J K E M M L M D M A A L I D O G W W F S I
N B S T X L N K N T R N A P K M H O N N N Y E E C E E T
E E J H Z K G N S M V M T Y R T K N J G C N M S I G O A
C V K Y C L Y E T N B Z R R T T J N Y Q E E A R B N F E
T I N O T C H W D O M T X K L Q K T W J S L A N P Y T B
C G T U A C K F R K L D R E N I L N I A M M J R V L E A
R F R N I K C O N K U O Y R A E H I E L E Q R C G Q X K
K G D R B W C P Y F V D N T D R M T D S L P G R V F A C
P Y E T Y K G C T F Y L C K K L T B O T L R W N X P S O
N H I T H O U G H T O F Y O U N T R R M G K K D Y P M R
T W Z K B X F M D T H A T D O M A K E I T N I C E G R X
P R B R N Q N C G H J G J D Z K K Z K D B T C F K B Q L
G C N K T K R E I L T N O D S E S S I K H T H N D P T C
```

Annie Over	Ill Baby Sit With You	RockABeatin Boogie
Are You Mine	I Thought Of You	Rose Marie
Daydreamin	Ive Been Thinking	Stranger In Paradise
Die GipsyBand	Joan Weber	That Do Make It Nice
Dont Tease Me	Kisses Dont Lie	The Richest Man
Drinking Tequila	Lola	Time Goes By
Earth Angel	Loose Talk	Tina Marie
Hearts Of Stone	Mainliner	Unchained Melody
If You Were Me	Mambo Rock	Yellow Rose Of Texas
I Hear You Knockin	Penny Candy	Yellow Roses

1956 Songs & Artists 1

```
F L L Q T Y V M Y L I P S A R E S E A L E D L L G V M L
F T W R C H A R L E S A Z N A V O U R L R L C L H P K R
E M O H E B L L I P F R M X J R Z L Q R O O D N E E R G
P T Q W K R K F L W M M N W M D E T O H X K W N Z K R N
R M D R R E F R A I N M X C R Z P V L S T Q Q F T Y K C
M X M O F W H M O F S T Z G F W J Y E U T F R G N B B H
F G R W N T M Z M I J N R C Y H D L R F M J T K W J R F
M Y L Q H C N Z F Q R L I K P M Y N C X J T O R C Y Y Y
R P O Y C Y H X Q H N T G T N P H L J T K H M H C X H C
H Q N O V X B E N T O D N P A E W M R T N G T L N K L M
M S E U X V H A R T D N M A R S A R H U N C L E P E N M
C M L D Y L R H B R Q M K D M R E R V I H S T J Q W T Z
Z R Y O X X F Y V Y Y D O Y U Y S V A N E L U L T Y N G
X A S N E R M T V V W W K Z T N H R I N L K Q J X Z V D
N R I E T C Y R Q R N H Z X A O T K R F E M D H M C M W
M U D M N D B E Z T R E Y M B Y N A C B E B C R B L R N
G O E E O L L A J J L N E G R P B K O I W H V Q L R L E
V Y O W F C U S F L T E W E K Y K X M M D Y T P H Q R M
X N F R A S E U A J L R T J N T B N G A X H K K Y O C T
X W T O L E H R Y O M S L N C L T M S R N K M K M D C T
F O O N E I E E J B Y F E G U G Y L T L H F Z M J D G R
T D W G B L A O P M R B D E N G H J E Z T Y H P R F Q U
H Y N N Y D V F L N M P S C L N T R D T C Z F B H N Q E
K A H Q R E E L N K L L E W E R A F A C I A M A J K D L
N L M Y R K N O D M P T D R M N F Y C T J M D K X W W O
X N N T A C V V H J N R R N Z J K T E L J M T P T H X V
R T N Q H I Y E D P D Q H L B F Y C H L T K T P P N R E
Z F T L Q W X Q G T W G V N Q N N R T L N M C P Z T B L
```

Benny Barnes	Jo Leemans	Refrain
Charles Aznavour	Juke Box Blues	The Cadets
Dick Hyman Trio	Lay Down Your Arms	The Five Satins
Don Cherry	Lonely Side Of Town	Treasure Of Love
Fever	Lost John	True Love
Green Door	Maruzzella	Turn Her Down
Harry Belafonte	More	Uncle Pen
HonkyTonk Man	My Blue Heaven	Why Baby Why
Ill Be Home	My Lips Are Sealed	Wicked Lies
Jamaica Farewell	Mystery Train	You Done Me Wrong

1956 Songs & Artists 2

```
M T B D T Z N C B S D N A H E S E H T C Z K C X T F T N
F K G R N L D Y S N I K W A H Y A J N I M A E R C S R L
R R F N G I A Y P J D F J F D D R E D S O V I N E X K W
I T A P R L M D J L T K E T K D R M F P H T B V V L M E
E D I C Z Q E N B T Q L V E E R K O L Q L M Z B Z L H L
N T S W H G S F I T V N F T L M W K L C M T K M G J M L
D P A T N E B G E E Z G T P X L E D D Y M Z R J M K N F
L R T T H N R N E K L P T V K P I V O P B G J Y G T D I
Y D S K K E O J L D M B T T G L V K O N F B Q H Q D R N
P J A N P V T C N T F L U R B V Q D E L T T O N D H M D
E Z N G Y I H L A M L Z Y O Q X B M T C T B L B T N N A
R T A N P N E X Y A Y T N Y R Z K R W N R G E Z G L R W
S M F I E C R G E C F O T N T T M Y F R X Y C C L N I A
U Y G H K E S L L K L X U Z J I M L O W E R I I R T Y Y
A S M T Y N Z T R T T L J R J K M R D J B B H N A U Y H
S E D Y D T D Z I H Z M V H E I Y H C E Y Y L K X H E X
I P K R N M R P H E M G H W T R R C M N R B E R W T T L
O T N E A M M F S K T L Y S K Z U W R R X T X W K R V Z
N E B V V K L L N N B L A D X J O N E P H G O V J H M T
Z M L E Y L Z P P I Q G R P P N J B N E C N Y R C M F H
P B K D O P X G X F R O Q Y K Y E Z C I K H L N K X L L
K E J L R J R D M E S H D T R U M H Z I N T Y O B N U R
L R F O E V H R A A D N N M L C A G S V N G T N X G P L
T L Y H L W W T L K A O W B M N K E K H J N W Y M R F N
B O M V J R L I N D D K Y J C R Y T Q M L P N I N C P K
H V M M G I E N M U B L U E M O N D A Y V Z T M L B Z R
W E L B F R J I O M K P T N Z Z L R N Z G B X J J D K N
H Y K E X R J Y K T L K Q E N O S O R A C O T A N E R Z
```

Ames Brothers	I Take The Chance	Rosalie
Anastasia	Its A Great Life	Run Boy
Blueberry Hill	Jim Dandy	Screamin Jay Hawkins
Blue Monday	Jim Lowe	Shirley An Lee
Bobby Lord	Leroy Van Dyke	These Hands
Dont Be Cruel	Love Me	Trouble In Mind
Friendly Persuasion	Mack The Knife	Well Find A Way
Gene Vincent	My September Love	Yes I Know Why
Hold Everything	Red Sovine	You Dont Know Me
I Feel Like Cryin	Renato Carosone	Youre Running Wild

1956 Songs & Artists 3

```
F J N J R Y T X E V O L Y A L P T O N E R U O Y N H R H
G G I V Z L Y H L Y S E O H S E D E U S E U L B R Y K T
M T A Y Z T R A E H Y M F O S N O S A E S V Y N X T T S
T T G P N C V K X G D B I P U T A S P E L L O N Y O U T
C H A T K N D T B M R X N D C I N D Y O H C I N D Y Q R
K H E Z T Z H Q C J C E P E I G O O B E G A N E E T B A
Q U V C F N J O N T W R A L Q M N M M M H K L H Y W G N
R L O T A F K Z J A J L D T A Z Y T T G D X L Z L V S D
N A L Z G T K K S H J W K R P I W A S T H E O N E M E E
Z R N N N K C T X N O U G R K R D K H L F C Q M M J U D
H O I F M Q E A B Y L O S N N F E L X T Z T C T K T L I
X C M M R D G E M J T W P T F N V T W W L B H K R P B N
M K I R W Y T L M E K X A P O Z O T E F P N L O L P E T
R F L O H K P M S H B H V L W N L S L N D H C H F L H H
H J R V T T Y K W D T A X P T M E B B F D K F P J N T E
H D N D Q R E B N N V I C G R Z B M T I I E B T A T N J
S F T T K N B T V D F A W K X V O W O S G Q R G L E I U
L Y H F S X Z K M D D M L Y I T T F L R T N E R M R P N
Y W E R C O N C E I C A O G A F T A T L E N O O W C P G
N S F M V M G C R Z F D O L L W N J L H O B R D K Q O L
Z M O W L J N R P F Z T N O Y D A J N D E R N D Q K B E
M R O D R T O Z N W T M W F L R W O E M I A H Y N X C N
C A L Q J C V C N A C N Q I H B I I G O F D N M T T D N
M Y M B A T F B K K I V N R Y B N V V L K T X G D N B B
M Z N L W N L N M L P E P C H N D E P K N K X M E G L N
X A T R J F O D W Z N Z Q N O D R L Y R B Q D J R L P N
R R J P C W R O K Z K W L L T U Y L C K J M L L Y N S Q
W C M C V V Y H G L L R L L F A V G N R L H R K K K H N L
```

Au Revoir Rome	I Gotta Know	Rock Island Line
Blue Suede Shoes	Im In Love Again	Seasons Of My Heart
Boppin The Blues	I Put A Spell On You	Stranded In The Jungle
Cindy Oh Cindy	I Want To Be Loved	Teenage Boogie
Conceicao	I Was The One	The Cat Came Back
Crazy Arms	Just One More	The Fool
Don Gibson	La Corrida	The Great Pretender
Go Away With Me	Lonnie Donegan	Waltz Of The Angels
Howlin Wolf	Margot Eskens	Wasted Words
Hula Rock	Oh Johnny	Youre Not Play Love

1956 Songs & Artists 4

```
H H E A R T B R E A K H O T E L T V M N P M B G N W Z H
P B C Q L L L O R S E M I T D O O G E H T T E L Z M R E
R P R O L L O V E R B E E T H O V E N V Z R L D S F F N
O J R E D N E T E M E V O L N W X T Y W H G L L I C R O
C K T X P Y F Q W B L Q J N D H C V Q J D M R M N M C E
K A G Z P R H Y E R B Y C N W H F T B F M W T A G Y C H
N G N G K W W M R A L V I C A N T Q U I T G L U I T K T
R F K Y M R D L N F H B Q W R F Z R L Y M X X G N M T E
O W T M O N L D G X C V V C C T H Z G H L M W I G P G R
L F R T A L O N Q Q Y R M M X M G N K G Q X P T T K B A
L L N U V F D Y O U R E S T I L L M I N E Y G N H B X U
W X O C G C P T Y T T S R E V A E W M A E R D A E L C O
A Y D O J O A J I O D R V V L F B Q K L J X X N B R L Y
L K L R N M L M M M U L K D K Q M R Q T N Q F O L T W L
T D D K Z E U H Z P E R M S Z S E Y N Q W T P B U R K F
Z D L R G B L N O J Y N E E N E M A C Y K P L S E K H I
F T R E C A A O B N Q E I F N I R A T H P M R I S J V Z
X L M Y T C P O C M K V M O R G K M E J P V R L K E X K
G P R A B K O N F K A Y I T I E J R D R S B T N C K B Q
M H W R R T B E G M T T T G F D E T E E D R C H L K M M
L G Z P T O E B R B C B O O X E T T N P B T A Y D Q L K
N R T Y Y M B U B U P G N Q N H L O O Y L N E H T G M C
F B I M M E S T A G F J M W A K J Y Y G G R T E L W R K
J W X P P N N Y N B Z M L T V Y T L B E O F A V W H R N
H C R R I F F O M M Z R S T E P W T D A N K L C Z S W B
J L B D K T D U C M M A G S Z G N Z K T B N N W T M P V
F N V V B R U R B K L R A W Q Z D N H L J Y N Z D N M V
Q R T G F R T P Q L L C K R R R T C F X J R M L M F Z N
```

Any Old Time	Honky Tonk	Rock N Roll Waltz
Auctioneer	I Cant Quit	Roll Over Beethoven
Band Of Gold	Ive Changed	Singing The Blues
BeBopALula	Let the Good Times Roll	Sur Ma Vie
Carl Perkins	Lisbon Antigua	Sweet Dreams
Casey Jones	Love Me Tender	Thats All
Come Back To Me	My Baby Left Me	You And Me
Dreamweavers	My Prayer	You Are The One
Gogi Grant	No One But You	Youre Free To Go
Heartbreak Hotel	Rip It Up	Youre Still Mine

1956 Songs & Artists 5

```
D I X I E F R I E D W M C O N L Y Y O U O N L Y Y O U J
X K F D W G D L N L O S E H C I R S N A M R O O P A R H
R N T K N D D C L J U O Y E V O L I E S U A C R W Q T C
S Y Q L P D M F K M R K R W D D N L C L M Z B O N E L R
E T K T W K X G J W N D V S N T B W R T L T M I S V R E
E B E B O P A L U L A W K A T T F G H H F A G N L P P K
Y W C X Y L J C T L P B H E R E M X X P N N U K R K R L
O I Z R R G V D L B L N R H I R P K Q I I S T L K R H A
U T Y L K H M X M V I E J N P K L T N V N T W M R H L W
L H K X T P P N D D V P F G M K O L O A R T N L P C M E
A O Q G D J P K N O Y Y K Y T M O M I H W F W K Y S C I
T U N K L K D A L J T I L L V V M D S T E L F Y R U X L
E T J H N T H G K N U F D N E I A V L N Q A F X L B A R
R Y X T N K N K M X D N D R V N R O R B F L V V B U S A
A O B Q L U R H M J W A E V A V R J O R Y F N E R O O H
L U T A O M P K R R B N Z C N T N L V T B T R L N L R C
L R W Y C K N F M R K N K N A J H Q L N D F V C J C E E
I L F W O N E R O M O I R A D R L E L E O E K L C L L V
G O Z B T D K J M H J E N N Q L T Z R R F G T L B X T O
A V X K Z X Y H H F L C Z F V Y G E R S V R V A Y H T L
T E P Y P K T O F L L O G Z P G D E R K T T A W E G I R
O G P R D Y U Y Q X M R F B L H N M Z C W A M E J H L E
R G M P P N Y R M Z N D J R B T M K N W A J Y Z T L C H
K K P H D F D K F Y Q Y G Z W R K F M L D S Y H R A H T
X B B D F C K Y T H G O V E D K A A J G K M H W O R Q O
M L O N G T A L L S A L L Y L X Q R P G N B T P B M H O
N G F R D V R L Y R B E F O R E I M E T Y O U C H N E N
N R N J Y K M K F R Y X M E N I L E H T K L A W I N D B
```

Annie Cordy	Dixie Fried	Long Tall Sally
A Tear Fell	Doorstep To Heaven	Lou Busch
A Woman In Love	For Rent	No Other Love
Be Bop A Lula	Hound Dog	Only You Only You
Before I Met You	Id Rather Stay Home	Poor Mans Riches
Canadian Sunset	Im Moving In	See You Later Alligator
Cause I Love You	I Walk The Line	Smokie
Charlie Walker	Jaak De Voght	Walk Hand In Hand
Cheated Too	June Carter Cash	Without Your Love
Dario Moreno	Little Rosa	Young Love

1957 Songs & Artists 1

```
N R C Y R R H K N Q K H H M D Z W A R N E R M A C K Y K
L L L O D Y T R A P F H X D H N Z C D Z K Z R T H W B Y
D M V X W T X K D K V R W W I T H A L L M Y H E A R T K
K E K C R H O T K O N N D M Y C M V N T G M Q T H X G S
T F B Z M J P O B P O K H Q K K W B Y P C N F R Y V Y U
M W Y B X M L M M W L L Q G R D O D J M N M O N E Y E H
W S L K I D J K F U Q D B T M N T T W J P K F C D G A N
X I W N N E N Q T F C M D G Y B A Q R Q Q M N G R Z R I
Q H L K I B R H K F S H C M N N X W T E H J H E L J N L
L T Y P N A T E N Y J R O W G U K M I L R Z A F B N I R
W A L K D N G H Y J I R E L Q Q O S R O D T C M Y T N E
R M F B Z N X A Y N O T E T M V U Y C Z B K H R T G G F
Y Y A P K Z Y Z D N O D S M S S V K J A K Z A M G Z E M
X N S W G M Z Y I N M L U M Q A N G L T Q N N R T D V J
R N C R L J G E Z I I O D N Y R O L H H M B C O Z T O C
J H I G Y V T B N N Y M J S O W S C L Z M Z E U L Y L B
D O N C O Z N D R G Z P Y L M O A E E C R P S N Z L G P
P J A V Q N M R N D C A L M F C V Y T H V C A D Z F N T
G C T H F V E I Z W W M X F N O L N L Q T L R A R R U P
D J I M K D S Z F E U G I T L O M C N N R M E N M E O R
J K O T D S H C H S W R V E B M B Q Q T N K X R X T Y K
P W N T I L P T I Q E N U J L H J N N Q N K M O B T H M
D J V M T T L C K G Q R D J X N B L N F X T P U L U D W
W K J M P L M X P R T Z N M C Z P R V V Y M R N T B F D
B W T L A Q Y B V R T T A F A L L E N S T A R D M X L L
M Q M S R O I N U J E H T D N A Y N N A D J T B X K N F
Y F F J C Y T O N K L L P T Z K P V R T T K L C D N P C
T Y T Z N Z Y Z V T N J B M K Q Y B A B P O B E B K T G
```

A Fallen Star	Gone	Susie Q
All The Way	Great Balls Of Fire	Tangled Mind
BeBop Baby	Its My Way	The Coasters
Bony Moronie	Johnny Mathis	Too Much
Butterfly	Missing You	Warner Mack
Chances Are	Money	With All My Heart
Danny And The Juniors	On My Mind Again	Yearning
Debbie Reynolds	Party Doll	Young Blood
Fascination	Rock N Roll Music	Young Love
Ferlin Husky	Round An Round	Your True Love

1957 Songs & Artists 2

```
W T H G V W Q Q L R E S N I K W A H E L A D M T M V J G
F K Z T F P L M O P N F T F T R E A T M E N I C E L M Q
Z L R M B T M R V P O L R M B K K D W L T R N K B L B P
M P T P T R V R E L T O M S I N G I N G T H E B L U E S
F Y H G E L R Z I N S O M T W L N K K C F L K G R R J N
M G E O N Q C H S C R H L Y B A B U O Y E V O L I S Z K
K R B O N H M H S S I C I R E E N O I T C U A T E Y X R
K L O D A T B B T D F S P T N N T D R M Y L U Y M D E D
W D B Y I G K Z R N E N Q N S B P B W L Y O E W K V Z W
K A B G R N V L A O H I W Z J N R B S M Y E H D E C B N
H R E O A M T K N M T N T B W N O T R G R M D N D F G O
X K T O M W G J G A S I Q Z P W O T N I S M F N R T V S
M M T D K X N C E I A T J H H L W I F E H O R E G G N L
T O E Y Q N P K M D W I T X E R S R U O H T D H R W N E
W O S G M Z M Z K E I A L N G O E L P T R B M Q H B K N
T N N F G N Q X H H R W M K L T B M F V E M M R K W L Y
E H Z L W G L V I T M O L I S E C L K R N G E L L J V K
N N N R W E N V F M M M M I H V E K T Q P N Y T M M X C
S G I M N H U Y X E W A M T C W M E M T L K R W O V C I
T A C L K X Q S N T H A F K T K L X H Y Q A Z D K S D R
R A M R C T X T Y M P O L E Z M B B F T U M C Z C J A V
F T B C F Y S Z W G E Y H K A K N G L N J F T Y Z L G Y
Q K T H O K S T W M G T Y N I L R B C D T D R M N G M Y
W G H T U O J T O Q R E N F X N J H V G Z W L T M M J B
C L N G X N K H A T T K P T K K Y H N T M N F D D K M T
F J L R K J T E M P M W A K E U P L I T T L E S U S I E
D H B I R L W E X V N C X L N H C F B K Z D C V H X B C
L R M V T L A R R Y W I L L I A M S Y B C L Y G P T K Q
```

Am I Losing You	I Was The First One	Singing The Blues
Auctioneer	Larry Williams	Stolen Moments
Dale Hawkins	Love Is Strange	Tab Hunter
Dark Moon	Marianne	The Bobbettes
Fred Bertelmann	Mister Fire Eyes	The Diamonds
Goody Goody	Patsy Cline	The Twelfth Of Never
Home Of The Blues	Peggy Sue	Till
I Love You Baby	Raunchy	Treat Me Nice
Im Walkin	Ricky Nelson	Waitin In School
Its Not For Me to Say	Sam Cooke	Wake Up Little Susie

1957 Songs & Artists 3

```
L I T T L E D A R L I N W T E E N A G E D R E A M M Y G
N Z G M C C R Q N H B I L L J U S T I S W G D D J L T G
E N O Y T T E R P Y T T I B E L T T I L L I Q F Z V G G
P W L S M X Y F T Y Q H D B K C J T K Q A K R G Q M D G
K W M T Y V V K F J B G Y O F E F X D N L F J L L K P V
P N G E S C M G D E W U J B N L E B A M L L R L Q M Q B
R D T K P L L Y Z V Q A H B H T G P P N T Y N X G N W X
N D H C E B R N M O G L H Y B L S C A S R E C H Q Y J T
F J E I C V I Y M L W T Q H T U J T E K K J N C H P H Z
J P R R I K M E K F R N V E T W D C O K N L M C R E C T
M L E C A L C S Z O P O C L R X E D O P K O X H E B A C
L B G E L L O R W N H D F M M I R R Y J T B C V T L T J
G M O H A G M O D I G V X S P R B S E H W H E K K C R J
P K E T N H I D T A R K T O M Y L I P G O R E I I C V D
J X S K G V N Y L R X Y T B R F C E E O L L N M K N M W
T J M M E K G M L T C E G R C A V I E Y R T L R U Z D L
L K Y D L R H M R K M M O L R S S N B T O D M Y C S L F
R X L N L L O I L E L C K G Q H T R Y T F R R J W D I G
R K O Y M C M J V G M P E N A M O R H C Y C B A K R K C
N H V T L F E O K L U I T G L T H E A N F T P P E G H Q
T T E D Y C L T D D L L I H H Y B N M E Z V M G N T P R
L T K X Z C G R O R V R Y E R L M H L D H K M L T T G H
J R P Y L R C O A N L H R B U Q Z R K N N G M H H F M L
Q F V K R N T H X X D S M E D Z C G R F M E N M L B N K
N M M D N S C T N R X K S G D B R K N Q T N S U H Y K L
Y B G T O G N O C E H T N I N I K C O R K B W U O T J M
C M L G H W K L V V N S R E G D O R E I M M I J O Y X L
H C N X N N A L L S H O O K U P G Q G M Q C P F C Y L K
```

All Shook Up
Bill Justis
Bobby Helms
Buddy Holly
Charlie Gracie
Corry Brokken
Diana
Dont Laugh
Dont Stop The Music
Geisha Girl

Im Coming Home
Jimmie Rodgers
Jimmy Dorsey
Keep a Knockin
Little Bitty Pretty One
Little Darlin
Love Me To Pieces
Mr Lee
My Special Angel
Rockin In The Congo

Stood Up
Talkin To The Blues
Teardrops
TeenAge Dream
The Crickets
The Everly Brothers
There Goes My Love
Train Of Love
Young Hearts
You Send Me

1957 Songs & Artists 4

```
T J J C M D O N T F O R B I D M E V B Z N T N X M Y T Z
P Y M T G J T N Z Q H X T G N O S T A O B A N A N A B K
Z M J N N F N D X T Z R M T H T H T R Q H H E W W Z Y L
S E Y E E R I F R M A T E J Y T Y E W J C V H C P L M N
Y K R N A P V J R D R L F T N M D F N Z O M X L M Q T L
Q X C L K L K K F G O Y T K A I L Y P L M M L J E E L L
N K O M T V Y V N H U A K Y R W V N L X F K V E A V G O
R N K Q B V J I N N N D N C K R H I Z L Z Z L R N O B R
E R D K N N T B G B D E C M Z M R C R K B W R R W L R T
M G T R J N R L J H T H Z X M P L T U C L C R Y O R E S
D F V K E N T Q V L H T S N A R Q N P M C T Q L M E N E
K R W P R P N K R W E E T E B D B T W F O R M E A T D H
T X E W M H J M Z Y W B V S N M H T V T P O N E N S A T
N R B K N Q M K C R O L K N L D R V H T N X T L B I L K
W K M R M H K B W O R L T B K L F H P E R R M E L M E W
B R D Q U R Q T H T L T N K Q G A O E N R K R W U W E W
F T Q H H C Z B M L D A R D K J A W R I F E W I E F P Y
T C H N X V O C K R R H K Q Y H P T R M M L Y S S K K N
H U K T L Y H N K Y N T K K G G C L T U E A Z O G G G E
M M R G K L C Q J M N Q M X H D M F D H O T T V U T Q R
E I N N A F T A F T R O H S L T R Y K D E F R L H G M A
M Y L K T M L D J M J C K T R L V H A D Z H Z K O X O R
E N I D R A N R E B K L Y D P H M H D D M P O N K S P O
X W V O H B I L L Y B O Y T M Q N Y V Q E L P P K K T S
P V N N V R J R R K N T M V P R B M L Q T M M Q M M D K
H L L T P Y F N M L T D N X M E L Q X T L W O G L Y J F
W I L D I S T H E W I N D P A Z K W P B Q M Z S T Y R J
K K B P N N P J D C C X Y R K Y V R L I V I N A L O N E
```

Alone	Heimatlos	Short Fat Fannie
April Love	Jerry Lee Lewis	Someday
Around The World	Livin Alone	So Rare
At The Hop	Mean Woman Blues	Teddy Bear
Banana Boat Song	Mister Love	Thatll Be The Day
Bernardine	Mr Fire Eyes	There You Go
Brenda Lee	Oh Billy Boy	The Stroll
CC Rider	Oh Boy	Too Much Water
Dont Forbid Me	Repenting	UhHuhmm
Four Walls	Send For Me	Wild Is The Wind

1957 Songs & Artists 5

```
Y N T R L Q Q P M R K T M D S C L P Y R Z T T Q Z D B V
Y N T K J S B L E N A R G P J G M Y S T E R Y T R A I N
L U N T R M T J N C T N L N C I N D K G L T X D H N Z K
W S X D Y A Y W I N B J A F O R N I W T J T W C M T W R
L E K T T I L T H L Y M X F N S T G K W D M Z N Q Q F G
R H R T T L K R P X T N N R F K K L L I W T W V Z W Y K
T T P E E L R E E K L Z N H R A I N L E V N H Q Q T R H
M N L A M I R T S N C F T H M M I J O T B L F K V B Y T
Y I F R H W M A O L N O B T S L N R F T Y E E Z R M H L
T D J S T Y P W J J P V R O P B V H T D Y K L D W Y L H
H N Z A I D D N T L W M R E L C M V N O Y K E L E R T Z
E A P R W N R I H P P R A Z S C L I J L R N N M R H N T
S L L E O A R A G N Y R L R G U C M L Y I E T O J O T L
A S A O G K B R I N T G I N Y H O I L L F L M D H D C S
M I Y N E K B N N N R Y K Z O S B H N L P H M E C N E K
E F I L M V Y I O W G R H Y E A B I L H G F M N M A L H
T G N Y O F E V T J W K D Z K P T O P I X X J R R B O T
W Y G R C J B R S M M N N C Y X O Y Y Z A M R C H N E M
O M F A B L Y A E D I N O V E Z F S R C V J H R E F K R
L M O I K C E M Y C M R X N N T Q B S R H I P Y T V L P
I L R N H O L I D A Y F O R L O V E K E N I C N L Y T R
P H K X G T O C N K R W R Y N T C M T R S O L Q X P L H
S L E M L M V S E U L B K C I S E V O L M S Y D R Q Q X
L N E X R K E Q H C P Q G T V K T M K B T M I R D G R T
G H P N N V N M C J E N N Y J E N N Y K M L G O Q M M J
T T S X M X H F P R K H C F W K N W M A C G W X N G Y N
Z V Y Q U O Y G N I V O L N Y H Z L T R T N K N T W R C
L U C I L L E R Y G K Z R M F X R K T V A K N A L U A P
```

An Affair To Remember	Jailhouse Rock	Paul Anka
Andy Williams	Jenny Jenny	Playing For Keeps
Bye Bye Love	Jingle Bell Rock	Prize Possession
Cindy Oh Cindy	Lovesick Blues	RockABilly
Come Go With Me	Loving You	Searchin
Holiday For Love	Lucille	Tammy
Honeycomb	Marvin Rainwater	Tears Are Only Rain
Honky Tonk Song	Marys Boy Child	The Del Vikings
Im Sorry	Mystery Train	The Same Two Lips
Island In The Sun	Next In Line	Yes Tonight Josephine

1958 Songs & Artists 1

```
H M N H P K T P R E S U O R L E B E R Y A D Y B B O B Z
K T T B N G K N Q M B D D N L Y K K M T H K Y R Q M P J
K V Y I R Y T R Y T W G I M P D F C Y Q Y N K N D J M R
K L H L M F G Q Z Q T B M T M W P T B T N L J V Z L P G
K Z C L L O N M F K O Z W T S T A I R W A Y O F L O V E
G L N Y M J R L T R B V M L P T M I M T H R R M F F C N
K G U B R R T E N Y P W O B L Y T K M L A C L R F M K W
K X A A S H Q I T Z K L N X C S J T R T T L K U D H S M
K K R Y Q P K N L H L K R A A K N V S G Y C C X D T U X
Q A W O R C O K M I A Y Z L V J P E L V M A Y Q K N M T
C Y Y U O H N R P R L N L Q Y I L K T T Y T R Q G D M B
N Y K R G M E O D H T Y E V T T L L L O Z R Y N M T E K
M T P E H D P Y M R O J J V T C Y L R Y P F Z B O Q R R
X E R M T Z V N M U A Z X I E G S M U L X K Y M N K T V
P K A O C Z Y K R R F E L R Y R R U R S G K M K B D I L
L A M T P Q Z F A Q B N T B P C M Y G Y E Y M B Z G M D
A Y I N K Q A L C I M L Q Y Z S H M V A D N G K L V E K
B N R R N U T W T M C M U X L W P G T O R W E Q V R B K
A T P U L D N E E H T I V E E E T L R F B T T G K L L K
M B E T V N F N L W N Q R M B B N S I Q Z L I C M N U B
B K M E G L P F J P H D K T Q I E O N S X T M M J J E A
A M O R Y D B G G T M S K G A Y R P L T H K N Y E L S B
L T C T C Z Z N R Q A Y Z V K P F D C R M S B K Q T B Y
B H N Z K R D M M T R R Y N K Y H X N J C M P C H P F L
T K W D I O N A N D T H E B E L M O N T S J T L L R H O
M L O O K W H O S B L U E N G G N B P R W T H K A D L V
M L N R P B D Q Y Y M G O T T A T R A V E L O N M S M E
V F M D E I R R A M T S U J L B Q F V K R Y T R Q W H R
```

Baby Lover	Just Married	Return To Me
Billy Bayou	La Bamba	Rockin Robin
Bobby Day	Little Star	Roy Acuff
Come Prima	Lollipop	Splish Splash
Dion And The Belmonts	Lonely Teardrops	Stairway Of Love
Dont Ask Me Why	Look Whos Blue	Sugartime
Gene Sullivan	More Than Ever	Summertime Blues
Gotta Travel On	Patricia	The End
Hey Mr Bluebird	Raunchy	Tommy Dorsey
Its All Your Fault	Rebel Rouser	Yakety Yak

1958 Songs & Artists 2

```
C B T H C B Q W V Q B T R E N O I L G A U G F D B K G G
L N O M A M I R P S I U O L H N K V C G M V N R N D M Z
I K T O D T L B J L V L K G A N W G T H D X X A X S K Y
F N T G K C P J K K W L M M H L M V N M R P B H N I B F
F X Z F V O Q W H O S S O R R Y N O W X B G B C R C T K
R N N Z C Y F D N W B W B I G W H E E L S P N I W N W G
I D T V C M M L L N D L B I L L Y G R A M M E R T A I T
C K W H Y Q R Q O E T R X K F Z T G T N T M L F D R L J
H T Q X E D Z D D V X K Y K N H N M C N Y E W F T F I N
A T O R H T P A T R E B R T D Q X F A K R C W I C E G C
R L W V T H E I M P E R I A L S V R F A R L T L F I H B
D H Y P E H M D N Y L Z M O G W G W C Y V O C C X N T V
R V R T D R N K D L N V N G L L I I J R O F L B N T T
D G T R R B N P P Y R E W K R F O N Q O K H R L N O I R
S J A N K A U I T N B H N A W D O F Q H K C Y R X C M U
I H V C A D P C G U P E E C T V T C K N C S L R Z F E O
T W K F O M K A G H F P A A E K N C M N L N Q J V J N C
O L F O K M E C F M T V H R V R G Q C Y C I K T V V W N
Y G T T V Q R E N L V W Y F S P K Q R B M N V N P W B E
N S Z Y L A C X R D E O X C H M N H B G H I R N W H M T
N N T X W T T Q F F U S W M J T D R F O Q T L K Y H W T
H Z P L M M N T T J Y N Y G R N L T M O N I N W Y W T I
O J K X F L O K J K B B Q M Z X T N K D J A T L K K B B
J M V N K T D J M K Y V B P E X R N X E L W Y T X N W A
K P R L L J T N D R C P W O C V V P L Y S U O L A E J N
R B H X Z R T C X Q R N P Z B R I V P R B P P L D W R A
W M X S T U P I D C U P I D N F C G K B R T D R Z D G L
R T S H O U L D W E T E L L H I M N I A G A N I W U O Y
```

Big Wheels	Give Myself A Party	Should We Tell Him
Billy Grammer	Guaglione	Stood Up
Bobby Freeman	Hard Headed Woman	Stupid Cupid
Book Of Love	Jealousy	The Imperials
Cliff Richard	Johnny B Goode	The Teddy Bears
Cliff Richard	Johnny Otis	Twilight Time
Connie Francis	Lana Bittencourt	Waitin In School
Cryin Over You	Louis Prima	What Do I Care
Dont	Love Bug Crawl	Whos Sorry Now
Earl Grant	Overnight	You Win Again

1958 Songs & Artists 3

```
L R R K P M Y S T N O M L E B E H T D N A N O I D X G D
E R B O X Z F L X K S U G A R M O O N N X Z M T Y N K R
K M E T C B Y M G L L B N D L N T M N E S K M Y O Z O Y
G V E T P K Z R N Y P N J R P T T V R A V M H S L Y L P
B Y T H A H H L T B L K T C P R Y A H Y L H K M A T D Y
W H O L T L T E J N L L L D L K L C L N T N M L E M B Y
J H O U N N K T A D N R C N H O A J W E U M T R F Y L M
N Z X U A R N E R R V T F H V K D B Q M M E C S C P W J
G Y X L S R R U E P T L N T A L Q U P V E E H D R N T R
D X R Y H E E B G W C S P H G B I I M N S O H N N E H W
O J M R H N O M N R E B C M B L H N S Q R S M Q K K G Y
M P P L B W T F Y Y E N V T A C R R R T T L N T F M N L
E B C P G M R Z G D K T O H E X V J S N O A I N T B B M
N M B W P K N E R L E T E H T R L H R R B I T G V X V D
I M W N W W L G D R A S T P N T O L T G E R R X T L P D
C K Z P B F N A R N R S T C Q R W G T J L E A R S X N V
O E R W G V M J U W O E S I T Y I T X T O P M Z O P H Z
M T L M X M Z K G R M W V S N F T W W M V M Y N R J T N
O A N V R G N M B L I N I E X Y C K H K E I M F O E J M
D L Y Z M R B L P H G E J P F T H V B M D E M T D N K R
U O B X Q B R R D L N N L N B K D H L Y K H I B N I J J
G O K J A C K I E W I L S O N B O Z Q N Q T J Q U L T K
N T L F N P N F T C F L L T N C C M K T B D H G M E T K
O N Y L K J M M B L R M Q T G D T H D R M T K N D U F T
P R B W Q J Z V L C X J Q G J L O L P L G G B K E Q N R
Z O J M A Y B E B A B Y D X K P R N M K R T H G Y C M N
Q B T Z M T M Z N M B I G M A N R N T V W C L Q Y A R J
E R O M U O Y E V O L I N M Y H Z R K B R Z P J V J Q Z
```

Big Man	Jackie Wilson	Short Shorts
Born Too Late	Jacqueline	Sugar Moon
Chakachas	Jimmy Martin	Tequila
Dion And The Belmonts	Laurie London	The Chipmunk Song
Domenico Modugno	Maybe Baby	The Imperials
Edmundo Ros	One Week Later	To Be Loved
Fever	Peter Gunn Theme	Volare
House Of Glass	Rock Hearts	When
I Love You More	Royal Teens	Witch Doctor
I Wonder Why	Secretly	You Are My Destiny

1958 Songs & Artists 4

```
N Z C N L E W M K M T H E K I N G S T O N T R I O M J C
B Z H T N C Y A D E U L B E U L B A V X W L K C Y L B L
M Q J Z D A N X H T N H K J J R I F M T T T L H F R M A
X T V Y E L O O W B E H S K K C P R M O H L G N V T L U
X S P K P Y K M J P H R D M R E L R T E L B T F M Q M D
Q E M M J L N N X T K X H I V P Z M H H L A N R W Q H E
R T Y R T L X Y J M G Z E O L C J U V K G V P Y W W E T
H T T F R I M H Q R Q D L T Z S L N Y V A I L A S K N T
K E T N P T Z D L Z A F V R J A T N R L T N N E L Z R E
C U L L D N Z J N T O K K N H G E O O R C L N E K X Y C
K O B V L A R W E E B K L O Y E N V P T W O G Y N M M F
W H J I G H H A R L Y Q O M T L E M L T T W K R C O A O
T L C N L C R U P N L P W X M R T G L O H F W V F V N U
R I M T D L S R Z I S K I F S G S B N F R E W K T W C R
N S N B N A A R W O N S J Q Y T Y O M B A L W T D D I P
I E B A E Y Q N N Z E K U I H K M F I W V R M O W M N R
R H N R R T V G D L K E P G M E M G V M E Y Y R R R I E
A T T N L H F M T E S Y I E H M R P H J O K O G K L V P
D T Q T T N C T G T R L Q T D I Y K M D N K B F C M D S
Y K W F X B I O I D Y S K W V A Q E G N T J E Z Z F V Z
B V N F B L N O C T L Q O E C F L L D N Q H U Y B M Q J
B M D X T C N C I E T T R N C M N P Y W J V L T N V F M
O V T E R N L C K B I R L L Q N D L U N A J B M Z Z R M
B X E M M K L R F Q B D C O M E C L O S E R T O M E G G
P W Q K D T L P Q L M L D R N Y N W K G H X D P W Q Y G
S P O N I T A I L S N G X E D J R X W X L E R S H J T V
K Z M D M M G M T L G K X B I R D D O G N N R R G B H K
T N N G N O O M A N I L O R A C T F G T L L Y S Q T P Q
```

A Lovers Question	Claudette	PoniTails
Big River	Come Closer To Me	Rave On
Bill Anderson	Eddie Cochran	Sheb Wooley
Bird Dog	Four Preps	Stop The World
Blue Blue Day	Henry Mancini	Sweet Little Sixteen
Blue Boy	I Cried A Tear	The Hula Hoop Song
Bobby Darin	Jimmy Edwards	The Kingston Trio
Carolina Moon	La Paloma	The Monotones
Chantilly Lace	One Night	The Silhouettes
City Lights	Pink Pedal Pushers	Treasure Of Love

1958 Songs & Artists 5

```
Q P T C D C K M L C Z K N Y R M L D P K M K Y L A C N R
T J J C Q G N N P T K M T K Q W R F L V C M T L Z A D H
G O O D G O L L Y M I S S M O L L Y N T N Q L C N T P V
N G N K M T M K B Y J J B K X T W L M L N O R T C C N V
K G C Y A R M T D N I M A F L A H F D J V H Y P X H M L
Q M C C D L R I T C H I E V A L E N S E H K T B J A O I
P J P Y B A I W N E K C M O N E V E R Y B O D Y R F H A
D U D X B R L N Y B F Y G M R T L A K X Y B M E T A L J
J L N M J G R L T K K I R J W C G O T F R R T K J L O Y
E Y R W W J T L A W Y C L N R A M G E X K A K T M L N T
G R N P O L R D G R I Q R Y I L R K N R E T I X Q I E N
Q I I X V R C T G R A N U N M L N W B E C E P I V N S U
H N Z F C R G M L Z Q R S E F F B K L K V G T V M G O O
Y I E F F R E L T U B Y R R E J O P M O N S N M P S M C
B C M N G O R Q L Q Q L C B K N O Y M Z J R I I C T E O
A N M R O J S B T A N R C F R E O F R U P B P N K A M L
B A Z V D G L L D Y K P N O P R R F S O E N G F J R E E
Y M T K U Y S K L K J L D E N E W T T G T N Y P R M F P
M Y M Q A E Q Y K A G M L J P W A T O H U S F W N N X U
R R P Q N C L Q B B B B P L P B B A F N T E V E K Z G R T
O N K R E E N E D A R T O T O F Y Y S P X H T H C Z K H
F E L B E L L G G U B B A U R O Z T T P Z D O Z T Y W K
E H M N D B N H P A G Y T E U J O Y L W F K K P K Q C V
N M Z L D M F W V I N T M R R G X N T R I V N K R D J T
O B Y B Y U N R B M I T M P I G P Q W Q G T K F L K M V
Z C M G Y R R V G M V P S T M F K N V M K D T M L H F R
K G Y N H J R J E R C D W G M H F J Y V M H F Y L J R M
M W Q R E M A G E H T N I L L A S T I K C L W M V F X P
```

All Grown Up	Half A Mind	My Babys Gone
All Over Again	Henry Mancini	Oh Lonesome Me
Big Bopper	I Beg Of You	One For My Baby
Catch A Falling Star	I Got Stung	Purple People Eater
CMon Everybody	Its All In The Game	Queen Of The Hop
Conway Twitty	Its Just About Time	Ritchie Valens
Duane Eddy	Jerry Butler	Rumble
Elegants	Kalin Twins	The Story Of My Life
Good Golly Miss Molly	King Creole	Tony Dallara
Great Balls Of Fire	Move It	Tupelo County Jail

1959 Songs & Artists 1

```
Y Q L D C K K I A I N T N E V E R D P G N F X P R D M N
R O R O J M M L L V F T J J O H N N Y D O R E L L I J S
N Q U Y N L Q X L M Q Y B A B Y M S E O G E R E H T C N
Y K T R K E M O N E Y T O B U R N H Z P F C B R T D J O
D B N N E J S Y R T K T K X F Q C S V V W H L Z X J J C
O K M O K S C O Q S F M X Z K Z J T C A R L B E L E W L
L F K Q S K O F M D C N T K D N Y S T M N Y L D G T V A
E X C R M L T F G E N I R K B T K E R T X Q L Q D T V F
M R R N K K E N I D O Z T M R N P R T W N D W D T W C E
D L G U K W R N L N G L K S T T Q C R C F N O B H H M H
E M W P S Z T J Y C E S D R Y W M E V H H G P N A Z P T
T A K Q P S R P B D L Q L H O M L H K J T D Q I N B O G
R R R H P K C K T E N H F B O L E T N N D R N T E A I Z
A I F M F K T O E M Z A N P K U K H G W V G L Y L C S N
E N L V O N L P N T Q I S K L L S N T C A O O K B T O L
H O R W T S W T X W A J Y M N G N E N N R N J Z X S N Y
N B L F Y A A B K R A N O R M T G C G A D P L K N B I L
E A N Q L N K P A K D Y J F R P C Y C T V P C I T J V W
K R Y K J R F N L D N R S D B L F H H T N O B K G L Y K
O R R M F V I L C E D T R P L L O E M C R O G M V T J L
R E Z F Z S M R L J T T E N U L S H C R R K W W T J F H
B T C V A H P L W L W M I V E H F K E D V G D N K Y T N
D O M H P D L K D M Y G D H A R L V Y J M G T M L J I M
N J C V Y V G G N R K Q L D G N I O C X G B M H R T G L
M R M W X P L T W T Q P O M K R L M J H L N T L G C E B
N T C N B V C K B B P W S M D F L W X Y C G R K X P R M
T Y B L W F R T N K B T X E F M F E D I R T S A L E H T
P E E W U O Y T N O D Y R A M T G M J U L I A B L R M K
```

Beyond The Shadow	Julia	Sandy Nelson
Broken Hearted Melody	Lonesome Old House	Sleep Walk
Carl Belew	Marino Barreto Jr	Soldiers Joy
Chain Gang	Mary Dont You Weep	The Crests
Chasin A Rainbow	Money To Burn	The Falcons
Donna	Mr Blue	The Last Ride
El Paso	Oh Carol	The Mystics
Floyd Robinson	Poison Ivy	There Goes My Baby
I Aint Never	Red River Rock	Tiger
Johnny Dorelli	Russ Conway	Youre So Fine

1959 Songs & Artists 2

```
D J M K F R P T F M J R F F D U T S E E S S E N N E T T
N I A G A E V O L N I M I R C R A I G D O U G L A S A C
R H T R O W N O I R A M J T A E W X J K T Y M M M W J Y
N R X X J S O U V E N I R S M N K N T Z C Q W C O V S B
Q N X B X L B J R E W E M O P R K L X V K N K M W R Z L
L N R N Z N N M N C S L H M W T Q I M L K X A F E R K P
C W A F P W G D Y E X O D D Z V H N E W H N Q N T B A J
G C L M K D L T E H G W M P H E N A Z A S N T D V F N F
V T H K R E N R K E W R D Z T C T J N I V R R M L D S L
Z G G A S O A P E Y K H Z N R B G R N K A A M J Y Q A Y
P C X S R L L K Z M F G O Q H N L T O P S W L N Y P S L
M B L D L L N I R W J N Q C Q K U S O C I A Y O T H C M
R Y H E J A I V A H D B G V A I R L A L Y N L K N M I K
L K D B Y W M E B S T N R V T R D M B L K B B O N N T P
R K R G E G N C B T F L M I P M E E M V A G A N T N Y R
Q O M L V K B R M R L Z O T O V R S K A F P W B K Z M L
Y O N F O M I T H H O N N O X T H T S J Y P M N E K Y M
J L T L L X L J Z F N W N V H K R U P Y D N T I Y V H L
N R P W O N L K M W C K N A F R E D D I E H A R T B A D
L E R D K P M P J Q Q N R M C H L T K D M N Z R Q E P D
G T Y M N A O B H D J R H N T G L Z V L R J N N C R P R
N A R Y U U N M Q Q I B X N R W E H N T N V T C J Y I M
P W Y Q H L R T R S V T I K W K K D R N D K D H L N N D
F K K D G E O P O R N K W H N L Y N R Q V P W J X N E R
T V C N I V E N H J C N W M R P R D N L D N N L R H S C
T G C P B A F T D A P V N F G B R K T R Z G T R L O S L
Z L F Q A N X M B M K C Z V V R E H Z K V Q J K N J Y B
K V H V M S D A R K H O L L O W J M T H P T L B F K F R
```

A Big Hunk O Love	Frankie Avalon	Partners
A Womans Intuition	Freddie Hart	Paul Evans
Back In The USA	Im In Love Again	Sailor Man
Bill Monroe	Impalas	Souvenirs
Charlie Brown	Jerry Keller	Tennessee Stud
Craig Douglas	Johnny Reb	Thanks A Lot
Dark Hollow	Kansas City	Waterloo
Dave Baby Cortez	Marion Worth	Who Cares
Della Reese	My Happiness	Wilbert Harrison
Endlessly	Old Moon	Yankee Go Home

1959 Songs & Artists 3

```
Q Z T N N E E T X I S Y L N O T R R Y W M D V N B W F B
N L H S W Y K K K H V L N R S I D E S A D D L E J W X L
Y D W L T T E M G B L A D N Y H G S E T H I M F R E E L
N G Z M P A H L F Q I C B R M H Q V M T P M R R V W Z H
O R D R Y H G R O B T Z K P K Z K C V X K J F X D X T R
S L Q E T I M G A F Z J S T O N E W A L L J A C K S O N
N R D G E G K F E T Y Q Y H R K J Y D Z V N R M L Q N C
H Y F O E H F G L R K T M L C L Z W T C R F K F R L G Z
O R G W N H T F Z O L J T M W N F R E K Q L R C I J M W
J R N E B O L B R Y V E L E K J L M M N C J G S E D F R
V W I N E P B G Q A W E E J B G H T N X I R E V V G T S
R K N O A E N P Y F N N P L X T B N P M G A Z Z A E M E
A W T R T S R E L V T K Q O I F Y T M J C C R W H Q D A
M R H C U R Z L N R K L I W T W B I Z R J Q N C E T K O
T W G H P O X K Z O K Z K E G I E E U C G B E M V T Y F
X Y I E L N Y T T T M L V O F D O I M B L B D K O Q P L
X T L S W B G A V N A I S M R O S N I Y Y N N Q L Z Z O
W N E T F D R R B W K E S I M E R L N E G Y L L O Y N V
S R T R H N R O E Y M R F A C T L D N U K U L J N J C E
M D I A B M V M O A L T W L N R L D C M M G E M B K H L
E Z H M N R O N J K W L J L A I I T F R L B M S N M N G
L Y W M T C C G T O B T I M R S N T M C T D E B T F F L
B Z J N P F P R O P M E S B T H K R K Q X L V R N H N G
O W Y Y R Z N D P J L E N P M V D Z L M I S T Y N Q M Z
R N J Y Z B K R T N Y Q V T D R R J K D K K N F B I R K
P B K W G N I V I L R O F N O S A E R Y M T X K P K N L
G R T W V J F V K L M M G P D N T H V K L T Z Q R X M E
R C P H M L S D R A C F O K C E D L B Q L Q T R Z K R P
```

Be My Guest	James OGwynn	Reg Owen Orchestra
Betty Foley	Jimmie Driftwood	Sea Cruise
Bill Ramsey	Love Potion Number Nine	Sea Of Love
Billy Bayou	Marv Johnson	Set Him Free
Brook Benton	Misty	Side Saddle
Come Walk With Me	My Reason For Living	Sidney Bechet
Deck Of Cards	Nina Simone	Stagger Lee
Fabian	No Love Have I	Stonewall Jackson
Frankie Ford	Only Sixteen	Teen Beat
High Hopes	Problems	White Lightning

1959 Songs & Artists 4

```
T T H E I S L E Y B R O T H E R S Y M P J K D K N Y L Q
T X D K Y Z F L C L M K R Z K Q X A Q F M N P M N L N H
L I E V K C A L B G N O L E H T N P Y C W T K N T R L M
B T T I R A E B D N A N I R G H D L J K T T N E E K H T
N T H M N G R K L N M Y T K A V Y R T W V Z D V M T E V
T T A B K K N N C Q K H L T R N B V Q T F D E N W T R R
I L Z N Y T D O D I E S T E V E N S M M Y R K X S T E T
V M I T Y N R M X H Q A J W B D L B M S O F M N V V C X
O Y W V G B F N A K N R G F T Y D Y C F J K E R I T O K
R C G F I K O P V S T T Q Y P L N H N T T W Y R T T M J
O E X R Y N P D P M A R G I E B O W E S O J E K R R E W
B X M T O Y G I Y Z N R K T K L T M L K H H N T K A S R
I K Y D O P R D B S L C E F T N B Q C R T L W G P V T R
C H K R L I U J O T G F W E N H W U Q N V E N H R E H H
D M G F T O B O C L I I N X G N B L I V K E K L A L E A
M A K U G D E R Y N L H R M M B G G D L H H R F S L S R
N N A H H O K M K S H W P L Q Q G R M T L W Y B I I U R
L L C N M G M E A K E T Z W P A N E A B B G J Z L N M I
B P M R Y O H N Y S P V M M R C F V X E A I P L A L M V
T Z W M T T T N M R E N O D Y N T O T Q T B J Y N I E E
J H P W K E V F W N K H C L G C N L C L C A Y N O G R D
T C C C R F T K W R M T T J I K F M L T G S D F M H J E
V N A V X I R M H N M B K M W M H A R D C E X E A T Q R
G M G F V L L F Q Y R M M J M N Z E K G N R X B I C K C
D L C P I N K S H O E L A C E S Z R Q T F E C P M R E I
W H V S U N E V L L D R N V B Q P D F R K H W V W Q C H
Y Y V W Z K G E V O L N I K A M B J T D V T N F G N Z I
R E V O L N I R E G A N E E T A D D N L Y X R W G M M B
```

Anybodys Girl	Here Comes The Summer	Mona Lisa
Arrivederci	I Cried A Tear	Pink Shoe Laces
A Teenager in Love	I Loves You Porgy	Teddy Scholten
Baby Face	Ivo Robic	The Happy Organ
Buck Owens	Life To Go	The Isley Brothers
Dodie Stevens	Living Doll	The Long Black Veil
Draggin The River	Mack The Knife	Theres A Big Wheel
Dream Lover	Makin Love	The Same Old Me
Forever	Manhattan Spiritual	Travellin Light
Grin And Bear It	Margie Bowes	Venus

1959 Songs & Artists 5

```
B W M N T T V L C M T L T K K R X E Q L X L N C L K B Q
D L T Q D P N L H F R A N K I E S M A N J O H N N Y P R
L P A L T Y R H F Q K G B J V R R I T T V R P C L F G E
L D C C G B Z O D P F Z C D P F H T G L N O R Y D N N
R M D E K P D M Y C X N T B K L T T J Q V U O A T I F W
Z J R T N L X E P L E R X R W Z W X D Y N U D T N B K L
A M G R U O A M N I T N R T X W N E F T L A K Y M A C F
B L C O P O G N L Y A Y N J M H M N R E R R T K Y R O R
N L O T T C H S D M J T V P Q F D Y T O K E H X O E L N
I X X N T T E S Y F D N X Y Z T G T F N N X N D B Y B K
A C G T G D A L K B A N F M F I E Y D I K H K E R O D Q
G K M Z A T I T L X A R N W R D M R N F B L J E E U L T
A Z J K V M I B R L N B M L W M R E K K K N Y R M W O J
L S A M A G B M M A K M Y E O K K L B C K P R B M I E H
L E X F W K W B E E V V Z M R T R L D M R T W F U L H C
E M W C J V H M Y A K E Q D L C L I J J N D V L R L T W
P I R V H Q M B Q C G Q L R Z K E M J R T X Z A D I F L
S T P Z R W A R N L Z O G O K X W E O Z M K T H E N F R
R Y B R W H O S H O T S A M N L I I W N K F M N L G O P
U N L Z S M B X M R T F M K R N S K L W A G V R T W P R
O A M U N B R C K P Y F H X G Q P N R N C I T F T I I N
Y M H V H R W L M X C R P B R C R A Y W Q G M G I L H J
R O S D O O W T E E L F E H T N U R X L N B W A L L C Y
E S M R S K E E T E R D A V I S I F B X N R N T D I T Y
D T N L K M X D T H L N Q C H W T P P X L M M M P E X M
N M W B V N Y X Y O B Y N N A D T G N T R T Z X Z X O P
U C F K M P H T M T M H J T R A V I S A N D B O B J J J
Z N T K L R T Y K Y X W R T Y A S I D T A H W V L D T N
```

A Long Time Ago	HalfBreed	NinetyNine
Are You Willing Willie	Home	Roulette
Black Land Farmer	Hushabye	Shout
Chip Off The Old Block	Joe Damiano	Skeeter Davis
Country Girl	Lewis Pruitt	So Many Times
Danny Boy	Little Drummer Boy	The Fleetwoods
Family Man	Mommy For A Day	Travis And Bob
Frankie Miller	My Babys Gone	Under Your Spell Again
Frankies Man Johnny	Neil Sedaka	Whatd I Say
Gotta Travel On	Next Time	Who Shot Sam

1960 Songs & Artists 1

```
Z R F Z R M K N T K D K S E G D I R B G N I N R U B X R
M H M N W T Y T Y G J N F R Q T G L T H E C R E S T S C
G F Z H T T D Y R R J J O V M R J W M Y K Y N N V E X H
N N N W L H N L P K T N T T E N K X N R J K E N H C T A
B X R R L N A V R H T R D E R V L H Y W F V N O A N K R
Y L T H E M S C R L R R N F K O J M H H E M D T R E Z L
Y N J T B N A T H X E F G V L G H K C T T E K N B R P I
T J L V N E C M R U I T T B W Q M Y S N V R Y A O W L E
T X M R O I L B I E B Q T N E M V E N I L T T L R A B R
J H X K I L N Q L L C B R E V L I R L N T B D C L L N I
V N W V S S T D V T L Y Y W N N V O R I H L N Y I E Z C
E X K N S E S K N V T I H C N R R I W R Y O V M G V T H
M R X D I D K J P Y T T O O H A U T S D F K J M H E N N
R C A F M A Q L F A I N C N N E Y B Y P V D Z I T T K J
Y P D L L K R L V A P R R G T A C P Y V R T L J S S F Z
N T L M O A N O F M V E E Y W O O K T N N E N F M B R M
F V T H D V Y Y L N M L R N X O O M E R N X S F T J L M
G B N V T H C D R G L R O R Y C K N O R Z H V L R N M N
Z J Q M M R P P M T M C V E O T V Y E H X D O C E Y R V
C N F T E Z T R R Q Y C L H H S O D Y X M T W J Y Y G K
J F Q P V P T I L R P L C E G R E C C H W F T D M D G N
M R N N J M V C C P A D T K B R F S Q G Z N P P V G N R
H P W V F R M E Z X N W T I B R O O K B E N T O N R K L
F T N M C W V T L R I B S H T P Q H Z K G G M Z N B M C
L O V E Y O U S O S K O B L Q T L Q N C N Q G R Z V G P
M Z V L G L Q V T J N T H B C T R C L N Z L M W C T N N
L R I G A F O E G A M I M B L C X J S N A V E L U A P D
T T K Y B L R H L P W Y Q B M A R K D I N N I N G T V D
```

Alley Oop	Greenfields	Neil Sedaka
A Million To One	Harbor Lights	Paper Roses
Brook Benton	Image of A Girl	Paul Evans
Burning Bridges	Jimmy Clanton	Percy Faith
Charlie Rich	Johnny Burnette	Roy Orbison
Chubby Checker	Johnny Horton	Sandy
Connie Stevens	Lloyd Price	Steve Lawrence
Conway Twitty	Love You So	The Crests
Devil Or Angel	Mark Dinning	The Twist
Elvis Presley	Mission Bell	Volare

1960 Songs & Artists 2

```
C L N V M Q G N U O Y E R Y E H T E S U A C E B F D T C
M C O N V Q M F J C N V L N X S J J L F V G N X H N R H
H H I I M T M Y W Q W L P D M M E T X P P C K T J I D E
T W T M L B R I A N H Y L A N D K N N H T B N R T M W R
R F A I B J H K L P K F Z T Q G L X O L W Y K T F Y W R
E I T T Y Z M C R A D L E O F L O V E J O F V K N M K Y
T N S D Y G K W J W R X V L N J H L X B Y C K G K N L P
S G E O K C Y P X V C M R R B R T Z E K M M X R L O T I
U E H O D R F W N K W R H K T X A U N R N X M J K A C E
C R T G T T K F Y R G X C N N V L Y D B B N S I C I D H
R P Y F H Y P R M Q L M T S P B N N P M P R B Z J G N G
M O B T E H G R N K D Y P K Y R Z T R E E W W K Z R B L
R P N T P W W Y R C H E I L M L H K N H T M X B L O I L
B P W Y L L K Z D M N Q E M M J K D T W K E R L N E L T
V I O T A V C F V C W N H L S A O O R E V E R O F G L N
T N D R T Q J F E L O J V K H O R H Q Y X C T S K R Y W
Q T Q M T C N R M L E W M R C B R V N L Y H M T O P B M
R I J P E N R L M A D L W F Y K N R J N Y H J L B N L K
K M W B R O F L N H M S A L D O H W Y O Y T J P K L A Q
Q E T T S G R N B T N T R B S G T D Q E H P P Q K R N G
K Z W S X Q E T F W S E B A R X Y P Y P M N R K G N D Y
F N G F N B D N O D V Z P H C Q F N T T O E S E V Z K Z
J M J Q L Z K R O E C L P R N V M D V L W I B O S Q T Z
N W D A N Z B M E M E V Z L P K L K Q N Z N D T N T W Y
G H C W R E I H G W Z A N D Y W I L L I A M S D I J O N
D K T X H N T G L X S K O O R B E I N N O D G N I T C N
F T Q T O K P V X N T N K K L Z W N T R Z Z L R N K E F
R K N V B W R X X M X Q K T B A R R E T T S T R O N G L
```

Andy Williams	Fats Domino	Let It Be Me
Barrett Strong	Finger Poppin Time	Lonely Blue Boy
Because Theyre Young	Forever	Marv Johnson
Billy Bland	Georgia On My Mind	Mr Custer
Brian Hyland	Good Timin	Ray Peterson
Cherry Pie	Im Sorry	Spencer Ross
Cradle Of Love	Jeanne Black	The Browns
Donnie Brooks	Jimmy Jones	The Everly Brothers
Down By The Station	Johnny Preston	The Platters
El Paso	Kiddio	Why

1960 Songs & Artists 3

```
V A N N E T T E F U N I C E L L O R N L F P W D G V N X
T R U H G I B E H T T R H N N Y S W K Q B J K J N Z Z N
M M B P N W Z L M T U Q W G Z B L E K N F P W Z G T W J
A X J T Y T O Z L N X O C J P R P C R T L D K L F O R W
R N T Q Z C V N N A L D K R P K R X T U C X Q M T M V R
T M I H R N H I D C H N N L B A H Z K H T U R E P N M T
Y N L T K F N A S E L Y R J M E T T G N O N M N N N F
R V V G A G F Y I B R N R S J W Y L V Y T O E P B S J Y
O G V K B B H Z N N P F I R F Z T O N K H L C V O Q Y R
B J C E B T R T Q V G B U X A K B O N Y L P G S E H C S
B B A C A M T Y L N E A P L P L K N M D G T A D V H T T
I R A C B L F B A H P N N K W C W J B B T D Q C L N T N
N H T M X B L C T N I T R G U O N G M Q T H G H F M N O
S B B M A Z J K M G T M M T H L R Y X R Y F E C F T Y M
L N D C B M N K H M C T S C T O Y L W N V Z F S B R N L
M N W T N I W T B J L L Y B M O F D D F N M F N E M R E
T M F B S T H F P R K F X B W H Y R L R L L Y K J A J B
E P R E T T Y B L U E E Y E S C L M G F K L T K P R Z E
E D C L V D K N Z P N B D H R S H A N K L O C K L I N H
N S E L R A H C Y A R Q X J O N T T D N K R D L N Y X T
A L F M F F Z T Q C M P T I N I T D K W M N V F A L R D
N U R T N O D K L A W Y D M H G V F C J Q R W C M P T N
G H M V K M R L W L K Y V R O N M K U P R L F G U Y J A
E W N H G O J I M M Y G O E L I H L L B Q Q J X L J W N
L Z N R P N C W J P T M K E D W P J Y Z D X M G B L N O
N P F N L C C P X T K R W V E S R K D M R N W K O K M I
Y T K F P G L X J H B T R E N Y G P A R N N H R B X H D
X S N I H T O N T E E W S S F J L K L V V P D W Y M Z B
```

Anita Bryant	Lady Luck	Sink The Bismarck
Annette Funicello	Larry Hall	So Sad
Beyond The Sea	Mama	Stuck On You
Bob Luman	Marty Robbins	Sweet Nothins
Cathys Clown	My Home Town	Swingin School
Chain Gang	Night	Teen Angel
Dion And The Belmonts	Pretty Blue Eyes	The Big Hurt
Go Jimmy Go	Ray Charles	The Ventures
Hank Locklin	Ron Holden	Walk Dont Run
Jim Reeves	Running Bear	Wonderful World

1960 Songs & Artists 4

```
E L H B Z G P L J H T L D D V F O O T S T E P S B R T W
M M T T Q F N O L A V A E I K N A R F Y M R C G Q G R K
C F E C H M U L E S K I N N E R B L U E S X G B L N R Z
P M V H R E P Q H V R R F F L E K C C W G N R K T Y R R
M R Q W T K D M L W V L M B W V L T L Q C L Y M K N C K
W D J D J S L R R R L M R N K O R D J M W F R Z P D W F
S M D B A K Y T I H N E T Q K L W M M K Y G C C V N Z T
P I V R C B X C F F N M E E V Y B B O B N R O K J K J Y
Z S X N K X V R A D T K B G Q P P J R R T L T F B T A L
M R Z T I Y X H A R J E R T Q P F N L Z W P E C N T L X
Z E F B E G R L L T T N R D M U H Y L K D B M Y S Y K Y
B P V C W E E P H Q W Y Z S B P T W C V B X I O L X W V
H P F K I E N N N E V A E H O T Y A W R I A T S L L H W
R I K C L Y G R N V B T L R Z K Q M R K K E S K E B E H
H D K H S R O B E M L T W F W K T L K Q V F T J H N R I
Y E C G O B W N L A L C I N L R R M M A R Q I T C C E T
D L W T N Q N R L L S T O N I F I S H E R K K T T O O E
V T H V H D Y I E Y S O H H R Y M L D A N K T M I N R S
Z T Q W C T U D R N T Z N J L N L D K T K O G P M N W I
V I G W R L Y A O A C H V S X E Y L M F C N M G Y I H L
M L D N Z R B W N N D Y E H H C N D H S K R A R U E E V
L E M X Y Y O P A E J Y L L A R M C K C N Q L L G F N E
N H H B R R B M G N E T B N O K X C Z G Z X V H U R Q R
L T B C N H Y T L J L D N B H N A Z R N N F G H X A V S
X O R E T D L C H G L O D J O J E K T X P X K M R N P A
B D V M N P Q Y H M N K L Y N B D L P X M Q G M C C F N
X E M A K S E L R A H C Y M M I J W Y L W H N Z B I R D
R W H L W T X L Q P L R D J O E J O N E S T W T K S L S
```

Bobby Darin	Handy Man	Paul Anka
Bobby Rydell	Hell Have To Stay	Puppy Love
Bobby Vee	Its Now Or Never	Sixteen Reasons
Brenda Lee	Its Time To Cry	Stairway To Heaven
Connie Francis	Jackie Wilson	The Drifters
Duane Eddy	Jack Scott	The Little Dippers
Footsteps	Jimmy Charles	Toni Fisher
Frankie Avalon	Joe Jones	Tracys Theme
Freddy Cannon	Mule Skinner Blues	Where Or When
Guy Mitchell	Only The Lonely	White Silver Sands

1961 Songs & Artists 1

```
E M F B D J T X K J O R G E N I N G M A N N L Q K J L B
O T R A E H N E D O O W P Q C W N H W R P B R V W L T W
D Z T R L S A N A N T O N I O R O S E R Q R M N Y V J M
K J G Z J L B D B X W M T C L L A B R E B B U R D X M J
E D H P M H E S K Z G F N E A S I A M I N O R J Z M K W
I B D R V L B W H X K N Q R X O N E M I N T J U L E P A
N G R K K R T B O O M Y N O J R K T H E E C H O E S L L
R M W Q B T B O U D P W T O R K M B G P Y Q L N D N J N
E G W M M N Y X S Z E A Y M Y T T T G M X A F T Y V T I
G K M G Z C X B D S Z O R B C R R A C H F W W P R T F R
D P L Q E Y G D A W I C J O D V Y F Z B G Y B A R Z H E
N R Y Q T E L N T B T N L B U A L K M T J T T N N K Z H
C J D N R T W L X X E O A I Y N C R R V L X G M Y U Z T
N Q K M L R R H Q F N M L N F H D H N M K S C X Q R R O
J V D N B K C R I T M F I N D F C N R A V E L M W H W M
M K I M Y K Q L H Z P O E T W T O V D M G A V M D R K F
L N O H L R D E K P R M V A D L U R T A T O J T N E T T
B K N H P F R K H U Y N L R C O T R D S M F W V F V G X
T V J L Z E P M Y A O K K R M J O R N A N H Q X R I N L
K X R M B M M I W T R K Y T T Q J G X I R E C J R R R K
L X K O P N M H N I K I N X N K H Y F D N A N K B Y K K
L L U W B I G E G F N R C L Z T L M C T H R G W F D D K
N N K F T I B H W G Y R R A L O T F F O S T A H L O D B
D Y Y N H K T M Y W W R N V G N B R K H L B J J P O K N
B M M E O B W Y J Y K S U H N I L R E F Q R F K N M L F
C T H O A M H J F V P G M K F H K D V T D E K D V J N R
J T R C R N J V J H R Z L H P K Z C G T Q A R L N K G Z
R B K V M L H P B P R W N X F W Y R K N N K X N K T W Y
```

Asia Minor	Hats Off To Larry	San Antonio Rose
Bob Moore	Joe Dowell	Sea Of Heartbreak
Brook Benton	Jorgen Ingmann	Shop Around
Buzz Clifford	Mama Said	The Echoes
Crying	Moody River	The Highwaymen
Dion	MotherinLaw	Timi Yuro
Ernie K Doe	One Mint Julep	Tossin And Turnin
Ferlin Husky	On The Rebound	Walk Right Back
Gee Whiz	Rubber Ball	Wooden Heart
Good Time Baby	Runaway	Ya Ya

1961 Songs & Artists 2

```
H B R I S T O L S T O M P T N O N N A H S L E D T D M H
G Q N G M M C N P H G I H S N I A T N U O M E H T L J N
T K C W C D L Z L L C I Z T E N L V R M T F T G H C A A
C N Z X W M K H K X N K P L D D P L X Y K D K C D G R M
B Q B K H H N K M K B M E M D Z T T Z B D M Z H E T Q L
R T J W L R P T T D T A T H I K Y R K M L P N H D R R
P D J N C M N W M K H G Z Y E K Q C U R Y L O U D B V Y
G T G F R J I C D C X M N M H H L W B H E D R S T L V Q
X X R L K C H L I U O Y T U O H T I W A E L G I Z E S T
T M T A E Z G M K R B P J C D K M B S I Y N L W J S P D
M H I X V G W R N K M H H C G R C E N M U P T E D S A U
B K E S K E T T B C T D K L E N S N A O H N L L T Y N M
K T J M S M L E R P Z H L L S T O N Y M R Y R Y J O I D
D X F M A I J I M H K L E P A L K N T M Q G I B H U S U
I G D D Q R N Q N I T M W Y M Q O N K C J L G B N X H M
C D Z E C L C G Y M T D E V Q R Q R H B Z Q R O D J H U
K P R L R M K E Y C A Y C D A R Y J K S H D A B C C A O
A D B J M A Y M L O M N N F R Q C B D R J X D F R V R L
N P J W N P C N Q S U M E O Q N M N J T R V N M T N L Y
D L I T T L E S I S T E R T P M O T R R G W E L K V E R
D K L K G T K X G J V P W T F B P A T S Y C L I N E M A
E R M M R Y H D L N K N A B S G M R T Z L L A M F H G M
E W F R M Y R W W X I H L U L Y N Y H Y M Q C L Y Z N O
D L H M D X T F N Q W N Y L Q H B Z H L Z Z L K L M J L
E M D R F M M P L G H R N P M G N K K N K K K R F B K L
E X G P F T M B L G A G L U B K J C M Y L D Q C E G X E
R B W L Q M T L P G V B R M R C H K J V N J M K H V X H
X L N M Y T R U E S T O R Y W M N W Q X F N T Y T V J G
```

Arthur Lyman	Gary US Bonds	Please Stay
Bless You	Hello Mary Lou	Pony Time
Bobby Lewis	Hurt	Running Scared
Bristol Stomp	Lawrence Welk	Spanish Harlem
Calendar Girl	Little Sister	The Fly
Del Shannon	Lonnie Donegan	The Marcels
Dick and Dee Dee	Michael	The Mountains High
Dum Dum	Missing You	Think Twice
Eddie Hodges	My True Story	Travelin Man
Faron Young	Patsy Cline	Without You

1961 Songs & Artists 3

```
R D M D K S U E T H O M P S O N D T T M Y H L X N S V Y
J M K P H N V B G M W F T P C T R J V R G A W N E R L M
R R K L Y K J Q Y M K N B E N E K I N G S J A I M L Y H
N C J R I L I K E I T L I K E T H A T T C M V R R H J K
N G T R E F P M E A K T R E B T Q X N L Y O M V N H P Z
T K M S M R E N N E K S I R H C K I B R M L T D G L R L
T L N U M L T Y J M V Q R E Z B G J R D Q N T W V V P T
K J W D T D C L F K C H P X J H N A A N K T N V X M K T
F H M O N Y V K W T V A B N T D B S P D G R M V Q J C T
H X Z X M K L W H E R E T H E B O Y S A R E N J C U U V
W R Y E D P L J S I L T B F D G N B P V T W D C R O V Y
O R R E T O W F S L N R L B Z C K C K K R H Y T S T F R
N D M N I D N S Y K L G U B V R G Z M N R T I I T T G M
D V Y Q N G I G L S Z A B N A D C B F G K S L G T K E F
E W Y J N S O K I M U M W L A J G B N T L O Y H R C N W
R M K Q T D N O J B T R C O G R W M P E O X N N O A E P
L L B E C N D M B F S E R A L L O F E H F G L H Y J M Z
A M R G R I M A T N E O D E P L Y U C L Y C J H S D C K
N S E T T M W T K D I N N M N A E S N T D N N P H A D L
D R M H K K J T Y F X T V P H D C H D D N G W Y O O A Z
B F A T L C N M M B N G T K T Q E H H B S J N Q N R N F
Y B R H B A G O X Z A T T I Q V N R E Y L U P K D E I C
N K C T G R L N T P C B H J S M X P Q H R D E X E H E L
I M D X X T N R Y J D M L F D Y E S R O D E E L L T L T
G Z Y G Z E M O N L P K F E Q T B B J W W M M V L T S M
H H O H M N K T R P K B H W G T D A Y K B C J J G I N F
T T L W H O J K K X L C R V W N Y M B V R N R K T H J B
H Q F T X K S I W E L Y B B O B A P T P H H M M F Y F B
```

Angel Baby	Don Gibson	One Track Mind
Apache	Exodus	Runaround Sue
Baby Sittin Boogie	Floyd Cramer	Sad Movies
Barry Mann	Gene McDaniels	School Is Out
Ben E King	Hello Walls	Sue Thompson
Bert Kaempfert	Hit The Road Jack	Surrender
Bobby Lewis	I Like It Like That	The Paris Sisters
Chris Kenner	Last Night	Troy Shondell
Curtis Lee	Lee Dorsey	Where The Boys Are
Dee Clark	Matt Monro	Wonderland By Night

1961 Songs & Artists 4

```
G B G R T W Y P Q G T H E S T R I N G A L O N G S V N M
R C W R P O R T R A I T O F M Y L O V E J H L G D C R N
R V C T K L L Q D N T L N G E M Y B D N A T S O R W L Z
D C P Z J F N R T W J Y F Z T N H N G H R N V A K J P
D Q B N G W I N G S O F A D O V E D K G Q T X M I M W H
R B U T N V J H B D M B L K D N H Y Z M W T R N N P K P
I Y N A A L T L Y G H N O O M E U L B O K T G I D J J Y
B N T E R K T A K E F I V E J L X L R M M D E A R D I Z
W K S K M T E D A D D Y S H O M E R Q J N D M G O V K Z
O S M A R R E G J N C Y R T D N Y L V M A F Y A P V E M
L T I P M K E R O K V T Y N X F H X L W N P T T S M A T
L V B R X O W T T O Q H M O T F D B M L V V I S K Y N N
E T H V P X H R T O D B B H U Q G A J X N F K I G K D K
Y R W T K A V T G E T C Y B X C D M P G A X V W J I T F
B T Q T L L C R A Y L H A P G A A J N L W R L T K N I W
Y K Z S V J A E X L C E R R W P L N L N N M R S D D N M
X Z P E R K T M H N R X H E E T J T D H X E W T N O A W
B M N L F F T M Q T R A T T E O O R O E N N N E V F T V
A C R C M N U M V Q T P C T X P F J M N P D X L C G U T
B M G A X H C W K L P J H D I Q D H O P K E K G L I R R
Y K J R L K L N W L F I P E F A H D E T K C N W F R N F
B M B I C J A N Q H S C C Y B K L L D R X O B D R L E W
L H M M D K C W J T E E G G T A X L Q P C M Q L O R R N
U W W E Q N T Z I K S E I H R V L T R I Y T K Q T N K X
E Q G H T J V M B J N B L C N W K X X G T R T M M R M L
T T Q T H J E X X P L V R S B R L E K W M M W H H N N E
K M H D N K G Y X L H N P Z B B M Y K M N B L W P Z Y W
R L G K T T G J J N Y G N O S L I V E E W L L O B E H T
```

Adam Wade	Lets Twist Again	The Boll Weevil Song
Baby Blue	Mexico	The Capris
Big Bad John	My Kind Of Girl	The Lettermen
Blue Moon	Portrait Of My Love	The Miracles
Calcutta	Quarter To Three	The StringALongs
Carla Thomas	Raindrops	This Time
Daddys Home	Ral Donner	Wheels
Dont Worry	Stand by Me	Wings Of A Dove
I Fall To Pieces	Take Five	Yellow Bird
Ike And Tina Turner	Take Good Care Of Her	You Can Depend On Me

1962 Songs & Artists 1

```
D K B M Y N Y M K V M J C T Z D L W M T J M T T K S C D
K L M C F R T O S N D Y T K M G D T N L B Q H Q P I T K
L N P R Z F A H U H E R R O Y A L M A J E S T Y M T W J
E M N Y Y Y O M R B C R N R T C G V T L M B V T W R R Q
M D Q X P U R D D N E L R J J T R Q L D L B P S J U X Y
A A G M T R M O C N C L D A K O H R E L D C T I M C K L
N V N J Z R L M N F A C O Y D Z E A M W J S T W P G H K
R E C W Q Y X T J N L L H N B S R H B V I T B T T N C M
U B L L W Z P D B R I R U M G O E N E W Q X J L L I Y H
O A A J R N L P K M J E J A N T O M T N X P S U J K B R
Y B U S H E C R I E D T A E P T O E A H D N R O Y L T T
S Y D N J X S M F P K N Z N N R H M P J O E H S N M V K
T C I G D Z R K Y T A W L I D T E E E S R N R A K M T E
A O N L M T I Z T B G R V R H T P T A B N B N S N M O M
H R E M F D A F F Z N Y T P B P H E E Y M N T B O T M I
W T C T T Q S B M J B O R Y E F S E G P E V W P W N M L
R E L L R N R W K B F K K R L R M E H R Q M V N H H Y I
R Z A L H D O V O X H P M L U I T D B I G F M R D R R O
H Q R G C H C B J L C I B O A A G R V T L T Q N T R O P
F G K X H P E X T X N P F K N W E H V N Q I P L Q L E E
T Z N M Q Y H R Q T Z E J G D T N L T Q Q N T P T M Y R
K Z W P D N T R T Y H V R M L F N V M S R F F E Q Q M I
Q V L B B J C W C T Q Y J A E E L Y E K C I D Z S L Q C
H Q X F F B I L P L R L W Q P A T C H E S N K H L L H O
M N R H J S X M N K M C J M V P A T S Y C L I N E T Y L
L R B B T Z N L T M C Y C Y J W P L D J N P R C M W H I
S E V I L R U B G K K T T W H N R B N R R Z H L R J C P
N Z V V R F E G R O E G A R A B R A B W W H L T M K Q D
```

Barbara George	Joe Henderson	Shout
Bobby Vinton	Johnny Get Angry	Soul Twist
Burl Ives	King Curtis	The Corsairs
Claudine Clark	Party Lights	The Four Seasons
Dave Baby Cortez	Patches	The Twist
Dear One	Patsy Cline	Tommy Roe
Dickey Lee	Peppermint Twist	Walk On By
Emilio Pericoli	Peter Paul And Mary	Walter Brennan
Her Royal Majesty	Ronnie And The HiLites	Whats Your Name
James Darren	She Cried	You Belong to Me

1962 Songs & Artists 2

```
T O Q N A T K I N G C O L E L W T K Y P Z M F T L D F R
J I T Q T R M L K D W P M E X W N R K R K H R F P T C N
S R U W M R T T E K Y D N A V Y O R E L R Q K Z W K D L
E T O Z G L T F W T K N N Q L N M F K L D E T Y M C Y V
A N H T H E W A H W A T U S I B M R K L K T H X R X F M
L O S H M K L Q N H R M T J I M M Y S O U L T S V V W C
E T D H N N Z N C T R S Z M M X V Z R T Q T K F K P O Q
D S N J Y P M E Z I I G S U R F I N S A F A R I C T F R
W G A M R R C L C W S X Z S W G R R M Z F P H F T W E P
I N T Q B U L K T M Y J P K N C R B B M V N Z O V N M B
T I S K R D N Y H H O Z N V G O D E C M L Z N R O T J X
H K I B M E D D V H B W G N E M I P E M G F Q G M R A R
A E W Z L A N N F X H M K T N J K T B N I T A R S K Y V
K H T S L R P F F D C F J D E M K Y A E O W W N N Z A R
I T O R F C Q F L P A J W O C M Y H L S R N A Q S T N N
S N A E S A E L P R E V O L H M D D V E N P I N T H D N
S E L M Q J R N W C B B K L A N S O T D Y E O O J V T O
D C K M E C Q M T K E D L N N B N R N O G L S R N R H I
R R V O T C Y N D K H N H K D Y O Y U A R K K E N S E T
R Y C S T V N N M F T T N X L P P R A O N C Y L H T A O
R V N E W W W A F N R R L V E Y F Z E N N D J F N T M M
N M M I Q L V L D T W W L N R I Z H W P G N J Q M F E O
G X K N N Q T Y R S X L P Y N Z T Z X Y D E Q U W T R C
Y Y K A L K Z Z K R T H R G L P J K R H M J L H A L I O
R R P O X Q B P D M Y E E V F V N W V C R D L J G N C L
Y P G J R K P W P W F R L U O Y T O G S E H S B D X A E
M Z C G F Q V L K Y S N K W T W K J L D T B H M N N N H
W O L V E R T O N M O U N T A I N C Y B A B Y E H Y S T
```

Bruce Channel	Johnny Angel	Snap Your Fingers
Cotton Fields	Leroy Van Dyke	Surfin Safari
Dear Lady Twist	Lets Dance	The Beach Boys
Don And Juan	Lover Please	The Kingston Trio
Gene Chandler	Nat King Cole	The LocoMotion
Green Onions	Porter Wagoner	The Orlons
Hey Baby	Rick Nelson	The Sensations
Jay And The Americans	Sealed With A Kiss	The WahWatusi
Jimmy Soul	Sherry	Twist And Shout
Joanie Sommers	Shes Got You	Wolverton Mountain

1962 Songs & Artists 3

```
H S E T T E K I E H T P W G B K D J R R R Q R K Z T R N
N P H Q X Z G L Z G N I K E D U A L C W P T V P Q T M T
L F K T N X B R Y M B J T R N K K T C Y L F K K S W K F
F R T R I C H A R D C H A M B E R L A I N L H H L M B L
W A M C M P N W C C B A B Y I T S Y O U L V D R L V M Y
P E P A C K E R B I L K Y J M X W L D X H L K N E N M P
A T S L A N J R K F R T W L F K M N H D Z O L V W P T M
L Y E I F L T T H R L B Q M N X N R P L V D M D Y J J K
I T R T E N I D T M X X A F C N M L L W N I Y C R N L P
S T A T M V L E L J L Q K F Z K Y R A V R E R J A X K K
A I B L W L K R H B H K N H T B K R Y T B G F N M S B B
D B A E O F P I R S N W N T L N R T B F R A H K E T X H
E E F E N W Z N T H P C D Z V N E T O H Z N G T G M T E
S L Y V K L F K M H M T X Y R T P B Y M T E T W K I M P
P T E A T K L Y G K E S N E V E T S Y A R E P S M I T M
A T L X N F L D F F L W C N P Q P G R Z L T O S T M R L
R I L Y O L L I K C D M A R L X Y G H E K L Y O N A A C
K L E T D T T N Y E R A A N N B T T V X D M T Q H R T K
K A H N U N X K T J N H V B D N P R N I M A F C R H R C
P L S Y O L Q G F G S N X I Z E A K E I T Q K Y I K K R
W G M V Y C W B M E X L Y J D M R R J O L C F N X F H Z
N W O T P U Z P E L W J G B E R B E P P U I G N M Z X K
Z L P J C T F D T T J D L H A O O D R L N S V K N D X T
Q L V R C K E Q F C T P T P Y L E S D N D M X T K Y M X
J D L N N E K M T X D N K T K H L O E J N C K H T N B X
M R J M D T J Z M W K T N R S Y O G Q D L R H Q N M B B
T R N I T S I W T W O L S A R G A Y R Q M C T D T W T T
D M T D B N J Z C J M L M W D N N R P G Z H T K J H Q B
```

Acker Bilk	Larry Finnegan	Shelley Fabares
A Little Bitty Tear	Little Eva	Slow Twistin
Baby Its You	Mary Wells	Soldier Boy
Bent Fabric	Mashed Potato Time	Teen Age Idol
Claude King	Palisades Park	The Ikettes
David Rose	Playboy	The Marvelettes
Dee Dee Sharp	Ray Stevens	The Wanderer
Good Luck Charm	Richard Chamberlain	Things
Jimmy Smith	Rinky Dink	Uptown
Kenny Ball	Sheila	You Dont Know Me

1962 Songs & Artists 4

```
R D S Z L P D K R W Z D K D X B I L L Y V A U G H N V K
W G L E M T Z K T B P N C R Y I N G I N T H E R A I N B
N T R R C W S R E H T O R B Y E L S I E H T R D P Z F M
K Y M V O A Y N F J X M R N B Z J L R T C T E G D L O Z
L Q P M P W L R W O N S K N A H P N M F J R C W R O J R
Q H Q L L X G P K V N T C F T K C F R M E Z K N N G M S
M W H S D M F N Y Y M W N V P P R R M R Y T R R M Q L T
T J T P E P T Y U K P L M K D Q R W A N N Z I F F A K F
C N U H A L M T K O O L R T N N P S N Y T V Q R T D B Y
L W O E L K A L T E Y M K T M N E X T P E P N S U R E B
Y N H N L P R Z T J T H S F Y S L K V R L K Y K X N X Y
D O S R E M D A N L J T N B O V Q T C D V R E R T J V R
E N T Y Y M R K M O Q L Y R V H N T P R C O W I L W T F
M N U M C A C T L B G K M L R J K Y W E F Y P L T Z Z M
C A O A A J H M X C L Y D M E N K Z H E G E R B J V F K
P C H N T P L A Q L L I D L X S N T A X N Z W Q O B K M
H E S C P N E J B O N B N E H H T R C E M E L T H Q D N
A C B I M Z L R V T A K R R E D L E G Y X T T B N J V Z
T A C N V M V E N R H Q Z Z O P P K R P Z N N Z N J M N
T D Z I T V L B B I M E C L B S S Q M G C O M W Y C F H
E G G L L E L A Y N E Z A H M Z E J N Z C M M V C C Q N
R M W T T X R W Q H D M W R H Q T P I M J S N O R M A N
C W W T X A K F L R Q T A V A X Q N E P N I V H A R L N
N N E H L Q F K H F T T F R Z B Q W M T K R Q B W G T T
P R N Y G U D Q Z Q W Y K F E Y Z V T Z Y H M X F D P C
S N N L T L P B G R K C N V Y S L N E T L C H X O Z W D
J N W P S E E R P U D E H T J Y C Z L T P Y R V R C Y M
T M W C I N D Y S B I R T H D A Y A K K Z D B C D X M L
```

Ace Cannon	Ernie Maresca	Ramblin Rose
Ahab the Arab	Gene Pitney	Roses Are Red
Alley Cat	Hank Snow	Shout Shout
Barbara Lynn	Henry Mancini	Smoky Places
Billy Vaughn	Johnny Crawford	Speedy Gonzales
Chris Montez	Ketty Lester	The Crystals
Cindys Birthday	Let Me In	The Duprees
Clyde McPhatter	Love Letters	The Isley Brothers
Crying In The Rain	Moon River	Tuff
Duke Of Earl	Norman	Young World

1963 Songs & Artists 1

```
Z G M T R J M Q W P Y E K N O M S Y E K C I M N K W X R
H M K L O N N I E M A C K H R K M L M D P N Y H B K H Y
L O S I N D I O S T A B A J A R A S A R M N Q J K P Q G
N B N G O D E H T G N I K L A W W B J Q K K F N Y V Q B
V B D R J T Q Q R Y L L N Y W N N Q O Q P V L V F K T M
Y B A B Y R C T B M T H T R K I Q Q R R C B Y Q Y K S L
B M X R E X T R N P Q B Y O H Q R M L T R B Y D J N I W
R X M J S Z N K W J I M N T N L N N A N V N O N N L R W
T D T F I D P G R H T P O I B Y R Y N N Y V R E R C R W
M C R N N W K Q P K R N E M A X B F C D Y F T K D P A F
N K D J E N T Q Y E Y D G L Z R R E E L J M S E D R H H
F M Q M D N D K N A E M M H I T E S N D L M I E K L F Y
V T K D C F V I S E V F S M Q N F H P N Q J R W C V L I
G J M J N T F T P L N A P W C N E D T I E Z O D L P O T
N G H R G O ' P N V C W E S T I L L B F T T D L X K R S
H N L M S N U Y P Y C Y F R M C H M H U O R T I P R M M
X P O S O R M W N T A B P Z L L M E T Z S M E W H M J Y
X R E D P M E N L G Z V M L Z X M M T W D T H G N N J P
E H K L P W H L N R L A L H Y C P P Z H L N E T N C D A
Z B E T Y O Y I L Y R L C Q C P K H M W K X P D Y I N R
L L C G J L V H K I P R N Y N W T I C X D C R X M H F T
K L N F Y R N Z A L M G M P N F M S V C C H Y K L B R Y
Z V Q C A F C E M B L D D T H E I M P R E S S I O N S V
W G V M B V L B V V F B E V M N S E D A C S A C E H T R
V J R K B E Z T G W Y J W N K Y G C L D R J H V L M K L
Y N J A N B R A D L E Y M X L X M X R N D H D W L D J W
H K V A V R T Q R J V L U P O N T H E R O O F F M B W F
G B Q L X H F R K C P V K V M G H T G J W R Y B Q Z D K
```

Busted	Johnny Cash	Pipeline
Cry Baby	Lonnie Mack	Rhythm Of The Rain
Deep Purple	Los Indios Tabajaras	Rolf Harris
Denise	Major Lance	Still
Don't Say Nothin Bad	Maria Elena	The Cascades
Doris Troy	Marvin Gaye	The Impressions
Fingertips	Memphis	Tony Bennett
Hes So Fine	Mickeys Monkey	Up On The Roof
Its My Party	More	Walking The Dog
Jan Bradley	Ned Miller	Wild Weekend

1963 Songs & Artists 2

```
P T P C P K P C K K N V Q N H R L X H N R P D F G N O L
Q J Q F O O L I S H L I T T L E G I R L Z G C X X T R W
N W G R U F U S T H O M A S Y M Q T M Y R N P X O M E F
J O C Z K Z N B Y J R L M F V G Y N V K K P O M L R V N
L L S O M U C H I N L O V E Z N M R N Q N F A Q L D O R
L Y T R P D F T L M M W Q L X T G L B F E K T W N S L N
W M D V E E M O C L L I W Y A D R U O I A L J J T Z R N
M E W N D D C M G M D V T V H Y X K L S T L Y E R J E Q
K R S Y I R N V H N P N N T K T V R U L K B V Q A J T L
T Z Y U F W P A D E T L G J X D A Y I D A I T N R L N L
S H K H A N E B L R A R J M M H K T X B E J A M M M I T
U L T T K C C H B L T T J L C D T M A W T N M K M S W H
G T S R D N E B T N I D W D P L W V O N D R N K J I R E
A M E W T Y L B T N R B N A E N O N Y D Q G O N U H U C
R W I V A F M K U I I A C T V N D T E L R L R A S T O H
S N K C H L N H B O Z N O H A E R A P B K M N M T A T A
H M O P C M K E G E Y W I S R L N C Y M T T O A O M N N
A N O R C T H R N C N E S W Y B A B Y B U R R E N Y V T
C G C K T T D I I F O O V L O P N J L H Q Z O K E N K A
K M E V O N M T L G B N S O K L T F N T M G O I L N Y Y
N B H D M K T I G J H W E H L Y B X V X J L D L O H N S
M X T K J C R Q K Z X T L F U I T D T P N N A K O O W J
K V C Q R T K R J X F R I F I T H N H M M K D L K J Q J
R M A M A D I D N T L I E N B N D V X P M D N A K M F T
G Z T H E S U R F A R I S W D Z E O H M N Z N W R G Y F
W T W R T N J R X R F B X T M G T D W Z B Y V W M J F N
P Y M P P V R M H Z X K J Z C R X Z A N R Z G L H M L Z
Q H K P L N M Y Y O J D N A E D I R P Y K Y K X Q L J B
```

Bill Anderson	Johnny Mathis	Rufus Thomas
Blowin In The Wind	Just One Look	Shut Down
Bossa Nova Baby	Kyu Sakamoto	So Much In Love
Da Doo Ron Ron	Little Town Flirt	Stevie Wonder
Do The Bird	Mama Didnt Lie	Sugar Shack
Foolish Little Girl	One Fine Day	The Chantays
Heat Wave	Our Day Will Come	The Cookies
I Love You Because	Our Winter Love	The Surfaris
Inez And Charlie Foxx	Pride And Joy	Walk Like A Man
Jan And Dean	Ruby Baby	Walk Right In

1963 Songs & Artists 3

```
C J N L X R M P Y C A N D Y G I R L Z R T J P W C W Q V
N L L K E Y D I E G O R M E B M X L J G K U R T Y B W D
K K N L X N Q B F N D G J H H P F Q K M B D N M Y Z T T
W R C W T H N E M I T Y E K N O M E H T A Y N J T Z R E
C L Y V T V K W Z M X E S S E E H T G R B S T H D Q F E
K R X Z N V K A I W I N D I N G P J E M Y T I V L G T R
N J R T G L D J J Y T Y K K D P R U M N W U F G R G P T
M V R P A U L A N D P A U L A N L Z N F O R I T Q P G S
W F Q L N T T L N R T B H M T B H R L T R N H J L Y D H
H M N D P K F N H A J N C L N J W M M Z K T A J T T V T
A K Y N T L L R K K M T Z O L Y T L P P O O D P K D T U
T M L U L H L R Y L R R E L D E F G A F U C A T S N M O
W F T O F Q E T T P G U E O G M S I N L T R H J E R L S
I K R R N X J C N L K B H D P N R T K K Y A X T N R F
L T E A N K L T A B N Y L I S T L Y U B T V M K T M Y K
L W G E D M M W L Y R T X N E N P O L P F M M V E D L Y
M W N B R N V K N E N I P D D K A U S N L X E G N N V P
A F A A L W H D V V E E T N H S E L I I Q L R N O K P Y
R C R N T Z G E R B L A T N Y V N H L N N P I G R H H D
Y L T N L M T Q E C I D R T E T S O D A D G J B E V M Q
S R S A V H G L N N N H A L S U H X F K C R Y L H Y T H
A X O W X K L P T Z B L V C R A T E T F R G E O T N B Q
Y F L I C E P E R J U E M S B M T L R W I H N A U Z T G
X Y L T S G D W J A T D L I N L B K L E W H M P M K L Q
L W E X B R Q Z P G J O L B K T F C M K B J C D C S T N
T C H N O K C Y D V O E G J N N M W W G P E T E L W N F
P Y N S V R E K T F N F K M V M T C H F N P L Z H B P K
M T E L B H G W L E I K A Y I K U S X K R N Z S X T K T
```

Abilene	Fools Rush In	Paul And Paula
Allan Sherman	Hello Stranger	South Street
Baby Workout	Hey Paula	Sukiyaki
Bill Pursell	If I Had A Hammer	The Chiffons
Blue On Blue	In Dreams	The Essex
Blue Velvet	I Wanna Be Around	The Jaynetts
Candy Girl	Judys Turn To Cry	The Monkey Time
Dixie Belles	Kai Winding	The Rebels
Everybody	Losing You	The Ronettes
Eydie Gorme	Painted Tainted Rose	What Will Mary Say

1963 Songs & Artists 4

```
Z B L G T H E T Y M E S W F P H L K B D M N H N F Z M R
H J T K N C X S K E E T E R D A V I S T N K R D Z A Q Q
K E K H J I R N Q S C N A Y T H M T M K M M Z Z R G K G
R C R C E Y K N J F U L R T C T L X L C T E J T Q O K P
W D W I T N T A K Z M R K H G G P D W R P L H F T A R P
X N J W F T H Q O A L R F M K Q M L W O M A C T Y W F C
M D X K M F T E R T E C D I K P X N L C A M V R B A M G
I K L N B R O T K I K L C X N L N I W N K K R X N Y J B
H Y T N B L I G T I T C K K I U N F D Y J T T S R L B F
W V O Q G N R S N P S L A T K I S T H M C V K I N I O C
O N D U O L I R M I L S T J R G H A B N C L P W K T B Q
L L R T C R L V G R R L E T A E T T D R B J X E E T B K
L Q B X H A H P I M E M X D V M U N D L D G J L C L Y J
O N Z C T G N G N P O L Q A M O O N Q O D K R A A E B W
F H U G J S R T E P N C N L E E J R X O K M Q R R G A D
L O M F G E L G S C T D K P G C M S F F M J V A G I R K
L F L K F Z G E N I E Z I I K N X U C A L B Z B D R E P
I M Y R L Y M F G L T W P M N J R R V S L M L R N L T R
W Q U M M V Y L L N N D R L J G T F L E F Y F A A L R B
I S N A X M N A R K A X O D V P B C W H G L Z B E Q X L
M D R Y Z T S T G G H E P W Z K G I M S M W C C L B T T
R C C L H V T G L D R K H K N Z L T R Q W J Q R A T T A
H R E R O G Y E L S E L K T V Q H Y L D M N G N D Q M L
T W W L I T T L E R E D R O O S T E R W M M Q R T M N K
B Z H H V T G R K N D E V I L I N D I S G U I S E F F T
Q T R M X T L Z D Q R E R A U Q S N O T G N I H S A W O
R B M N M J R X L C C X Y X P H T H G I R L L A S T I M
D R L T G T Q Y T R P M W J B E M Y B A B Y G K R W P E
```

Al Martino	Lesley Gore	Surfer Girl
Barbara Lewis	Little Peggy March	Surfin USA
Be My Baby	Little Red Rooster	Talk To Me
Bobby Bare	Lou Christie	The Angels
Dale and Grace	Martha And The Vandellas	Then He Kissed Me
Devil In Disguise	Mockingbird	The Tymes
From A Jack To A King	Ring Of Fire	Trini Lopez
Go Away Little Girl	Shes A Fool	Washington Square
Its All Right	Skeeter Davis	Wipe Out
I Will Follow Him	Surf City	You Cant Sit Down

1964 Songs & Artists 1

```
Y S D L W Q X K L G N D W K B K K D T R K M H K S N H Z
M N L F T V N K M J N R N Z M B H V W F Z Z H H F Z D Y
J G H L T W M B N Z B I A R C X W X J Q N Q E T M W H W
C N L R E V F K X R R B M R L X V V X G T L L T M Q S W
L R M E R D Z V Z H J N E R D K K W L T O H V B C L M K
G M E V A L N T N V K I E V N M N W R V D L X P A X D R
M D Y T T D K O R L B F R B X K Y P E T Y T E M P R J R
L I G B T H E Z H T V R F N N M V S X S P M I H W S L D
N Y W L O U L R M E B U Y N N Y Y C S C N N R A I Z T I
D T B S M Y B N O P H S B C J O J I V W A Z L V B D E A
N J Q D D V L D L F Z T B J U L K Q O E F K A D E D E N
R Y H Y R N P O N Z T B O L P T K T H O O D R U T U R E
T N T H T F A T L A Q H B R S T N T R N Y C J O T S T R
P O W L Z D G N L L D T E A X O J Y B M J K T R Y T S E
N R D Z J M T N O B I A L P D M O Y M H R D P P E Y E N
T F N A V P Q H J M S P E U A U J A Q R Z L Y O V S H A
W F V R Y B Q V B H C L O R J C S K L K M Z Y S E P T Y
I K L K C Q M M A Z R Y Y P B T K M G Y H D F M R R N R
S Q L W Z M L N Q W I S H I N A N D H O P I N I E I I W
T E L H N T G K N L Y O U R E A L L Y G O T M E T N G N
A Z U N T R D Q D D T K X L B T T P T Z Z K H K T G N L
N R V L I Q T X T J R N R L P M K T T L R L W K Q F I T
D V L L B M W F Z L K L T H E F O U R T O P S B G I C T
S Z A Q J Y J U M P I N G E N E S I M M O N S N C E N T
H X D C T L V P G T V V Y R T K J D P T C M L R N L A L
O R Q Q B L N A R N K G N O R T S M R A S I U O L D D K
U K J X V R L Q N T H G I N S Y A D D R A H A J N N P T
T R D Y J M Q R V P N O D R O G D N A R E T E P P Y G M
```

A Hard Days Night	Jumpin Gene Simmons	Surfin Bird
Betty Everett	Last Kiss	The Animals
Bobby Freeman	Leader Of The Pack	The Four Tops
Bread And Butter	Louis Armstrong	The Hondells
Cmon And Swim	My Boy Lollipop	Today
Dancing In The Street	Navy Blue	Twist And Shout
Diane Renay	Peter and Gordon	Walk On By
Dusty Springfield	Sammy Davis Jr	Wishin And Hopin
For You	ShangriLa	You Dont Own Me
Im So Proud	She Loves You	You Really Got Me

1964 Songs & Artists 2

```
D B V Q K N F Q J G T E I L U J D N A O E M O R T M K M
T X A R L R W C L M M D I O N N E W A R W I C K Y R J T
N Q X D D M H L A K L R T H E S U P R E M E S L K K V H
L K F T T D D I L G T N S R E H C R A E S E H T N G M E
V X M T L O D N B O P T P M X M W J M B M F W N X T R G
X R Q Y Y A M Y K Q D N R E L L I M R E G O R H C Y T I
X X M L L U H E P S H G W R H D C N T L W Y L G C L S R
R R Y G B N J B G N T E A G T T N M A R K Z H K Z L A L
L L W P T D G J C A V W Y R R W L L X F K Q L F R O L F
B O T T X E K Q F E Q J P L N D H X K D M D Y T T D I R
H K R N D R R P M B X M D M I I Z W X Z E H W N L O R O
F H D R A T Y N M Y B R F P R T W Q A V O D T M K L G M
N Y N W N H N F D L K B D T B M T F O W Z K I F M L N I
X K A G N E K B V L M L P V D N O L D D E K J A N E A P
R V S V Y B X M K E C L G N E O N O E I E P J K N H H A
D P I Y W O K W Q J R Z Y R L I Y T N C X M K T Z E S N
J Y E D I A P N V E X M D N E O L N G K O N E V K N E E
A X R H L R V B C H W L E B U V O N T M M B V V M G H M
V L T K L D J R N T I V O D M R M W K Z Q Q R R O Z T A
A W S X I W Y P R H E T O R F X R A N F N H X A C L B B
H K A Y A A W Q C R S I Z N F N X D B M D S G V V L Q M
K L R Q M L Z E L T T T K P Y S D R O H C P I R E H T J
J T B J S K L E R M F T F J T R G H H K R B F H Y P Y K
F M R Q F T A U A S U M M E R S O N G B Y M Y X P T B G
R T A X T R H R V G G J G L F W G H L C H L R R K M K F
T D B I N T T L J L G G K L Q M V J C N M Z R G T F E W
R N L S I F Y T B W K P V N G N R D M K N W D G D M Z M
T D Z K W B K C T Q Y Y L C H A D A N D J E R E M Y L J
```

A Fool Never Learns	Hello Dolly	Roger Miller
Al Hirt	Hey Little Cobra	Romeo And Juliet
A Summer Song	How Do You Do It	Ronnie
Bad To Me	How Glad I Am	The Girl From Ipanema
Barbra Streisand	It Hurts To Be In Love	The Jelly Beans
Chad And Jeremy	Java	The Rip Chords
Danny Williams	Little Children	The Searchers
Dawn	Love Me Do	The ShangriLas
Diane	Memphis	The Supremes
Dionne Warwick	Rag Doll	Under the Boardwalk

1964 Songs & Artists 3

```
J R K Q C T H E H O N E Y C O M B S P K C L W N C P P P
Y K Y A M J R R M P X P W W E H Y A W A L A E T S G V V
N V M D L P I T P N L T R M L B T H D N R M R C B B T J
D K L N T R R M M R M M E V W J T H F N Z G G R Q Y M O
T Z T O N Q L G M V F V T D N W M W E T U G F C M C L R
J O E H I N T O N Y O K K N D D S H R D V O L K P W L W
N Q A E L L P L J L H N D X Y N B A T M I Q R B T M W K
L K W L K R G F U W J U R Q I X F T Q M Q X M A H Z P M
D G O T N W N O S K Y G G P N D X K Q R Q K I F T Z C Z
G D R T T C Y Y R T X T D H R K L I P N N T D E N E M N
L M L I Q O M B E W H N V Y E T M N W G X C B H C Y G M
L G D L D T R Y K N A E L N H S Z D L V P L E K D U N I
E O W N L C T L A S L X D E T M B O L R N V C E G N P E
W R I L L V P M E W P B R A Z R D F K T H Z A T Q B V S
X O T R N V T L N J T E N M V V G F F K L D U E J O N T
A B H P Y C D H S C F V C Y K E P O N Z M M S H L T V H
M S O Q N E M M L L L O M N L X C O R A R U E E J L L E
T D U T E H W D E L N L K M X L V L N V O F M J E F G T
R L T N C N C C E L T F K F K T A S A H R Y H T J K C R
E O L G N E T R H C M O F L K F C M D R U N I L B B K A
B G O J J I L J I R B L Y L N U J E S B K T G Y M N T S
O Y V R O K Q P H R H E D M R Q T C T E B F K L F P B H
R B E N W J M N O C T P N V M N G N D E I N I T M T K M
C B S L W Z L C G E R A E T U Z A C M K R L K V C C G E
K O M R W L L P D V P H X A Q C F E M T M K L M E R K N
F B N L P N Y W T Q H C H Y D J H Z R T H E K I N K S C
R L B W W M K W T C N E M S G N I K E H T M Q X M K M B
T H G I R E H T I E V A H F B G L A D A L L O V E R G C
```

A World Without Love	Have I The Right	Robert Maxwell
Because	Hi Heel Sneakers	Steal Away
Bobby Goldsboro	I Get Around	The Dave Clark Five
Cant Buy Me Love	Jimmy Hughes	The Dixie Cups
Chapel Of Love	Joe Hinton	The Honeycombs
Dead Mans Curve	Let It Be Me	The Kingsmen
Do You Love Me	Little Honda	The Kinks
Glad All Over	Millie Small	The Reflections
GTO	Needles And Pins	The Trashmen
Haunted House	People	What Kind Of Fool

1964 Songs & Artists 4

```
L V H M G F J G F Y V V Z J O U T O F L I M I T S R Z M
W B R L M Y B T W P G D K H W V T G X K R Q Y L H H R K
G J Q L C N R L T L F K D L V T M N J F M B E R D J K L
M C M B L O U I E L O U I E W Q K T L R L V N J C T G Z
R E B M E M E R B X S R O L E H C A B E H T O R K K T V
S K L J L T Y T H E T E M P T A T I O N S H M R K Z W C
O E C W M N J D P N I T R A M N A E D F L N C G G E L X
H Y C N W L Z N N N X K M M M X N R Z D J M H N N M M Y
P W L E N Y M F R A M W H I T E O N W H I T E G D E B T
R G G R I M K D V H C N M G Q M B T L Y V F N K R S A K
E S R J C P G V J Q N N N M L W H F M W Z T K S O A B G
T K U M Y W D M F A Z I O S V E P N J J L D T F F E Y N
T M G S Q K Y N M V H T H T N B O C G N M T L T F L L I
Y C T T P G D D A S N O R E T S P H H Q E T D H A P O A
W W X H U I E L U S O M W Y L O Z U K K G J B C T E V G
O F D Y E R C P T P T B Q I M W C G R Z K O P N S S E A
M F N N F B N I S R E I W M P N M A K R L H T G Y A D R
A N L N B O E H O A V Y B J J K M L N Q Z N N T R E N E
N J A G P Q O A T N C R Y T V E Z U N B K N X T R L H H
N M K E K O P S T N B T Z G H C N G Y G D Y T J E P Y T
F W E V P G T E A L T N N T T G A L E G A R N E T T G E
T K C S X I F N M T E K R N C K R M L R J I D B Y L M G
Y J O M Q T T B Z G X S J F D K K Y T Z T V N P J W H O
Z N H V N L Q S K F N D B M X B R P J J G E Y T L F W T
G Z T M N K K R O R R A F X T Z K B J T T R T H M H Z L
R P T T K J W K R V Y J D N D K G F P R N S Q K N Y Y L
K C H T Q H G T R M E Y D D I D Y D D I D H A W O D J F
J B X M R N W R V J Z R B H Q K P L B K J M X Y N X R V
```

Baby Love	Keep On Pushing	Shoop Shoop Song
Bits And Pieces	Louie Louie	Suspicion
ChugaLug	Manfred Mann	Terry Stafford
Cotton Candy	Money	The Bachelors
Dang Me	My Guy	The Beatles
Dean Martin	Nancy Wilson	The Marketts
Do Wah Diddy Diddy	Oh Pretty Woman	The Newbeats
Gale Garnett	Out Of Limits	The Temptations
Its Over	Please Please Me	Together Again
Johnny Rivers	Remember	White On White

1965 Songs & Artists 1

```
F B K W J T P H V L D N T L P B W N T B G R N V S B R E
M T E T N I U Q S A L G U O D R I S Y Q T R L L Q P G V
Y K B L K G Q R M R H P E T U L A C L A R K E M T J T O
L C K V E L X N M C O U N T M E I N M W N M Z Q P H L
N V M Q Z P P W W Y Y L K W C P K K T L M H N T D Q M R
V J V T K K A R G J G B V T O T N H T U L X R N V C R U
G B L P V Y R H C N R E V T P N E W R H K L M J L N R O
T B F A K D J E C W J T N H R I D B F P E D J V K T N Y
W V Z T K B M N K E N T D E N N U E B R A S P N K N T R
R Y H T V M V O J B H B S C R A O L R E L T E V P F Z O
M R F I R T L G A R L T R D E A N S B F Y N T E R T M F
N J K P L K V G C P X O N B R N T A H E U L D Y K T Z X
K N D A Y S C O K R W N E I T I B I S T K L T Y D E H T
H D K G H L W D J D X H P H G U B S O Q N R W K Q U R M
F Z Q E Y R B E O Z T Z E M O N A D W N U E C O H N K S
D I A Y M I C B N T B M L Y Y B I Q R E N L V R R G Q E
Q A D Y F G X L E N C N T C Y P Q Y L A F W R E L L K N
C N N Y Y A W L S C D O M E Z K V O R E Y G Q G S K D K
B W O E K I R I O T G J L L N Z V K F C W E N P F E R X
D H H S J N T Y D I M R W N N E J I Y J C L H T Z G H X
M I R I R R S L T G I F J E W E L A K E N S P T J V J T
N T E M Y O Z H J H T J Q A G Y R D M Q L D L J F W W J
C C M R Y F B M S G V Z Y N M Y S E L T R U T E H T K H
T O P E Z I R B T J M S X N M Z N N Q T H N G Z J T H V
K M L A V L N B L B L B I L D R C Q L V J V T W K N T R
H B E D L A N X H K R D Z K P H T H E R A C E I S O N M
X H H Y N C Y D O L E M D E N I A H C N U R Q V B Y W V
H N O I T C A F S I T A S C H M Y L N V Q K W V L C H H
```

California Girls	Jewel Akens	The McCoys
Count Me In	My Generation	The Race Is On
Crying In The Chapel	Patti Page	The Seekers
For Your Love	Patty Duke	The Seventh Son
Help Me Rhonda	Petula Clark	The Turtles
Ian Whitcomb	Satisfaction	The Yardbirds
I Got You Babe	Shirley Bassey	True Love Ways
Ill Be Doggone	Sir Douglas Quintet	Unchained Melody
In My Life	The Beau Brummels	Wonderful World
Jack Jones	The In Crowd	Yes Im Ready

1965 Songs & Artists 2

```
D R M Y O U W E R E O N M Y M I N D T R B J X M D R N H
V K G W L Y M R V T R R W K T E N Y R V W P P F C M P L
X L C R W B L L K Z G T G E M B W Y N D L T P A R R W T
T C R F L D W N L L M T L T L N O P Z K R X R T M X H I
L I F O U G H T T H E L A W N K T X G N R A L V H E X L
L H L L P L W F F K H H N H N J N J N N M T V J F J F I
Z E J L D K L D W E G P R Y Z M W L D I H P U O H A V K
C R T J A N H X R U Z I H C P H O L A Q T S R M L C H E
T M J H N Y E N A K W W T X L M D P T K T T W V N K L I
R A W G I T O L C L K T W A W K R R Z A U L H W T I K T
R N J K E S D R R R R I R L I F Q M L N L Z O K G E X L
T S B O K T D I E Q L E N R C N F I E L N R G R H D V I
I H J L F T G I N O T R C G L P T S R M B X K E T E J K
S E M J M Y L D A O J V E A O T M M L S K J R V H S X E
I R B X M M T B V M D Y L T L F X T E K N M M O E H R T
S M L R V L X N R R O E L E R P T M M B Z X X M S A S H
I I C N V X H V J M M N S L T A A H K V A C B A T N D A
H T N R V K K K C W C Q D I I J C W E K G B M T R N R T
T S Z L B M N D T D L F D R A B T L O R Q F E U A O Y V
K G G G Y N Z K C N T Y D G I N C H E N O N J O N N B L
P F E D I R O T T E K C I T R N D T M M K A K B G V E D
X L F N B H D R E G N I F D L O G B T W W I D A E Q H L
S O U N D S O R C H E S T R A L V W I T L Z M S L K T T
K Q L H M F N Z M N D W K X M X Z K P L K H L E O R Z R
Q T C Y D A E R T E G E L P O E P M F N L X C H V X L M
K Q I F E E L F I N E L J K C Y Z P K M K Y X S E V T Q
W K T D Q Q K R N T J Z D G N F J L C K W M K Z S T L W
M L Z Y K V K K K T P L R M B B B T M N D V F C K G P L
```

Billy Joe Royal	It Aint Me Babe	Shes About A Mover
Cara Mia	Jackie DeShannon	Sounds Orchestral
Dino Desi And Billy	James Brown	Tell Her No
Downtown	Joe Tex	The Byrds
Goldfinger	Just A Little	The Fortunes
Hermans Hermits	King Of The Road	The Strangeloves
I Feel Fine	Laugh At Me	This Diamond Ring
I Fought The Law	Mel Carter	This Is It
I Know A Place	My Girl	Ticket To Ride
I Like It Like That	People Get Ready	You Were On My Mind

1965 Songs & Artists 3

```
H V F H X R N A M E N I R U O B M A T R M N D K N Q R M
L H P K I K S W O K N A J T S R O H B N O T C L R Y W L
T O O M A N Y R I V E R S P R W N V M E A Y W N K F Z M
M V Y V J Y L A U R I E Y V M T P K M L T N M K R F H L
K K Q L L L K G H C Q Z L Y L M M N W C M N A P P Z M Y
M W B A R B A R A M A S O N T X R B H F G Y N D V H M H
R R L B D W S J D B C L N J X U B N R W N U Z K C B Y G
L M N B N B T I T D Q R Q N T N K X O N G G W X A I K U
D G C Q J Y W D L L V Y P U K R O N R T T L K B M R V O
T F H P R M H F H H T C O G N Q O W O X G C Y H K J L R
W T L N T Y A K T B O Y Y L F G M H H J R D N Y Y I R B
R V N N L K T T P R J U H X P Y S B J E O L B B T X N R
M R R V J T S M E M A G E M A N E H T N R A K T J G M A
J T T N M H N K R G T R G T Y Q M C T L B E L D H T T Y
M M Y Y K E E M T N F P K B T R N G N Y G E T W Z V K N
N Y N M Y R W T S B M H C W N E O N B T T J T O Z N Z N
Q P O Y Y O P T I Z A V V R K D S A H H B P F M R M T E
T L H P M L U A W Y V B M Z J Y B E I B S N R C T U X L
H M T O R L S K E W W R Y R W O Z N H N L E H L R Y N G
E D N O L I S E L Q T K L I O O G R K Q J C N K C K T L
A D A L J N Y M A G R E C O M S G V M M M H F O L C D T
D Q E S Z G C E R R R N K B K Y F M B T K Y X E J C B B
L T L N D S A B A L K G I A Q T O N L X L B C V J M L Q
I K T O T T T A B Y K E L Z H N H U N P P L Y I R G O Z
B K T G M O F C R R S C R Q P S D M R T R H Q F M D M T
S J I N D N R K A Z T D Z V B J Z G T S D K Q E Z K X L
N C L A L E R X B Z M P M I M A F O O L V Z P W K T Y Y
J K H H X S Z X K K M F T L G V H K S P O T R U O F W L
```

Baby Dont Go	Laurie	The Ad Libs
Baby Im Yours	Little Anthony	The Name Game
Barbara Lewis	Little Things	The Rolling Stones
Barbara Mason	Mr Tambourine Man	The Zombies
Four Tops	Nowhere To Run	Tom Jones
Glenn Yarbrough	Ooo Baby Baby	Too Many Rivers
Go Now	Shake	Vic Dana
Hang On Sloopy	Shotgun	We Five
Horst Jankowski	Silhouettes	Whats New Pussycat
Im A Fool	Take Me Back	You Turn Me On

1965 Songs & Artists 4

```
T M W L U F N O O P S N I V O L E H T Z Q P M P L Y P K
K E E W A S Y A D T H G I E R R M T B O B D Y L A N W G
C A L I F O R N I A D R E A M I N M T N W X G H Y F D H
N E T D Y N I T S N O T U N U S U A L Q D F K D Z B N M
S V W E N O T S G N I L L O R A E K I L R N N R N T Z B
R E M V R L D G S S S R M K H N G L N W C A N I T D P T
E O X Y H L J J E I S I L N Z K L L F T C F H H H V N G
H F Z K M H V W C T O R L N R L N V R T G C W K K T W Z
T D B W Y R N C E I N M Q L Y Q W W N L R L I V H Q O H
O E K Z T R F W I T N N K T E Z C A L A L M R E N C O D
R S Y L N J B T P E Y H K K R Y W N E R T X M C N G L N
B T L J L J Q C O E A T G V N I E S N E D O D A P O Y R
S R X H L J L X T W N H W U M P P L L Q O L C N I M B U
U U I K E J R T O S D P K M A E T L R D Y U T R H M U T
O C G C R A V R G W C W L T E L I X Y I O Q T B G W L N
E T M N A T R H I O H N T K Y N H B N Y H S L B T R L R
T I P M N N N T Y H E N P H G E L G F N I S A T H B Y U
H O H M K T T Y F J R X N Y G U S I U W M R M W E K R T
G N T R C Q M H B U M C O K E I S T E A R R R B L V L N
I R O Y H E A D E F L U T S K U R L E Y L J C B A D M R
R F M M W J F X N L N L N Z H J Y R M R H C K D S L W U
E R M R Y M R V D O P H O C N E G C E W D E Q T T L W T
H T K Q H L M Z W X Z M T F S H G K K H K A L C T M Z P
T E V O L F O E M A G A Y M S U F L P K T M Y P I W F M
N L R N K H C X R K C N A S I O Q L R B T A X R M K M C
K T H T Z M V X Y N X R N R E K U F Y Q X M E B E T B X
H F J Z G Z K T L M R R E V Y L T L L P K N T R C B H Y
T Z N V L T D P L L K K L V Z Q F Y K R N J N V T M N C
```

Barry McGuire	I Cant Help Myself	Shirley Ellis
Bob Dylan	I Go To Pieces	Sonny And Cher
California Dreamin	Im Telling You Now	The Last Time
Catch Us If You Can	Its Not Unusual	The Lovin Spoonful
Eight Days A Week	I Want Candy	The Moody Blues
Eve Of Destruction	Keep Searchin	The Righteous Brothers
Game Of Love	Laugh Laugh	Treat Her Right
Heart Full Of Soul	Like A Rolling Stone	Turn Turn Turn
Help	Ramsey Lewis Trio	Wooly Bully
How Sweet It Is	Roy Head	Yesterday

1966 Songs & Artists 1

```
G K Q R F V S I M O N A N D G A R F U N K E L E B R N T
B Z N N F G C B N J F S L O T I P A C E H T E L O Z V B
Q C D W I R Z Q P T X Y V Q N T H L Y J T R M V B P Y Y
W L E H V R M K C A L B T I T N I A P Y F X M R B P Z T
X A V V E M L V J B L N H L Z M P G C N N E M V Y K X V
K D O X O B O R N A W O M A N N K N R S N R Y F Q P V
T Y L G C G R N G L B K L P M F X O B S Q R Z R U P N R
S G Y H L L F V Z M J K W T H T B K A B Q M B R L Y K T
G O M N O G J K R N L K T C K M V G Y L T H K E L E L C
N D W K C J J K V W Z Z Q V H B E T B M K L H H E V F W
I I X L K P O O R S I D E O F T O W N L F T Z C R O F T
H V V W W R H D J S G B K G O F N L S V L T E Y F L P Q
T A E R O K F M K P E Z R M M Q Y U D M Q L L R O Y Y L
F L G U R H T C B M K N I D Z M M P B B Y X Y R U R L L
O L I W L R T H O M V C O P I M H K T T H P T E R R F N
S C D G D B L N R O H K P B E R P J S N V W R H R U R A
E C Z N H C F H X A L L C R T E T Y T J M E R C T H E M
P J W P X T F O E Q W J I S R E M Y K N P Z F M R T T T
A N K L B V N L S Q M N E C E T H Z W I Q N G G M N T N
H R L R N O F I H E T L Y R S U E T P A Q R C L N A U E
S P R Y Q J B H N H D S F U K V G D N Y T T B G R C B G
T X G W B P F B E S L A J G I R E O D T B E Q B N U E A
M Y B L Z H K C Y E T S H F F I M M V H Z R R L R O V T
W Y K Z B C I B D H E R T S P N O W H E R E M A N Y I E
J W M J K T X G T H E N I E E L L R H N H K D W L N S R
Z D K T Y N E K S L U B H K N H K B L Q H T L P Q H U C
N I V O L D O O G O W T B D E X T J L Q P K F J W N L E
G P H N R G R M C B R K Z H R S T B T W R R V D D X E S
```

Bobby Fuller Four	Good Lovin	Shapes Of Things
Bobby Hebb	Lady Godiva	Shes Just My Style
Born A Woman	Lightnin Strikes	Simon And Garfunkel
Born Free	Message To Michael	Summer In The City
Cherry Cherry	My Love	The Capitols
Cool Jerk	Nowhere Man	The Pied Piper
Count Five	Paint It Black	The Shades Of Blue
Dirty Water	Percy Sledge	The TBones
Elusive Butterfly	Poor Side Of Town	The Vogues
Five OClock World	Secret Agent Man	You Cant Hurry Love

1966 Songs & Artists 2

```
S L I M H A R P O T G H Q J I M M Y R U F F I N X R R P
W N K C N D L C O M I N G O N S T R O N G G V Y Y O K Z
H O J N S L L E D N A T S E H T L N M F K L N M T B K M
T I C D N W H D F Q B M R B N L N Y D H T S K H Q E W Z
V T H K B N G T R J B Q Z M J E N J F K K M H N R R Y K
K C V N X R Y H Q M M A T J D Z X X T C M P Q Y K T D K
C A T L R X W N V Z R U R A Q A Y L I C D C N X B P K G
L E R L O S B R A V O S V E Y H Q K L K C K W N K A K T
B R X G W L P M R E V I Z H F R K F P Y L M G M R P H
R C V X N I N X P G D M M D L O N N X G K H M D S K R E
S I M C Q F N I T H G I T P U F O K W T H W U E P E W H
R T K L R D W C O K B Y L N W Y Y T Q Z M R E N C R B A
E O J K K D N U H L T M T W T A N M I T L Y D P G J B P
T H X G V B S U K E K H L V S R L M F N O C O W P R M P
E C K H R T K Z O L S Y E G W O N Z W U M Y N S T L Y E
P Y H T O Y M M R B Y T T H P O K L I N R T T A W R T N
T S T N B Q N P H W D B E A O H E N D S C N M M J N R I
S P I R G B M N L N A R R R F L S M L R L C E O K V D N
N L A F N J Z H U R W T A B C E L W E X H M S H R R J G
A L M T L W R D R S A B L W P A A I F K V K S T M K Y S
I H A B T J N Y T N M X T T E R T Y E J I M W J R R G F
P L R T L F S L I Z R M E M U M Y H V S B L I B X T Q M
S K O B T A X S K T W M M O C D O Q E W N J T L L R V R
I Z C K D N Y Z Z Y B N L Q P V B H L D K Z H S T D P Z
R Y K L P C P K F E Z N C N M X T H L L R T B G U X V X
C C E Q N K P L R X V C R T N N R D R B K A I M N J N W
C R R A N I M A E R D A I N R O F I L A C G L H Q Y H Y
W L N E E N E R Y A W A K L A W T Q L R X K L V H N T X
```

Barefootin	I Am A Rock	Sgt Barry Sadler
B J Thomas	Jimmy Ruffin	Slim Harpo
California Dreamin	Just Like Me	Sunny
Coming On Strong	Kicks	The Happenings
Crispian St Peters	Los Bravos	The Hollies
David Houston	Lou Rawls	The Standells
Dont Mess With Bill	Nancy Sinatra	Uptight
Homeward Bound	Psychotic Reaction	Walk Away Renee
Hooray For Hazel	Robert Parker	Winchester Cathedral
Hungry	See You In September	Wipe Out

1966 Songs & Artists 3

```
B B T Z L M V R N K T H E S O U N D O F S I L E N C E M
K V Y X D X A T N H Q B R N I M Y O U R P U P P E T D K
N D K D N V R E H T T M J Z L Y G R N V T G V W L D M V
M L D F Z L R T R E A L M O S T P E R S U A D E D T M H
D T L J B G Z T N D M B D M C L T N P Y J X F Q L R C N
D L O T D R H B O Q Y O N M B Q V D N I L B O B R C Y K
T N N F E M V M I H B A N A M R E P U S E N I H S N U S
X K R M O M N B T K N R D K T T P L T K T K M P Y S M R
L Q A T N Q L T A D H K G L E N D V L Z Q G Q G R C V D
K D Y K J C D C R Y O B K W C E F N N W T D M E T V L H
T Y D V A R M Q I A J G R T W P S W W H N M D E B I W N
J P D V C Y W F P D P Z L N H B N X P A M N V L L T I N
F P E K K I L R S N O V D O L N R L B T E O A R W T F V
K A T T S N J A N O O V F N R C V E K B L C E T X L O Z
B H J G O G N N I M L R Y N Z I L T D Y K D H Y L F U M
Y W T P N T L K D Y S Y N L L L A N M I R E Z H R J G N
X O G Z H I T S N A X X V T I K I E S I L T K D R W H C
P H U P V M Q I A D W F X V K M R B D E L L Q P Q E T G
R H R B Z E V N L N Z K E D E E L I F Y J M C L L L T N
C O X G A X P A U O V D C H H A N T W T H J Y K Y M H Q
T N G L N B W T O M U R T W C G B V J K Y W R C P J E Y
N T T W M F Y R S A R L E K H A V L T F M Y R Z R L L L
V P H N H V T A V D D M F O N B L F R L C M P H D Y A D
M P R V A L X W X V O G O K K F P V Q E T L K M G L W D
T V Z D N M E R T S R D E Z K R T R H Q D T X F M F T W
L N M R Y N O X S G G O R T E H T T Z Y B A B Y M C R R
V F M M Z L X W T C X T L P A P E R B A C K W R I T E R
T H E Y O U N G R A S C A L S R T W B L Q C B H T D K Y
```

Almost Persuaded	I Fought The Law	Sunshine Superman
BABY	Im Your Puppet	The Cyrkle
Black Is Black	Lil Red Riding Hood	The Left Banke
Bob Lind	Monday Monday	The Mindbenders
Crying Time	New Vaudeville Band	The Monkees
Daydream	Oh How Happy	The Sound Of Silence
Deon Jackson	Paperback Writer	The Troggs
Eddy Arnold	Sloop John B	The Young Rascals
Frank Sinatra	Somewhere My Love	Woman
Gloria	Soul And Inspiration	You Baby

1966 Songs & Artists 4

```
L C Q X L Z G Y R E D Y R H C T I M T K H L X P M L V Z
R N X E L L I V S K R A L C O T N I A R T T S A L N Y L
Z K L K Z Q T M X K B K J L X W P K V G V D Q J M C N D
Z N K R T H Y G R O O V Y K I N D O F L O V E B W Y Y W
G N D F F W S L X M H L M K V Z J H L M B S A T V E T C
K G B Z V N X I K W C V E B Q K G N Q R K N N N Z L T T
S W E E T P E A R N C E Q W T W K L K Y G O B M N L I M
C S B K J T Q T A E R N T P N K T Z D B Y I Y T T O M L
R R M J W W K V C G H D W O N B Q N A G L T Q Y G W E P
M E K A W I O Y E D Q C I J F P A N R V T A R M Y S W N
T T D K I N L H W H H T D W H D G L E T U R V K L U O L
Y H C R O L T S X Z A Z I P B H N Q M B O B L T N B N N
H M E D U A L W O I P L D A K R N K A Y T I B W E M T D
W A K O B B Y I C N D O R C Z C J D N E I V M Y I A L L
F C N R U T B O W T P B T K M L P T A S K D L W L R E K
R D O K Q T S E H R A I W S W L N T T O R O D T D I T L
Z Z Z N Y S S I R R E D C L S N V C N P O O M L I N M F
Q W G R A P N I A B R G W K N U H K A Y W G N T A E E N
W X T E Q G A A D K A H O X E L B M U D N Q K C M R W K
H R H T Q R N N Y E T L T R T T R M G N A D R T O J F V
F T D X Q N R Q K B R Q L J L V T C Q A C W K Z N G Q N
X R G M W P Q T V Y T S H Z K K K C K S E K T C D P L Q
J W Q R N D D V L R K M K G G N W N M M W G T T L W Q T
R A Y C O N N I F F S I N G E R S Y F K R Y V R G P Q P
L N R M N T K L N M M A M A S A N D T H E P A P A S K L
V W N M C L P K R J L V K G S R E P I P D N A S E H T B
T H E S H A D O W S O F K N I G H T J K M R T K R N L J
M T D H V R T H G I N E H T N I S R E G N A R T S D L H
```

Bang Bang	Last Train To Clarksville	The Association
Barbara Ann	Mamas And The Papas	The Outsiders
Bus Stop	Mitch Ryder	The Sandpipers
Cherish	Neil Diamond	The Shadows Of Knight
Dandy	Ray Conniff Singers	Time Wont Let Me
Donovan	Red Rubber Ball	We Can Work It Out
Good Vibrations	Roger Williams	Wild Thing
Groovy Kind Of Love	Sandy Posey	Wilson Pickett
Guantanamera	Strangers In The Night	Yellow Submarine
Hanky Panky	Sweet Pea	Zorba The Greek

1967 Songs & Artists 1

```
F R A N K A N D N A N C Y S I N A T R A N G L P Z J P R
L M P S E L I M R O F E E S N A C I M T I F K L R F N W
C J M Q Y Z X L H L K K N N T Z R N B L R R W S T U G J
V N T W W Q L L M X T R K F W V J K L Z M B O R G N Z G
Q K C O L C M R A L A Y R R E B W A R T S U R R P K A D
F X M R E H T E G O T Y P P A H V B W B L R O Q X Y R M
S H P C B L G N E J T T Q R E E J O B F K O Y C V B T Z
M P C Z M T X T L N F H R C I O B T I N V T M Z V R H K
A R U B Y T U E S D A Y E K X N J N I I M I J B M O U C
H S K F B W Z W D C M L N E I K G E N M H J D W Z A R A
G O S P H N Z G D Q G A P A A E H R I E A F X N L D C M
N N I D B N N G V M R P R R R S N N B L N M W L R W O Y
I I L Y C Z P P W F N A N K I Q Y T J B L L A C P A N M
K S E R L Y X C G N S C L I T A S B D R C I H N P Y L M
C A N M T B L H C E B K H K L U N X E C J A B F G K E I
U C C W Z W H L H K X J Y S M K Q O P A I T I O T P Y J
B E E B K G J S M J K N T T P L N X S N T V C S T L F N
E H I F L I G H T M Y F I R E O B A O R E S L X N E L T
H T S T H E G R A S S R O O T S T F R A E L T H N G D K
T G G Y D G M X Y X X R T Z F Z F X M F I F B F Z G J O
K X O F V Z N X L T F W E J J O B E O S A T F P T R D X
Z B L J J P X C P L G Y T S O C R K W B G H W E B B G L
B P D T Y D M C L V C L Q L P I W O V W E G T P J R Q K
X L E H R N G M R N G J S H C E C N Q R B H R E T K D V
L T N T Z L K V Y R N C V A Z E C M K L C D T F R N G P
J Z R I G B L R Z L K M N Y H C R T T H M Q C T J A W P
K C X E R F B K T B C S M T G L G M T L F N R M T B H K
M H P K L Y L M M T T J G T Y L T H G I N K T R E B O R
```

Aretha Franklin	Im A Man	Shes A Rainbow
Arthur Conley	It Must Be Him	Silence Is Golden
Chain Of Fools	Jefferson Airplane	Soul Finger
Five Americans	Jimmy Mack	Strawberry Alarm Clock
Frank And Nancy Sinatra	Keith	The Box Tops
Frankie Valli	Light My Fire	The Buckinghams
Funky Broadway	Ode To Billie Joe	The Casinos
Groovin	Respect	The Cowsills
Happy Together	Robert Knight	The Easybeats
I Can See For Miles	Ruby Tuesday	The Grass Roots

1967 Songs & Artists 2

```
F L X G H S G M E H T D N A T R E K O O B K M M L F U R
F R I D A Y O N M Y M I N D P Q E C L L T D F N N O M B
R W R J N K L X P T V Y F T C V P A N D P L M M Y Q R S
M H T Y H R T O G I V Y M C O U M B W I N D Y E C N O K
S G Z T Z E F C P M M V N L R T M T M F P L V L L C C L
O Y B L G T J R C M D X Y P O Z V I N M W O F M I R T W
O D K A G L T B K G R M L S Y T P E M J L K Q E H F R V
G C R R P W L K N L R E I X H T R K M E Y J T B Y M V Y
A I J P R L T Z M E H R D E P N G A W Q D Y X T K N G M
M F R A H X B N V A W N L N T L N T J F S N C Y V X L V
S R Z R Y T T E Z I C E D G L R G I L C T D M Z N H R W
E G L X Q A N E T Z T I A T Z K M R H W V T X K O P K W
U M C G Q B N H M T G R M Q T R J I J H T J Q P I G N J
L H W O M T L D E N D N N A M E L O E L T T I L S I M B
B G H C C O T R T A D T M F B D T B M L X Q N K O M O P
T D N V V S V H F H F Q H P F E R C H K K W K M L M N E
H T O E N T I O E M E F N R K C L H K M F V L R P E A A
E K S N P C D C B B M T K G M V M I R C P N G N X L C C
E B E R R N Y X N E A U E C R L K B E J C T J R E I A H
S Z O R I D Q K Q A R R R C A F Y R P V F P D Y C T R E
Q Y G K F B X C D R R N K A H J D K T P E N K N I T O S
U Q T M Z T T T L K C F A A H N Y N R W N R C W S L U A
I C A D Z H K F M T M Q N D Y L I P L R J R B N U E S N
R D E F M K W Q M W D Y X A E S O Q P G R R T V M S E D
E Z B N M L M M R K F K R D S T N C U A V F N K E I L H
S N E R P L P M V C G K N M M B T N O E H P K J H G Z E
Z L H S O M E T H I N S T U P I D E J R S R T T T N K R
M X T K H M J L K N P E N N Y L A N E B P G N F N N L B
```

Bernadette
Blues Magoos
Booker T And The MGs
Friday On My Mind
Gimme Little Sign
Happy Jack
I Got Rhythm
Im A Believer
I Take It Back
Jay And The Techniques

Kind Of A Drag
Little Ole Man
Mirage
Never My Love
On A Carousel
Peaches And Herb
Penny Lane
Procol Harum
Purple Haze
San Francisco

Societys Child
Somethin Stupid
The BarKays
The Beat Goes On
The Esquires
The Letter
The Music Explosion
To Sir With Love
We Love You
Windy

1967 Songs & Artists 3

```
L V V G R L H M N I A G A O G E W E R E H V H K Y F B L
W N B W Y M V N D K K J V D N J A N I S I A N Q Z R E W
H R H R N Q K B H N L H T Z Y R R R Q Z G W W I E C N J
V Z E D L E I F G N I R P S O L A F F U B N T N G B G P
K K Y F L L D B R Z V T U O T I T E L T S C T P X M E U
M G K A L E L E C T R I C P R U N E S R H O L N W F L N
T X X T W E M M R T H E W H O K P P O Y N T V Q J O B O
H G C N H A C L H K Y Y M G T V K O C W M N T L V R E T
E B B Z J E D T T H X R L M N Z D O O N C V A C Y W R E
F X J K L J T N I M B M V N R E O O N A H K E N G H T G
I L F R K V A R A O F T N L H P D S R N X X W T K A H K
F H K G H S P L E P N V D T A B E R M Q H L S K Y T U Q
T N C V B C T K L M U S L R B R I C M V J Y D M K I M N
H N Y X N O M B V V Y E P K R B E T X M E K T L H J T P M
D T X V V T Y G N R O L U M A L C G W M Q K O G N S E Z
I N Y M J T V L L G Y U O N L X N L Q E N L C X F W R J
M M R Z N M K B R B L H N E Y O J T B S D I F M J O D R
E F T B B C T T T I E E V E S B R G X A K R V T Q R I C
N R N Y G K B R K H G Z N Y E R C D F E K K W O Y T N N
S Y E J M E J H T L T Y M P A D M N X L K D F F O H C G
I Q G K X N T N M N N S G C S T I M C E P R Y D Z R K H
O F E V P Z V M V L I X I R Y O Y S M R L B L K Z N G N
N F I Q N I N M Z S X K K Z O R U N L M Q H Y M Y W L M
G K B L R E D L I L K Q T Z N E Z L M O L G X D J X Z T
X J B G W L G H G I T P Q N C L G T M Q V K T H P B Y K
N F O V C M T R V M Z L W P T N T G G A C E R M Z R B W
V T B R Z G I M M E S O M E L O V I N F N R C Y R T H Z
P L T P M R D F Q N E M S D R A U G L A Y O R J W T N N
```

All You Need Is Love	Get On Up	Scott McKenzie
Bobbie Gentry	Gimme Some Lovin	Soul Man
Brenton Wood	Groovin	The Doors
Buffalo Springfield	Here We Go Again	The Fifth Dimension
Carrie Anne	Itchycoo Park	The Hombres
Cold Sweat	Janis Ian	The Tremeloes
Electric Prunes	Let It Out	The Who
Engelbert Humperdinck	Reflections	This Is My Song
For What Its Worth	Release Me	Up Up And Away
Georgy Girl	Royal Guardsmen	Vikki Carr

1967 Songs & Artists 4

```
V X B R O W N E Y E D G I R L P Q L Q N R Y L P W W H J
G N N B M X D Y L R G D P Y E R A C U O Y T N O D A L F
Q B N C K N Z A W N L N Y K L N U G G F R Z C R L T P T
F R B K N C S K Y M O M P U Y O Y N L J D F S X Z E J B
D R R Y M Y W P T D V S L K Y K G R L D E R O T N R Y Y
C L D W A R B P E X R U I E T N M Q Q R K X M R L L J M
G M T Y Y D M A W N G E V R I T E W U G T P E S L O E R
D M S J Y X N R B L C O A N R L C S Z G J V B E J O V B
Y M E S A L L U X Y L E E M L O E T F G K V O M X S O E
B M Y T D L L N S I M P R I B B M L H S T Y D A T U L V
Q M E H O P V N Y Y P S V D I E B N A K G V Y D E N G O
Y R R G T Q J B L A E E E N A G L M A W Q T T E L S N L
F N U I R K A C H B N L A M Q V A I H V D X O K L E I S
H T O N O B M E L N I C L L O N I I E T Z Z L W I T T U
G R Y A F K H T O T W L V A D C T S T V Y M O F T R S O
Y M E I E T H R L O N K L D V E E X G L E T V W L P A I
P C S N V V A K H T D W A C R T M R A R D R E Z I L L C
N R O R I A V C W M D V R A O Y N N E L O V T W K Z R E
L Z L O L C W Q R N E W B C K S L A L H F U L P E L E R
L N C F S H V T Z H X B L P D N B R S J K I P Y I Y V P
V K N I T J R D V Q I H N C J T V Y D A H R E L T G E R
L P B L E C Q V M T J Z C M L T M M X M E R C J I K H U
T H T A L B M V Z J Y R P X Z M Z T Q N W L Y X S J Y O
M Q B C W E S T E R N U N I O N M P M Q G G P M M W Q Y
L K X M W T N T W Q T W T H E S O U L S U R V I V O R S
Q Y O U R E M Y E V E R Y T H I N G Q L D M T G V T Z K
K J X T Z M R K L H J M Y C R E M Y C R E M Y C R E M T
M F Z M R X T K T D B L Q C I S U M L U O S T E E W S M
```

Aaron Neville	Everlasting Love	Sweet Soul Music
Alfie	Here Comes My Baby	Tell It Like It Is
Baby I Love You	How Can I Be Sure	The Happening
Bill Cosby	Lets Live For Today	The Soul Survivors
Brown Eyed Girl	Lulu	Van Morrison
California Nights	Mercy Mercy Mercy	Waterloo Sunset
Close Your Eyes	Pleasant Valley Sunday	Western Union
Daydream Believer	Sam And Dave	White Rabbit
Dont You Care	Somebody To Love	Youre My Everything
Ed Ames	Spencer Davis Group	Your Precious Love

1968 Songs & Artists 1

```
W K T Y Y H B Y B V Y J Z Y Y K H W T R E P L A B R E H
V C H U G O M O N T E N E G R O D Y R W L B E W P J Y Q
N R K K P L M E V O L F O K O O L E H T J Z G M K Y A N
X N Y M G F N M B H Z B N D T G R L Y F R R D C T C D S
S N O I T A R I P S N I T E E W S E H T E C U X C D O L
X M B N V B K J E R R Y B U T L E R M Y H D J K X Y T L
T H E R A S C A L S X I K M G T F K A F L P E S T N E E
G T Q H K T C H E V G W N L K X F R C R Y E H S R J M R
H H K Q L N J M D N R N R D K W P R G L N K T A Q R O D
R G G L M J S R N B I P O T I E W K Q I W R S R T L C E
T K L L G F D R Q M X R K T L A T C W N X E E G N E S H
H K M X G L E B E R T X U T I H N F R D T V M E K M A T
E Y B N L L L L K H D P T O E S O L L Q F O O H F A H D
F M Q Z P T I F Q X T I K O B E R J A R V L C T M F E N
O D W O V L L N B N L O K K L M G E I K V U E N J E M A
O Z E M N Z A R L A R A R T G A A E D M E T R I Y I I L
L P T R H K H B Y J Y P T B R I N T K D L I E G J G T L
O T R W N C X A P S K O L Y S D R M N J I O H N M R T E
N K X C V X S T I K B J P R A L H L T E R N D I T O J B
T M J K L I V O G L D U T N J V L G W O E V G Z K E T E
H Q T B N M N M J N C X D J W L L I W A L R Y A M G H I
E Q Y Q P S R H X K V L B Y P T M X M C T I G R V R D H
H Q J M N G K F E N O K R M Z T L R D E L C P G J V M C
I R Y J X P Q T N V S I M O N S A Y S R H Z H Y R F H R
L T D X K R T P E I F Y O U C A N W A N T T B E K C V A
L F R L V L J R L N T Q P L D J N M V L F T L V R S D W
F R P Z T K J H P B B V L R E T R A C E C N E R A L C Y
R B R Y N T K K T L I T T L E G R E E N A P P L E S M K
```

Archie Bell And The Drells	Herb Alpert	Revolution
Bottle Of Wine	Here Comes the Judge	Simon Says
Clarence Carter	Hugo Montenegro	Sky Pilot
Delilah	If You Can Want	The Fool On The Hill
Friend And Lover	Indian Lake	The Look Of Love
Gary Puckett	I Say A Little Prayer	The Mills Brothers
Georgie Fame	Jerry Butler	The OKaysions
Girl Watcher	Little Green Apples	The Rascals
Grazing In The Grass	Otis Redding	The Sweet Inspirations
Green Tambourine	People	Time Has Come Today

1968 Songs & Artists 2

```
Q M O O R E T I H W W Q T M A C A R T H U R P A R K Y T
G M Y L L Y S T Z T J J Z L Y R H H X E R Y W Y P M C R
H N K C T T L S C H W L H W R X E L R U E Q K J E Z X S
T R I B D Z Q P I P F U M K W M T L W L V J N M O L Z T
V T M N Y A N K R K R Y N Q I J Q D W B I U F C P Z Z A
V L Y T R J N B G D A Q R G W S P V G S R D K K L R L Y
K T M B L O B C Y N Y H H D T K W F V I D Y J L E G R I
F K V N A R M G E O M T T E B P W N G E B I K R G T K N
D S T C T B U L B T Y V P I K G Q X F V A N K V O N G M
T N N G R R A Y U Q O P T M W Y L F M O C D L R T R T Y
V O J W D Q A E U F E T T B E D M T C L M I N K T D H C
W I T Y J L W I K N I L H G X R E X N Z T S M K O W G O
W T M P P J N L W I Y T R E M N R L X B K G N W B M I R
W A M T X N H O J J L H U X M Q F I A M K U X D E A T N
N D C L M W L Y D O T Y K A F U L K L E L I P C F S E E
P N H W K F D T U I F C R R E C S C N E S S M N R O M R
R U N M L L Y Q M C N E T C X B P I V C E E Y L E N D T
Y O D W L D S S M G R Q D H Y B A J C N M R R Z E W L M
H F N K M U C N V I Y N E V E R G I V E Y O U U P I O B
H E B T T O Y N F T N Y J C T I G H T E N U P S Q L H V
R H Y A T G V Y N V V K N M D L N L M P J F T R H L Z P
J T T J C R M K J N D L H K X B T T K P N M R R W I P R
B S X T U T F M M T Q F X R R X J N R N K N Y W H A Q Y
T F Z J H D F G H M K N I H T R F N Y U T T K K R M L K
F G H G X L E M R Q K Z J T M R J W R N D Q L Q V S T L
L L I Y L N I A R D L U O W T I H S I W I E N L M N Q N
H L L R N L L L K C Z X D S L I P A W A Y B R G H C L W
N I L E E F E H T T O G I B B W K N K L N B N S K L X D
```

A Beautiful Morning	Light My Fire	Slip Away
Cab Driver	Love Is Blue	Status Quo
Cry Like A Baby	MacArthur Park	Stay In My Corner
Dance To The Music	Mason Williams	Steppenwolf
Hey Jude	Merrilee Rush	The Foundations
Hold Me Tight	Never Give You Up	The Intruders
Hurdy Gurdy Man	O C Smith	The Mighty Quinn
I Got The Feelin	People Got To Be Free	Think
I Wish It Would Rain	Playboy	Tighten Up
Judy In Disguise	Sealed With A Kiss	White Room

1968 Songs & Artists 3

```
K K P R R G L R A L E K E S A M H G U H Y D Z C F X T Q
Y V S N B E X N P T H E C H A M B E R S B R O T H E R S
B S Q E T L W R S L Y A N D T H E F A M I L Y S T O N E
L Q U Y E K J O T L V Q H P K M Y N G N H T X N M R R G
L I S Z N G R C P H L R M Z T T V T D K D X C R A H R D
G X T T I T E Q K L E R T G N R I L O V E Y O U R V M U
C N O H R E X E F T L U R Y T W M F V Z K C N R Y F A F
O M N H A N Q W B V W I N N L G L C X B H R Z J H L G A
W B E Y R N K R V N N P W I N N Q R M T G P U B O R I L
B P D J Z F K C F G N K G Y C T N V G C W M Q W P T C L
O H S V Z M K Y L D T R Y N D O M X N T P O L V K T C I
Y W O R K V T M O F N E W M L A R Y I I J N T X I Z A N
S M U Q G J B G X U L L H B M E L N N K K A M T N J R A
T G L V R L V F T I Z Q O W D T N J R M M I C B Q M P V
O R P Y G W R K R T L R B A T K A M O R R C L M P N E F
G R I K N L T C T M N B N H R C R M M S T I K N N Q T R
I F C H T K E P Q T P E E D K T T T E R T L F D L Q R V
R H N M K I P V O Y R L T F J C Z Z H O P E H M R R I P
L N I X N M H B V E E L L T B C F G T B L F L R Y M D H
S L C N Q M E F S M J A M F B W L L F I R E R C R R E C
N B A G R W N L O Y S H T A Y X L R O N I S F R J Y Q Q
Z E B R I X U N N H D C M E E X K R L S G O S Y N M F K
J Z R L M O P D K R L T N Z B R Z B E O G J T P E R G H
V Y D C S I G F B R K O C B K M C C G N N K X R O L G N
W Q X M P V K L F M H T Y L R B X K N W U D I P V O Z K
R V J E N H S A N Y N N H O J M K D A K O F H X F D K K
M Y R U O Y E V O L I O L L E H K Q X H Y X T F M G R Y
M S Q S U N S H I N E O F Y O U R L O V E V N Q T B M Q
```

Angel Of The Morning	I Thank You	Soul Serenade
Bee Gees	Jeannie C Riley	Spooky
Born To Be Wild	Johnny Nash	Stoned Soul Picnic
Cowboys To Girls	Jose Feliciano	Sunshine Of Your Love
Cream	Jumpin Jack Flash	Suzie Q
Fire	Lady Willpower	The Chambers Brothers
Hello I Love You	Magic Carpet Ride	The Lemon Pipers
Honey	Mary Hopkin	The Unicorn
Hugh Masekela	Mrs Robinson	Vanilla Fudge
I Love You	Sly And The Family Stone	Young Girl

1968 Songs & Artists 4

```
R M M H M J V C T G T G K G R K Z H W N X M N N K R X S
D I N L L H K L C T Y N C N C Y J P G V Q M L Z M R W E
T D N K R V B T D Y D M K O L X S L L E D E H T J V S L
R N F G M N T L M M L K J L A K T H F Y P P K N X E Z B
G I M Z Y C Y J C K N T M Y S H Z D R Y Y N N K U R B O
D G O N M N B W T L C K H T S C X M L M T H W L K T T N
R H N C M O D L N S P X Z R I K H H T L R G B N M G Y F
R T Y C C I H J O D E T M O C T R K Z B O E V W P R K F
F C M B R T N I H V C D T H S K X X E X M V O H I C M I
M O O X N A T Y O W E B N S I K T M M I T M E C T T M L
T N N M Q R V R J E K I Z E V E E H T M A T H C Z K Q C
V F Y W Y I C Y A M X C S K M P M R E N T A H P H Q R L
B E W R N P M T X E H P J A A O E T W D R C E R F I A N
G S G T R S K W G M H L R H L M I O U D E R P T X D L R
S S N M R N Y Q G N M Y S E M L M G H B O L C F Y K P D
L I R W R I R J T K B E M U S A A A R N Y Y F M T W R T
L O W W L T T R C P M X S F N S R R E é L D A O N K T X
A N C C Q E V N T D K T L D O R C L O W S D O K N Q F V
B S F M B E H K N Q H F R C I E E D M U O P B B C I W M
E T N J P W C E G X R V T S H M C Y K N N Q L Y O V C C
R R B X T S B R D P W T C X N V B E N M P D U B Q N U S
I K W K F S C A R B O R O U G H F A I R D D E K C O M C
F W D F M K N L F N F R C Z K L R N B P G J C K Y X T L
E V R M L H A R P E R V A L L E Y P T A N Q H R M M N L
H P A U L M A U R I A T D E E R B N A C I R E M A E H T
T L K M T L S R E V O R H S I R I E H T M V E Z C M N L
D K N T H E H O R S E V D M C T H R H L O Q R H H M Q J
C L A S S I C A L G A S R H B Z Z Y V F B N V M Q Y M P
```

Bend Me Shape Me	Midnight Confessions	Summertime Blues
Blue Cheer	Mony Mony	Sweet Inspiration
Classical Gas	Nobody But Me	Sérgio Mendes
Classics IV	Ohio Express	The American Breed
Cliff Nobles	Over You	The Delfonics
Elenore	Paul Mauriat	The Dells
Harper Valley PTA	Piece Of My Heart	The Fireballs
Lady Madonna	Richard Harris	The Horse
Love Child	Scarborough Fair	The Irish Rovers
Love Is All Around	Shorty Long	Woman Woman

1969 Songs & Artists 1

```
Z N V L Z Y G N I H G U A T L B L N M D V F L N P Y B
K R B G Q K L F R S E U L B L L E B G N I D D E W V H D
G G O G K H N J K M L M M B G D T R T Q M Q T N K M L L
R K B F A L C X F P M T M N N Q R P N J T N L K D M K N
X N B T G L B N T L X J E K I D Z W M J R K E R Q R N P
N K Y H C W V C A R W M C M S N N Y N T B Q N M W T N K
Z R S A B K K E D N O J T X I T Y M Y F B V I M K G Y H
Q M H I P T W B S W D G J R R M C K L J S H H B X B R M
X K E R G X H H K T D Y B M N T N N N N P P S L L Y G N
Y Y R F Y M X N O E O L K K O V H M G M I C R D K A V I
V J M V X R O G N O N N N I O D P W F K N T A T M L M K
Z T A N D T M O M Y K O N L M B B K F G N Q T L B P G L
V W N R Y H M N A W S E K N D N B F L N I X S S C E H A
Q B T K N L P L Y S X W D H A T R L Y L N M G E D L Y T
W K N T R F Y Z L M E R X O B K T Q Q R G Q N T M P W S
T O K M R D Q I R T V L R C N X N F T T W M I A K O H Y
H Q K T A A N D H R T N C P T A I Y P M H V N M N E E D
M W F L L Y C E M H R J T R L H F S T J E W R K T P N O
V P Y N R J S Y E T X Q N H I M G E Y J E T O C H S I B
N A J R B E K G K B Z T R N E C K I E N L Z M E H E D Y
L J A W E R U V D Y N F X R N Y N Z N L O X D H X M I R
T H W Y N E N W F Q M P C L M W N I Y A I L O C C A E E
M P E B S R C Z Z K R Y N P T L N K G R T N O F L G Z V
T S M S K P O L K S A L A D A N N I E N T A G C R L N E
L R W N Z F L V N S U G A R S U G A R K I R H Q W W T Q
M H Q L H L R B A B Y I T S Y O U R M M Z O B W Z E X C
O G P Z N C Y V M Y C H E R I E A M O U R B G K H P N B
M H J K P T O I L L E S S A C A M A M X D M W J L O K P
```

Andy Kim	Hair	Oh What A Night
Baby Its You	Harry Nilsson	One
Bad Moon Rising	Honky Tonk Women	Polk Salad Annie
Bobby Sherman	Hooked On A Feeling	Spinning Wheel
Checkmates Ltd	Laughing	Sugar Sugar
Everybodys Talkin	Lay Lady Lay	The Guess Who
Galveston	Mama Cass Elliot	These Eyes
Games People Play	Mercy	Tracy
Going In Circles	My Cherie Amour	Wedding Bell Blues
Good Morning Starshine	New Colony Six	When I Die

1969 Songs & Artists 2

```
U Q L Z M T P H L Z D Y B O B S E G E R S Y S T E M G H
S O K X N C T W G S D N I K N I K O H C E H T H R T S N
W V Y L C I K C J V K M F F R N Y B K R P N D Q B E I R
E T N E M F V R R S P N R G N I H T R U O Y O D S O E O
E J L S V M P T H V D P I X K L N V Y S M C F A L K V C
T I T S Y O U R T H I N G L D H G H E L T G C I W H O P
C P M W N D L G V M T J I D F X R I N Q Z E V M C M L O
A L M T Z D R I L M J J R M J F H X T N R E K L Q R Y P
R Q R X H W G Q Y O K R T M S C U N J A R R L Z R R A R
O F M X K E V L E B A T K M R U R C T N R R L J C J W E
L T F N G L O S Q T A V K A J V O S E P M Z M C O L E H
I M T T W M O R S L S B N V P Z L I K H W K A Y M Y H T
N T H T M U T N I D E J W R C A S Y C L T W J N E W T O
E H E N T K I D F G L N M V R R N W L I D D K X T W S M
M G F H M W L W V Y I N Z I F N A P X P P N J P O X T Z
N I L H D Z X R P Q M N P K D Q V Z R P H S B Q G W A G
D N Y E R Q C P T D E S A Z C M E G Y Q R C U Y E G H N
D G I D P T K N K R V T R L P D D R R E Z N P S T R T T
M O N R G H T T L V I V T K S T N L H L L L V P H K K J
D D G L W Z W R L W F N H P L N A I N T H E G H E T T O
M E M X N Y K V K J Y N F N D Q R T K X X D P Z R K N R
M E A M T K Z Y O Z T H N M J K E E M D E W O H S U O Y
X R C Q N M T E Y K N D K K V F G K R K L M N K A Q G L
P H H M R L S H C M E C P G W R A B L D T M B M D N C N
N T I K G I T B V M W M H R V Y Z F W M R H C G R F T K
T T N N M M S R A E T D N A T A E W S D O O L B K G X B
L D E O D V B N O I S A U S R E P E U L B L A T S Y R C
Q R N Y P X G W O H H A P P Y D A Y T V M N H N V F R X
```

Archies	In The Ghetto	Sweet Caroline
Baby I Love You	Its Your Thing	Thats The Way Love Is
Blood Sweat And Tears	Joe Simon	The Chokin Kind
Bob Seger System	Joe South	The Cuff Links
Come Together	Mother Popcorn	The Flying Machine
Crazy Elephant	Oh Happy Day	The Originals
Crystal Blue Persuasion	Oliver	Three Dog Night
Do Your Thing	Smith	TwentyFive Miles
Edwin Starr	Spiral Starecase	You Showed Me
Gitarzan	Suspicious Minds	Zager And Evans

1969 Songs & Artists 3

```
B N L C Y N N O S A E S E H T F O E M I T Y K K M N J T
J J K L R R M T F R C G C D R A H E B O T Y S A E M N N
N I T S G E T T I N G B E T T E R M R B C Q Q T O Z K E
Y R T N L W W H L M W V G R H Z K Y P G Z V N T H H L M
A A B O Y N A M E D S U E E M G T Q R V J Q H M Q F T O
S J Z C F X P T K P M B D H T T I R V K H E N M D R X M
O Z L Z L K C T P K R Y W B T T X T P Y R D N I B I T C
T D E V E R Y D A Y P E O P L E O N S L T K C V P E R I
E T T N N G L E N C A M P B E L L G O I S Y C E Z N W G
K H T V H T Q L L P T L W X G L T D E R E M N G M D G A
I Z U Z W G R E E N R I V E R Z E O E T Q M X O R S W M
L T R R N P B C R P Z J X K S W D G U R H K I T Q O R S
D R P C T T R V R N R L Z U P R N N G C N E F T B F C I
I K P M M S B F R O E V I F I I A W A H H K R A Z D R H
S S G Q R W O T P J Y R W T S W N F Z L L M T B L I I T
G N E Y D M D B Y R A Z Y S D T Y T C H R H E E R S M V
N B Y C L R J V A U Z R N F F A P Z D R E Y Y M A T S R
I K M M A Y N M Q D O I T N J W V N B Y C L M E E I O T
H M T K L R D A N N K D P A G W L I O Q V C W D P N N N
T R X V N U T W E W R M G M M T J U D K P Q X N K C A F
K P Q F O V V D A L C D T O Z K N M R R F F R H C T N A
L J R R M M A H Y K N L N W J G C Z Y P U T H M A I D T
D X P C G V N Z P N B K M E B Y K A W B F F T R L O C L
N N M P I I Z R P N P K Q L Z K D P B G L G F L B N L A
B C C S W I C T D P W K O T G C R J M T X K N I X Y O N
L M L D D L N K Y L T O Q T B H H Y D J E N R K N K V T
L R E L V V Q K J M D R M I T M J Y Z T Q G L R Y D E I
V L V M K Z V Z F S M P R L P T V T R L N F R L H D R S
```

A Boy Named Sue	Friends Of Distinction	Motherlode
Aquarius	Get Back	Proud Mary
Atlantis	Get Together	The Youngbloods
Black Pearl	Glen Campbell	Things Id Like To Say
Crimson And Clover	Green River	This Magic Moment
David Ruffin	Hawaii FiveO	Time Is Tight
Dizzy	Hurt So Bad	Time Of The Season
Easy To Be Hard	Its Getting Better	Touch Me
Edwin Hawkins Singers	Ive Gotta Be Me	Traces
Everyday People	Little Woman	Tyrone Davis

Woodstock

```
V F Y L T J Y Q K G G W Y H L D B N V G Z J W P L T J A
F Y Z M R K Z R Z T T M X Y G Q R Q R L V X N C N V R G
Z F G M D Z C A N N E D H E A T H A A K P K M D C L L C
J N I L P O J S I N A J X N T W T N N M G K Y Y O N N N
M M F L Q Y Q H V T L M P J Y E X K A R J J V G Q L J O
H L Z J Q L T X R W L N K P F A K V N P Q Y U J U K O I
M T R W T X P E A C E B G U P I K M A H X T M K I R A T
R M Y F K N E W Y O R K L C K R Y T H T H T K R L L N I
A R P B L B D W X R T D S N J P M L S R N R J T L W B S
F V V T N L F V L T E A L K F L K Y I L C K V T K B A O
S J K R B D W B Y A N T W H V A K E B C R W M X K B E P
R H P L M T H L D T C D L T B N R G T T D Z R B B M Z X
U A N C L Z N B A L L N F G C E J T J X F E B C H X G E
G V V I Z C Q N D X P R M J T O H W E H T E B L L M M L
S N M I A N A L N T I P Q V C K Y V N A X H S T T W C N
A T D E S T T W N A Y R Z R T T R M W K K V Q T G L Q T
Y P J I M H N G D M I C D X T H B T J C K T K L I X J L
H M M N H M A U V H F R T N J O E C O C K E R K M V V G
W T B A H X M N O M T K A T E E W N L Q R N L K W H A V
B V L L L L C F K M G J Y U W H C O V F Z V R G Q V Y L
N P X E D M S Z N A D M E S Q E I M O R P N P H N R M V
M W T M K M N R N N R B Z F R A F M T D R L Z J W L Q D
B M R Y Y M Y X A G L N N T F L C H I D S N B W N M H R
P C I S U M K B L P D C N M E E K Q N J C T J G L C M G
R N P K P M E M M G V F T H F F R R V X J V O W B Z C T
F B R T P H N V B K T D T T R H W S X T M M M C W N L N
C Y X V T W L T J M V E P B M R R B O K L D M M K X T T
Z X V Z W D M H Q Z B N H L C H K Y J N B M N Y P B N X
```

Airplane	Grateful Dead	Peace
Aquarian	Janis Joplin	Quill
Arlo Guthrie	Jefferson	Ravi Shankar
Bethel	Jimi Hendrix	Santana
Canned Heat	Joan Baez	Sha Na Na
CCR	Joe Cocker	Sweetwater
Concert	Melanie	The Band
CSNY	Mountain	The Who
Exposition	Music	Woodstock
Festival	New York	Yasgurs Farm

Music Genres

```
W B K J Y R T N U O C D R C N K F O T L Z Z X P N L H Q
F O C G R N J K Q Z R T K C B K N V N C Q N P G O N L Q
V P H N F K Y R W F R Q Z Q V H M M G W D B W M R P Q Y
Z E D R K M W L Z W T D M M C N V H N K M L K O X X W T
T R C Y N W L T L N H K X E M K B K Q G N V T B T V J B
M A J Q U Z A K X K T P T N C D J V C F B P J R J O M P
H M J J F M T T K Y K G N L N L H P Y P U N K N M J M T
Z M K N D C E P M K R I A A G N I M H K B K V H T F G J
N D R C P H M M H D T S R F Q Y P M N Y V T K Q H M Q X
L V F P O N R P L A S T C F D P H B L N Z Y X G Z W N L
R V W F N R K V L I Z L V H Y H O X T C N T T M G L C L
P G Q D R W N M C J G K E T J G P T Y L V K D B R R R C
Y L M L K Z M A G M L A E L E C T R O N I C P G J G R L
K Q X Q Q X L N Y O V Z T P V G B N N Z R C Z W L M D M
L X J Y S T G T F Y I L K R M R F T Z Z M Y R R C D K V
R R G J Y W L D M H W N F K R L L K P T R X G Y F B G Y
F P N B L L I E I N T L S S D K M Y A L L K B J P L R V
F W K L W D T N P S V V O T X T L X R A J M Q T Z U R K
M L K W H A L X G B C F R P R W W L R W Z L B H D E Y P
M K T K L F J Y N Q T O R Z N U C L E J Q M C W T S V N
B S V Z C T L K H R J A Z Z M J M Z M P E A G G E R E R
K O T T J W L T O G M M R D B G K F K S N K N P W C W
N U B Z W R R C C Y Y P F D Z J H T N F M O H N A K R M
R L Q M M Z K Q C C R N G Q N R Q P R T R Y G G P K R Y
Z L Q L Y C X R C T G K G T T B D Q N N A F E L V X M G
R X Z R L C K J B R D J K W N B Y K R C D L B L G R N H
H R L K T S Y M P H O N Y L B N H K Z T T R Y R R N J C
R P M M R R R L F N Q F R N M Y T E G N U R G Z C T G V
```

Blues	Hip Hop	R And B
Classical	Instrumental	Rap
Country	Jazz	Reggae
Disco	Latin	Rock
Electronic	Metal	Soft Rock
Folk	Motown	Soul
Funk	New Age	Swing
Gospel	Opera	Symphony
Grunge	Pop	Techno
Heavy Metal	Punk	Waltz

1970 Songs & Artists 1

```
R X R G Z Z R R R A W J P L B R O O K B E N T O N H G W
V D T K K N S U N E V B L D E C L L K G D Y M K T D N K
V R F N K N M F J W B R O C J I T P N F M S J G R T R R
Q Z Q W Y P V M C W Z G T W B X N J L L L M A F R K B U
N L T O X Q N Y X B A N Y P N M B A E X O T N N W K O N
T N X D Y F N T F C C J N G Q V H T L U T X T K T Y M M
W U M Y G G K B I Z L K P V Y Y I M N E T B C X K A M X
T O T A W K N H M J Y W R T K T K T D W M C R N Y Y N Q
J Y G L K N C I Y K R M T Q B G A R L T M H A N F N L A
K E K L S E R Y K H K G T E N I Q P N B Q H L M Y R M L
T V V R Q I I K H C W Y F C N V L Y T N T M Q M G G T G
H O L Y W M M T M C O Z D D I A N A R O S S N B L D W T
R L W I Z N P O W T T N H R A Y S T E V E N S D R Y W K
E I L K Y V J P N I R V K C A R P E N T E R S O D H T T
E K R E Y S K J V A T A R U G N W G T Q C W L L L R J R
D N L A L Q R P L L N H V Z O Q A R Z C L T R F H O L J
O I M N I R T E T T N D Y E H Y V M K J E X G G Y C J N
G H J D M M Q N P C R L G O L R R C R E L T Z T N K L S
N T Q T A R K P J I F J N A U I M A W E R Y O Z T T E M
I I T I F B E J A B P B G R R F N S E M H T L W Q I J C
G X J N Y O C M C K M D L B J F Y B K H H S G W L W P N
H K L A P J N Y K K N P N R D M U V A E I M Y L D V T Z
T K N T P A A M S V H Y J A L N H N W N G N O B R F P N
L C T U O N D K O N L D J M S Z R O K F D H H H K B P D Y
P Y C R P G N M N L T M T G W J R G T E E F T D K O R W
D L Z N B L O T S Z T W J J K L D T W H L H K Q X X B Y
N P H E L E O P F X V W W T D J N L T Q T H F W C G T C
D L X R N S M W H T R A E E R A R L K Y Q K R V M C R M
```

Bobby Sherman	Lay Down	Ray Stevens
Brook Benton	Let It Be	Sandpipers
Carpenters	Make It With You	Santana
Chicago	Melanie	Simon And Garfunkel
Diana Ross	Moondance	Thank You
I Hear You Knocking	Mountain	The Hollies
Ike And Tina Turner	Mr Bojangles	Three Dog Night
I Think I Love You	My Sweet Lord	Travelin Band
Jacksons	Poppy Family	Venus
Joy To The World	Rare Earth	War

1970 Songs & Artists 2

```
B M Y M P K T K W Y D E I N S T A N T K A R M A Y M V H
L Y K R R T T F B B B D W V D L T J W G C L N T D T B D V
S K T F R R Q H T W H B A O O V X M W M T V D D V P T F
N N K M T E C K I K T E F A L R R X E K E V K L G L X K
X R O G F N J N G P R V W T A Z V U W D E R R K M J X M
H N M I R Z S O P B J G R R G T L M I S R L N O T I M E
R Y Y C T T K Z G R K Z D V C B V R U A J M S X R K X F
L G R A A L N T N C Z M L G L A O L T Q K Y L E R W N
G G J R R W T X M M U J Y N X N H L N Z Y N A M D Q X O
S G R C B R G P W C R M I Y I T R K M P L O W M I B L S
F P W K K V U K M Z F K Y H H I R Y D H I R L M R K M E
X L I T V V F M N E C H C G G Q T V Q X M M I J T X P T
R V R R T M W T E O T T I H P Y L R M W A A V T H T V A
Z T M K I D C T H N I L T F J R L T N T F N E J G L P N
M L Y K P T Z S R H N N T A P C L D B T E G Q L I M B U
E E R F H N I X T O O A R O T H R H F W G R L X N R L T
V N F H B D D N S W K W G L J L L C R X D E M L D Z W R
Q A Q Y M Z M I T N K T B R T B R A N T I E G C I L H O
B F N B L D D W M H R K R A K M N N H V R N N H M V Y F
N P N I J E G L Y N E N F G M W P D M G T B M H G K M D
D L G L T T P D K N N S R U N L W I B Y R A M F G K D B
Z M A K L Y H V T Y X D K S P Z B D N W A U H K Q N R N
N W M Y W C F O T L L B H Y Z E K A Q Q P M Y Y K T L K
L L Y H L Q P A M J K P B B A B F Q C K E C B A N K W B
L K P B K A Y Q R A J P L T I L L B E T H E R E V J K B
Q Q G H L Q F K D E S V L R L J R N K K T N C M K V N R
R O L Y A T S E M A J E L B T G H R R V L N J W M P D N
C L P A T C H E S X S L J T W Z B M G T T K D Y Z N P L
```

ABC	Evil Ways	Mungo Jerry
All Right Now	Fortunate Son	Norman Greenbaum
Anne Murray	Free	No Time
Beatles	Hitchin A Ride	Patches
BJ Thomas	Ill Be There	Shocking Blue
Bread	Instant Karma	Spirit In The Sky
Candida	James Taylor	Sugarloaf
D O A	Layla	Temptations
Edison Lighthouse	Lola	The Partridge Family
Edwin Starr	Midnight Rider	Vanity Fare

1970 Songs & Artists 3

```
F M M M J O H N L E N N O N N S Q L T K Q M V Y D N H R
M R E L G N A J E L G N I J F M W H M N M X T T M C R D
Q R L T Q C T M C L G K Q R P T E O Y B R F C H Z C H N
M R C L K R F O U R T O P S T S L J R T B X T P M L W L
V M G M G A N R W T V G N R U Y T P H G E X Z F X A L J
L G G Z K C Y N R B V X E P W Q N E H M E S W W D R T L
Y X L B D K T N B Q K E R T T C K C K X Z V E K K H C T
F P T N G L D K T T Z E H M R I B L M L H R O E V B R L
W D D E R I G T D M M N K I N E L W K M M C M L T R L M
N P R I C N Z V B E T R N K C N A O H W S S E U G E H T
A M F L L R H H S F K L S Q N L V D F B X X N M B X Q Q
M Y T D C O Z M W T W G D K W W E C Y L G L H P K D M F
O N D I K S V H A M E R I C A N W O M A N J M B L L M D
W T R A G I I Q X X Z L K O N I M O D D G A R N C N R T
C T Q M L E T M B H G T Z H H V C L C Z C V M N I I N E
I B C O R D K J M Z K C I W R A W E N N O I D L B V R A
G D W N N X E Y D I T H R H D L K R E R R T K W F T E R
A L L D L X A Y G N G X R G T D T L T R L N O I F M G S
M O T G Y R Y R E T P R L T X W G T C L A N R M B T N O
K G N F L M H T I N B C A N H R M N J R S E V V V N I F
C F V K Q R F F J Z E V N N N Y W T M F M A K L B V J F A
A O A A Y L T T P W O E P J T X F A M N X V F Y H L D C
L D I T M T M M D V L N R N N S H T D T G T K L G N A L
B N L M Z R Y F M M M A G Q T O R Y X D X P H V T B O
X A I A B T N N Z T B G J G E G A N Q K X Y F N Z K J W
Q B C N R M G F Y R Q X W R F I R T G N R X N L H N M N
L M E D C G B N Y K B V A L N L L R Y K Z Q T L Q V R V
Z W C U P S L Y A N D T H E F A M I L Y S T O N E D T N
```

American Woman	Domino	Love Grows
Aretha Franklin	Fire And Rain	Neil Diamond
Arizona	Four Tops	Sly And The Family Stone
Badfinger	Get Ready	Snowbird
Band Of Gold	Glen Campbell	Tears Of A Clown
Black Magic Woman	Green Eyed Lady	Tee Set
Cecilia	Immigrant Song	The Guess Who
Cracklin Rosie	Jingle Jangle	The Kinks
Dawn	John Lennon	The Supremes
Dionne Warwick	Katmandu	Vehicle

1971 Songs & Artists 1

```
R H W H W P G R F D T K W M R Z N F J V F W T K L H X Q
G L H N R T P A U L M C C A R T N E Y H P Z T X W F X L
B R A L D A V E E D M U N D S R G X L Y O M W O M J K G
L T T T M Q L Y W D M L L Z L Q R J P T O N N K D R L M
T Y I Z Y C H K Z W G K C L K W T D E O T K E X L T M L
Q P S P R O D S T E W A R T R L J M B R E T P Y F H R X
G N L C A N D Y W I L L I A M S D A N W R Z R H C A Y Y
Q L I J V C K T C V T Z R M T C K Z L H W Y M T G O Y Q
Q Z F X H X N C J K B E O N V C N L G B K Z R U B B N D
Y P E G K C K J M R E C M S I J A F P V J Z S E J T C E
L Y P T R K K D B A Z A L H M R Z Y H E M N V K E B F T
M A N N P K N Y R Q V P C L O O L G A H W N H D C D N J
X D D O T T R T K R B S N F S J N N M O K Q N R B K H V
D R K Y M H H J C Z W A T Z G L K D R T C J X A O R O R
T E L L C I E R C X L T F B N N K B S W Q K X G B V J R
C H X W M L S W Y C F U M H I L C C W K L H N G B L N V
S T Z D G N R Y H R H O L G N R N Q G M V T Q I Y J O J
T O M Z H N V Y L O C X H O N M N F V Q M W F N G R T O
O N L R G J Q O Z R M T N T I E T K X N J J K T O Q W H
O A K P M X G P D X A E K D G B D W D T B Y Z H L L E N
R P M G T A M M K T B C N C E Z V R M K L P B E D N N D
S N T K C N T Y A R R L P B M Z M A E C L J L S M A E
S R W I R C R L D G B J K W F L Z C V G N L C I B T I N
A M H C M Y R A M T E E W S Y R N J W H E I T N O H V V
R C T L D K P F J N I A R T E C A E P K K S G E R P I E
G T F V N P R T H N R B K Y R T P R L R D R O A O D L R
Q T L N L M X R O L Y A T S E M A J W D F R M R M G O Z
H X J E G Y C N J N T F R G L N K Q V T L M B V C I R K
```

Andy Williams	For All We Know	Osmonds
Another Day	Grass Roots	Outa Space
Beginnings	Honey Cone	Paul McCartney
Bobby Goldsboro	Imagine	Peace Train
Brown Sugar	James Taylor	Rare Earth
Carly Simon	Jean Knight	Rod Stewart
Chicago	Jerry Reed	Rose Garden
Chick A Boom	John Denver	Sweet Mary
Dave Edmunds	Olivia Newton John	The Who
Draggin The Line	One Bad Apple	What Is Life

1971 Songs & Artists 2

```
L R R I A F F A Y L I M A F M R M T L K W N L K T W R G
T L R R M Q Q P F N C I N D I A N R E S E R V A T I O N
Y N Y G I T V W K N A E C O T N R A B J M X M B Z L Q M
Q L C N D D T O M J O N E S M L M H G I F B P L M Q Y R
L K Z J N K E Y J E M R Q Q Y L H E K Y G N G P R Z Q J
R L N Z X A D R T M K G E J L G T I D Q Z S V M L G Y D
B Q W K W R N A S R R P P H T H M D H V V Y T B N R K Y
J V L S Y N L D N O Q R V D C N N D T Q R M R U J K R B
N B N J R O X J E Q N P C D N C R E K L V L C B F E K W
C W G Z O E V M L R M T C V M C H R P X A M R X S F Q M
B L C T Y V H T M H S B H F N W T F H W N E C P T M R K
R K S R M C T T T L B O B E A F T M O R W R E C P O K T
V T J R Z P J X I M P C N I S O H M J E Z C D M G O V N
I H T A M K D W N W V U N T D T A R R G T X P N Q N T O
M P Q T Q M T J X L L T K N R N O A B Y Q N U C T S R I
T W R S Y V K E V R N L A C L D N R O L Y L M F T H Z T
S R O O D E H T M O R L I N I D N U M T A D N T N A L A
A D Z G M H V K S P R B L B S T R V P U I G T B K D D P
M B J N T X H U R O T R Z H T S S C Q A R N O R Z O C I
O B K I C W N X Y M Z A I X E B M A S L K O M B R W M C
S L M R N S X N L M J P T L Y M Q I L V L G M C H Z P I
M L R T H T O L Z K L M F I Z B M R K B R A Y K L C T T
O M L I V T H V X E R Y Q H O A D V H B M G J L K X L N
S C N K P L Q T Y H W R D V I N Y K L M D N A R Z G K A
E E Z J Y Y H K H R V N O V E L E Q R Q Y A M J H W P T
S H Y V J L L L W W J L N V Q N L Y N M Y B E M M P L M
M C F M Q H K N C A R O L E K I N G E C R C S Q T K Z D
F R C X C A T S T E V E N S Z V H L T S P L J M K K H Y
```

Aint No Sunshine	Family Affair	Ocean
Amos Moses	Freddie Hart	Respect Yourself
Anticipation	I Am I Said	Riders On The Storm
Aqualung	Indian Reservation	Ringo Starr
Bang A Gong	Its Too Late	Stick Up
Bill Withers	LA Woman	Temptation Eyes
Brewer And Shipley	Levon	The Doors
Carole King	Lynn Anderson	Tom Jones
Cat Stevens	Moonshadow	Tommy James
Cher	Mr Big Stuff	Tony Orlando

1971 Songs & Artists 3

```
F C G L F F P F N T R Z X W L V N K E N Q V D Y R M J F
L Z T L X Z L E E M I C H A E L S M N N N K Q G I F R C
F R E I P N A C I R E M A H V B L Y K M Y W Q A M P C G
T X Z C H Z G Y B A B A O R I L E Y B R K A M W G H N M
R S G N M W R Q M T L X C Y B D T S A Y R W P F B I R G
C E T L Z Q M Y K K N L L K V T R T B L O H K A T R R X
Q M E Y A G N I V R A M N F X E S X J M K W H S D T L Y
K I N X V C J L N Q P Y N T D R X A A H V T I H G E R X
C T R N B C J B N T F K M E E Y N N Z N U M V P P K R R
Q E K P R X N H T K K A P P F I F C J R P N D O N R G F
T E T C M Y J H T T G M U Q S G D W T O Q H V R O C O M
H R B X A N N F P G A S Y J K F H D S R R K N D N S R P
F H X H B L Q J I T M W O Y X C E S O Y Q N R W E E D J
Q T K T E T B E S Q L P K G B T I L K N Q O F E T E O T
N K F U Q L M N T P L K Y N U B L V B B M S G D I G N N
G C X O Y A E W I I G H M P L I K B Y G K I R Y N E L L
L O K B Y J Y N N N T N S E N M K F R T Y R R D S E I T
B N T A I L H C R K A I E G F T K W K T R T D O B G X
L K L D M S T S R E D M S E Z R M X N T W A H A L M H T
Z F X N L M A M H N D T L P R C M G K L G H C D D Q T G
Z K N U C V L A U A O D W X T G S L P L T E J G I V F H
R Z J O P K I Y C N F N Y T P D L R P T C G R J E K O N
L R V R V C A R E H C T W R A L M A H X K R T C R R O Z
P M P K K T R S T M A T P T B L G N M R K O X K Z F T N
N K P N M J D T W M V Y N T X K L O V E H E R M A D L Y
Y A D R E T F A Y A D A E N X N N C D W D G H R P N N T
D M V V T W N P Y K W C P S Z B Z N J O A N B A E Z H D
M M N L M B V Y L V F T F L G M M J T K R B K T V R M M
```

Al Green	I Am Woman	Man In Black
American Pie	Isaac Hayes	Marvin Gaye
Baba ORiley	Its Impossible	One Tin Soldier
Bee Gees	Janis Joplin	Rolling Stones
Daddy Dewdrop	Joan Baez	Roundabout
Day After Day	Knock Three Times	Shaft
Freda Payne	Lee Michaels	Stampeders
George Harrison	Liar	Superstar
Gordon Lightfoot	Love Her Madly	Undisputed Truth
Helen Reddy	Maggie May	Want Ads

1972 Songs & Artists 1

```
R J R B X V C H W K H H G N O T S E R P Y L L I B T P W
R K F Q F R Y A W H G I H A R U T N E V Z T J T Z Q N M
R Q R B B F M T M K Y T R Q N L T S M R C K Y Z C L W H
L K A H K W R T J E K C R M P R T N G R E F L V N R V M
N M N W N N R N W P A K L N Z A O N W M M X N K E W X R
G Q K X T L F G K I R N X P P Q I C N Y W F A K R L M J
C R E M R C T X T N T T D L J L R O P J P N E R G V J L
P N N N X V K N G D M H E M A W N G L O A Q L D N C L P
C N S M V K Q C L C R S O G R A D R L V P R C H U W M W
K R T N N N L M M O I D N U E S J W I K F M M K R J Y K
G X E V O Q B N S N N I N L T S J L B K D Q N M D V D C
K F I L T N N M G T D G T Q I Y L O B L M C O T D K D N
L C N M W Q N E R Y I M C V T U O C N F N D D N O G A T
N X Y L E P R V M R N R A O S L L U G E G X H R T Q D N
Y D R P N S G G J W M D I O O A M Z T N S F Q K L B R G
N Q J Y E Q D M P F Y N T T I L F A Y F P D K K L M A F
L H M M N T N J V M N R P R U D W B R T B Q T A K F G T
O R G H Y N T I M D E P L T T P Y O H G Q N C B N N U F
O J N M A K P A A B R P X H G C F F M R N K T A N P S Q
K T Z V W D S Z L G J T L X P R L R T A A I M C H N W N
I I R J B V N I B J A N G R L F B L M N N Y R K F N J D
N G K Q R M G P P H O T B U T T E R D X D B X E L J C R
G O D J T M P N K W T C I N J B T W T N Q C X F H W D R
G T Y B N M Y C R T Q M N O N K H Z A W R M L Y D T H Q
L C D L X M P O J A Y S D P D I C C X A M Z V K V L U M
A H R O C K E T M A N M M T T Q L B L R F X J R W Y M L
S A L B L D P P K G X T M E N O T N I V Y B B O B K L R
S L N D Z Y E S F Q P Y Y J T P N G H M D C J W D K P N
```

Billy Preston	I Gotcha	Sammy Davis Jr
Black And White	Lean On Me	Staple Singers
Bobby Vinton	Long Cool Woman	Stir It Up
Candy Man	Looking Glass	Sugar Daddy
Clair	Luther Ingram	Todd Rungren
Do It Again	Me And Mrs Jones	Ventura Highway
Don McLean	My Ding A Ling	War
Frankenstein	OJays	Wayne Newton
Gilbert OSullivan	Popcorn	Without You
Hot Butter	Rocket Man	Yes

1972 Songs & Artists 2

```
R E X T R E P O O C E C I L A M L R B N W Y G N M M C V
L C D P Y M A I N I N G R E D I E N T P X T T B J V K T
K O R D Z C C C T L Z G Z Z Y R C H V Y C W Q U R K F K
K R D R R K T H Y A W H G I H A R U T N E V O K G N J X
M C A M F A Q R D L N F W K T N X M T Y M Y P R R C C C
K M K R C M D O N Q R K O D C L R Q W G D Y J L N Y H W
B I B L G K K B A D P O Q M P K C F J E H K R Q G W D D
C J I L D E M E R G H G H R R N X C E Z R W H V N D V R
B A J V L X N R B R D A L M N G T N K H V T G M L N K L
S R M K M H R T D P R L L G Y R I L H N M L M N M O Z F
G F V B Y T B A M R X L M D R Q M O O D Y B L U E S D T
Q M L M C H Y F Z X M E N P V T T T P D Y W K N F S F G
T I R T N G X L L Y M R W A T Q T U K N M M K Z R L W N
Z C R M D N M A K J E Y Q U M T W V O C T Q T I Y I Z U
M H V E K R T C J M Y L M X C O X Q R S K W C Q N N Z O
Y A H D D K I K C L M B S L M L W J P D L K P J F Y L Y
F E S X M B K B N C L L Z E M X O Y G N Y O T X C R M L
T L A C F T O W G I O C D L R E K Q H N T R O T H R R I
N J N D T M M N N N L C N W S P J M E C R J N H R A G E
Q A Y D M L Y G E R I H O I B P S L C Y T H M K C H B N
Y C N R R Z D K G C K M M N Q T S I W X K I L G Q S K A
J K N L R I M L Y L V O M C U O V K V Q L Q W Y R K C J
Y S H M C N V Z D C N N Y U N T Z M P L D L Y G J I F L
W O O E C H I L I T E S R T H L K J B L E V P P R N M L
F N J J E U L B G N U S G N O S L L T T T G B E P R L K
X N M M H K L M K C V L Z E Z E E R B R E M M U S P K T
K V B C L J T B T G V R Y Z K V L Z G G T A N K H N P T
T L T H B P B K B A C K S T A B B E R S L Q L K L D D J
```

Alice Cooper	Harry Nilsson	Redbone
America	Hummingbird	Ricky Nelson
Argent	I Need You	Roberta Flack
Back Stabbers	Jim Croce	Sailcat
Brandy	Joe Simon	Schools Out
Chi Lites	Johnny Nash	Song Sung Blue
Coconut	Main Ingredient	Summer Breeze
Dr Hook	Michael Jackson	Tumbling Dice
Elvis Presley	Moody Blues	Ventura Highway
Gallery	Neil Young	Witchy Woman

1972 Songs & Artists 3

```
N C P L L R S R L B N T J Y G Y H Z Y H X M D R N V N N
T M N U K W N T T C C R O C O D I L E R O C K B I R M L
N G L J D M C G Y L L L Y Q P J M V B K M V X N A B K L
E H T P F A X X D L O G F O T R A E H M T R J K R L B C
K P M D C M E Y H L I B R T C G Q C L J R D L C T K F R
O L T C T Z L H N Z L S M J G L X C K R R F M C E Q L G
R T T K H P K F R X C B T Y W T Y Q X S I M L T V M V X
B H D N N X L R T U R G M I R M W N T L O G M B O K L N
S C C N W T L K K R O R L O C Y L W Z M N N Y B L L C R
A M A C D A V I S N T Y B P E S X J B J I G B E K L T L
H G H N T R C Z H W Y E D F X D A P Q P P Z W R H X M K
G R O K M T M O B T R X F L M L P L T T A M K Z O X C W
N M T G Q T J Y Y T K O P M O L F H K K H D Z X L W R K
I J R L F N H P J M C F K N A H T Y R M C W N A S W N Z
N J O Q O M R O Z S K D E Y W N T Y Z W Y P K M D B R E
R B D T Z J H K I H R A M N I R M K R R R Q T I R L M M
O R L M N N C N L C G E B B O M M M C P R K N L A X M T
M E I R Q X N L J A P L O X M M V B B W A L C C W B B T
P N N P J E T N I T F R Q X L M I M O X H J N P D K R P
D Q C C D G F N T B N R E J R C C S R H L T C N E K A F
K L O B Y B B G N I N T E J F R K O L L G K J B N N N K
N H L C N C X R K Q E Y Z E P K T G X U V I M F A Q D X
Q H N B M N M C K O R N V J W A N Y P W A C R Q H Z N Z
X R D T R M O J J L N Z M J R A X R Z T J P L L T L E F
N B T X Y R Z C H U C K B E R R Y K G W X L D K A K W V
E V O L G N I N R U B R P K F N N Q M B G N E B N J K Z
X P R X M W C Y G V G O T M P R K Z H D K Y H R O Z E P
H M J T Z R O C K A N D R O L L L P Y Z R L G J J P Y M
```

Alone Again	Heart Of Gold	Mac Davis
Ben	Hey Girl	Morning Has Broken
Brand New Key	Hold Your Head Up	Oh Girl
Burning Love	Hot Rod Lincoln	Operator
Chuck Berry	Jackson Browne	Paul Simon
Climax	Joe Tex	Play Me
Crocodile Rock	Jonathan Edwards	Robert John
Dennis Coffey	Joy	Rock And Roll
Elton John	LA Freeway	Rockin Robin
Harry Chapin	Love Train	Stylistics

1973 Songs & Artists 1

```
K A R Y S T M Q S C T P D Q L G W B N B T R C M T K K S
Z L N G T K K J H T V M G N C L B M M W A T G V D F T L
L L N R K N Y M T M E C H Q O I Z Y K E R X T I Y E G Z
L M L A K Z L L D C R V G Z L M L P B M F X K P A T R K
O A B N T H S M A P R V I L L O M D V X R O N L G M P B
N N T D T G Y M Z R F Z Y E V N R A W M C N E L K M G F
G B N F X Z L F Y N K P W E W A W Y H S X R H N Q H P L
T R N U P B V V Z L A V W K W O C M I T S E M Z M M D R
R O B N X P I V L U R V Y D N Y N C P W R J M M H Y M Q
A T N K X V A L L N S G E F T K E D H Z F E Q Y W R A H
I H L R J X J N Z R C T N G X H P E E Q H K B H H G N R
N E N A M N I L B M A R E E T J E N K R V B N L Z W I M
R R S I K N U R T S D U J E M L K Y L N F Z H R A L S C
U S E L V F R M X J D N Z L L S W V M F C N N K A Q S T
N B A R E T K Z Z M Y B F R K Y T N X K Q V P I K B E Q
N A L O C R D H V V V M M Z K V D I Y F Q X R R R W M K
I N S A E R N L C N D B C Q F Z F A O L M A N C P V D T
N D A D I N U X K N W A D A T L E D N L M Z N L B V N T
B T N P P F O K K C N F B D H E T T W Y L M G N Q P A J
C N D K R L R Y C Y H L H Z I K Z B M J Q E F Y J T S M
B Q C T E T G Z K V W P T G A L L I K N O W H N R K N W
Q F R R T P R K O L H D N K H P R Y J J L R R F N Q I N
R B O H S V E W T T J A J K T K H M T R T J D P G N G H
M L F T A L H K A Z D W R D D T W N Q M T Y Q F Z W G F
L D T Y M W G W D C K Q Z H L G W L P B K W G J O J O V
L R S R N X I T O V B W B A L L R O O M B L I T Z C L C
B Y T L Y F H T E R X R R W F D W I G O T A N A M E U H
Q F L W L W R P D J O H N N Y R I V E R S J V Q R R N S
```

Albert Hammond	Grand Funk Railroad	My Maria
All I Know	Hello Its Me	Ramblin Man
Allman Brothers Band	Higher Ground	Seals And Crofts
Angie	I Got A Name	Skylark
Ballroom Blitz	Johnny Rivers	Stealers Wheel
Billy Paul	Jud Strunk	Steely Dan
Delta Dawn	Loggins And Messina	Stevie Wonder
Deodato	Long Train Runnin	Sylvia
Edward Bear	Masterpiece	The Cisco Kid
Focus	My Love	Why Me

1973 Songs & Artists 2

```
C X P P D N N N H N R R K R L V L V Q N X K Q G R M K K
D L O T K R I S K R I S T O F F E R S O N F T N K X N Z
Y N I H T K N W G G M W K S L D Z M M G K T V R R J B D
M F N N L X V V K V N B R M E K M L M R E N S B L R J X
H Z T L T J D C Z G I E L E Y T R O B K G U R H M N N K
H D E V X H T Q X V H C R O M K N P C N F V H K J H R M
K J R N M R O V K T V B K Q O E L I B O S H A M B A L A
Y Q S F G M L L O M F N D I O D P P E K M N N B Q L W J
M Z I N D T L R M L E K J F L Y S N K J K J D T M L T X
E G S J M L B G A E K M A S B A O T Y Y F R O C T C Y P
M G T J N Y E H M M S K O B P R W W O K L W R H S W T C
O W E F E Z D I F O I W O H E O N R M N E C M C R J D V
R N R L T Y D R F N N B T H S H T N E R E W J W E T V H
H T S K J D I Y D Y R S T R O Y F R O N R Y L V N F C N
C I B D N C E H B K A I T J M N D F U X C T Y D N P C X
A K T G H Q K R R G E M R E B J P D M O D E D R I K X C
D N X R S C E E O N J D S N R O C H A Q F L K Q P P Q R
O X P M A J N W T X G P R I W M L B V D W C H B S L M O
K M T F N Y D O H H G X J E T N A H B T Z V W K T D V C
W R N M N D R L E J K Z R C N R J S L G Q K H K L H N O
K Z G K N R I F R C Z R N Y R T U Z H Y N L P L L B K D
M T J Z H K C D L R Q T G Y H F N C L R X R T P J L R I
H M Y K O C K L O M B T W G K G T S H O W A N D T E L L
L R R Y J Z S I U N F H K X Z M B L N R K R N T F R M E
T J L B J Q Y W I Y I R N O I T I T S R E P U S L T H R
Q Q H N K K B H E T N W O R B Y O R E L D A B D A B V O
L Y T L J R T I E A Y E L L O W R I B B O N H C R M Y C
M Z N R X Q C K Y Z C L T L Y T E C A R E C A P S P C K
```

Bad Bad Leroy Brown	Eddie Kendricks	Pointer Sisters
Barry White	Four Tops	Shambala
Bloodstone	Half Breed	Show And Tell
Bobby Pickett	Isley Brothers	Space Race
Brother Louie	Johnn Nash	Spinners
Clint Holmes	Kodachrome	Superstition
Crocodile Rock	Kris Kristofferson	Tie A Yellow Ribbon
Curtis Mayfield	Monster Mash	Tower Of Power
Daddys Home	Neither One Of Us	Vicki Lawrence
Dr John	One Of A Kind	Wildflower

1973 Songs & Artists 3

```
L N L R K N O T I T E G S T E L N H H O C U S P O C U S
E B W S T E V E N S O N M N T E E W S F L X M R L P M G
V V R R X L N T K C T C R M I D D T N T M R D K N S H K
O R K W H K T J H L M X Y K S K D A T P G P H C A L J M
L N J T J C F R J K R D L T P O C Z V R B D K M M R M Z
E Q R Y L C R X Y W E F O Q I I H U V I R N O L P B Q J
M M T L R E R V K E M R M T R Y L T R I D H G U V C B T
E C Z Q Q D Z Y P Y I H A X K G C L F T T B T G T M G H
V N T L W G B P R E D G N D K J W T O Y N I O T M R N Y
I Q R M C A U S S T A O R T N D A L M W R O N W F H O V
G B P G M R N N S I L R N A X W U M N I T G P R I B S Q
T E V W P W W P N O B R M N A H I E T M T A Z E T E S Z
Q T F L R I T J V W R Y D Y A T R S L O B O L Q E W Y C
R T E Q F N R Z M L S A M V X F M C H I D L Z K D K N F
W E K V M T R R W P N F N R R J A B N B N Y T R M V N V
B M W M F E T R Y T Y H L A Q Z U R B L H G K B D K A C
B I T P R R L G Y R P C W Y I L R T G X R X B G T R D N
X D J T D G F C B W A K W X Y D E K T O K M H A N G L T
L L Y L T R H D J N P W L R M T E M S Z K T A C N D J M
C E A R D O T L K J E M T N T M N W E T M T V I Z J N R
T R R N V U F C H Z R N H N X R M K V Z L Z D M E W O K
K Y G M N P R T P L R V R P N L C Z R Q X C R H O R R S
R F E X N Q X P T K O Q R N K Y G X A L W R R D T V E H
K L I C C Z T L P M S R R T G V O T H T Z N T N K L T H
D F B X P R D C T N E Z P M Q J V Y G N Z E Y M K R T C
N F O V L K R G H T S H B Q T Y E W N Y G W T Z M F Y W
K M D R D I A M O N D G I R L Y R N I H M M N L R K L T
H Y P R K L V M T S I N G M Z Q N M K R V Z B K H Z D H
```

Bette Midler	Drift Away	Lets Get It On
BW Stevenson	Dueling Banjos	Lobo
Dannys Song	Edgar Winter Group	Maureen McGovern
David Bowie	Get Down	Paper Roses
Deep Purple	Give Me Love	Pillow Talk
Diamond Girl	Gypsy Man	Sing
Diana Ross	Here I Am	Stir It Up
Dobie Gray	Hocus Pocus	Stories
Do It Again	Keep On Truckin	Sweet
Donna Fargo	King Harvest	Timmy Thomas

1974 Songs & Artists 1

```
M G N I G N I W S D O O W Y L L O H T W Q M K W F V R C
G N T H P N R L W B M H V M L G T Y R W R W O Z Y G V F
Z D P T L M B L L T G Y M P I A V E C Z B T O Q K N L I
J R O C K M E G E N T L Y K O K I M R N A M L P B Q T R
D M A R I A M U L D A U R B R Z Y T T H E W A N N L C S
M Q D T D L F P K V P G E V O Y F D G V D L N N O M P T
R W J L N L G R N K F H G D B D T O N X A K D B T N R C
A T K K L B L X B W T N T A A T F X T A N R T Y P J G L
F H H E M L M N G K G N B N T L N B H H E L H X A O N A
S E O D R X K K C B O E C Y T R O T N P R Q E L L N K S
R W O E C N J O T M I I B K K B K T J K E R G N C I D S
O A K W J L R W A G N K M H D M P H F Y S M A Y C M W D
I Y E S Y H Q L N G T F T Y T K B H Y M W C N M I I M N
N W D E C R N A M K D P L N R Q B H F G O K G Y R T L A
U E O U N P D A W T M A Z R C N K K G J L L D M E C Q B
J W N L P R C A G D N J T T N M G R V Y L K F H P H N R
L E A B L H K M R O K G P Y M K K L H B E K D J M E D E
C R F N I B K S B K L G N I T H G I F U F G N U K L Q L
T E E N K F T A K L L D Z D P X Z H V Q G R M R J L R L
G R E K V R M F E C U A E F K X N Z L R N V Z X P K Y I
Y Y L K R M A Q Q R A E D N Y P V L Q B O K M D V M N M
G V I L G N N N K T T J M Y E R W K R L R N X P M Z E
T C N N C X R J K G M S Y A F A J I M S T A F F O R D V
L N G Y R L B H M R L G E R G K R C N F R T H K B K Y E
K T X X V N N R W M C D C H R I D R C T T M M F H D G T
R J K J F Y X K G H F G J V T E C P I Z L F Z M Y G L S
P X K T B A N D O N T H E R U N T N L N M M Q L F R F V
N F P N K L N E A R C C M E G R O E G W G H V R X T N X
```

Andy Kim	First Class	Kung Fu Fighting
Angie Baby	Foghat	Lamont Dozier
Band On The Run	George McCrae	Longfellow Serenade
Blue Magic	Golden Earring	Maria Muldaur
Blue Swede	Hollywood Swinging	Rock Me Gently
Bob Dylan	Hooked On A Feeling	Rock The Boat
Dancing Machine	Jim Stafford	Steve Miller Band
Dark Lady	Joni Mitchell	Terry Jacks
Eric Clapton	Juniors Farm	The Streak
Fancy	Kool And The Gang	The Way We Were

1974 Songs & Artists 2

```
R B C C Q C M N L R F L Z G N N R J B L M F M M X T Q N
G O H P N M D W J T V G R K L F T D N P N F Q V P R K L
K O Q J J U D K Z M S N A C I R E M A L S R F M I T K O
M G H M X N S R R R T N M T A E N Q Y B F Z H G F H G V
P I Q L Q O R E K X M L V B W N Z J X M D N H P K K E
F E T T E I Z N H T W H B D O W H V T T N T G V X L M U
F D W Q C T J Q C T Y A O H R D T Y Z J E W W K L M D N
W O R X Q A M L T W N O R Y N W O N V O H A O W N W B L
R W W E G T G E N L W I C Z Z K R N U B T L L D O L M I
E N N S K S X Z B D K L S T D W H S A E G T V H N N B M
N Y O S L E V M L E G Y T N Z K B K R L R M S T M U L I
I M D E D L K I Q R T W R H O R G L H R D E G O M F S T
A C N D R L W J L M V H V T O S O X D N D S K L P D R E
T H A I I I G P T B Z Z E T P O A L G I W T O N D C K D
R A N V B V H H G X N R H R B B Q E S J C J D N Z T F O
E K O A G S Z X T R N E P K E L L J S C L E O S A Y E R
T A X D N N K E V E R L A S T I N G L O V E F T K D N C
N K V D I W J Q W S R C V K C J V L F V K K K X B P T H
E H C O K O V F J X Q N E E T X I S E R ' U O Y P E M E
E A B I C R J M N Y L X V P Z V T M Y R Q Y P C C V V S
H N R T O B C W L N M C F L P N C F M M F N M A X Z M T
T P N Z M Q Z X T D L K K N B Y G J L Y Y R L G D R T R
S L L E B R A L U B U T N P W W D G L M B R K X G K K A
K L K Z Q K B O B B Y W O M A C K N W L E U W T M W M B
G L P N M G W M R T Q K W G O N H Q T P F Y F X R K V Z
N V R K G F M N Z D C L H L H T T R A L T V T F L M B X
R H L R N W W W R L T P M Z T R B P V K M W L W E D D P
B T Y Y Y V M B B K Z H J U N G L E B O O G I E M T R X
```

Abba	Everlasting Love	Righteous Brothers
Americans	Jimmy Buffet	Seasons In The Sun
Bobby Womack	Jungle Boogie	Sideshow
Bo Donaldson	Leo Sayer	Sundown
Boogie Down	Let Me Be There	The Entertainer
Brownsville Station	Love Unlimited Orchestra	TSOP
BTO	MFSB	Tubular Bells
Chaka Khan	Mockingbird	Waterloo
David Essex	On And On	Wildwood Weed
Do It	Paper Lace	You're Sixteen

1974 Songs & Artists 3

```
L D R H L Y J Y W G K L X Y L R B D R K Y T P K D X G T
Z K Q T L T G L M W L B R U F U S L Z P R D H C Q L Q B
L H B G M V Y V O A M B Q H Q M C E C D N A X M M D K Y
B U N O B H N Z H V Z M K X J N M I W H N T N P Y N B P
N E W C Z L K T L B E O N N Q W J F N W V S N G L A B Y
P S P E K S M W R N H S L L F D B D X K C N M N B B N B
N C N N T O C K Q M L B T D P B M L V N G O K H M R C D
R O K X T W Q A Y P G P T H D W R O K D Y R C G T E V N
X R B R B E I M G M T O L R E W T E K Q B A L X G K W A
G P C B M M Y L D G H H R E T M T K X Z E D T N N C M S
H O L W X E T P L W S Q O P H X E I H B D N T R N U S I
E R T L R V N I S I B T C Y H N M M Z M N I G J W T K E
L A K C L O B S N X E D K G X C A Y H W L L C C E L K R
P T K P P L E J N M N N Y V V J X S C S T R A K J D L D T
M I F F W U K C K H A Z O G H N N I I C T C E T H A T S
E O C V G O T G D W C N U N L D R P L S I H L K K H B A
C N Q E K Y N N K R K C R Q K G C J I M T N P Y Q S N R
B N H L Z F W B B K T D B G Z W W N C D A A O D F R W A
G T L H L I N M L L R P A Y X V T I N D U H G F C A B B
C K R E K O J E H T T R B K F H L A D L H T N K L M V R
N O I T O M O C O L X Q Y C E E E R A N K N H I J E T A
W N M K X R Y W R V H V J C D I X N F V H N N C V N D B
M T J B W K K R C M N R R A N D K F N B R C Y H N R C C
D K N M K H C X K R L A K N R A V F K Z H G Z K B P A R
J F T Y Z J H J M X D N E Z W M P B G D W R P Q K D X M
W R K C Y P R V W L U B R Y M B K M J Q Y J A Z Z M A N
V R N L M L K B E F T H E N C A M E Y O U T J Z G F N N
Q V N T W Q Z D N O M S O Y N N O D N R V M N C T Q J G
```

Barbara Streisand	I Can Help	Oh My My
Beach Baby	If You Love Me	Paul Anka
Bennie And The Jets	Jazzman	Rock Your Baby
Boz Scaggs	Jet	Rufus
Cats In The Cradle	Linda Ronstadt	The Guess Who
Delfonics	Loco Motion	The Joker
Donny Osmond	Loves Theme	Then Came You
Funkadelic	Marshall Tucker Band	Tin Man
Help Me	Marvin Hamlisch	Tom T Hall
Hues Corporation	Mike Oldfield	Wet Willie

1975 Songs & Artists 1

```
J P G W N Q R K L H Z E A R T H W I N D A N D F I R E C
P H L L V P C H V K H K B T K R M Y B M N P L L H C R G
V K D K N T E R I F B N T V M N L Q M P P D T L T P Y N
E P J R R A H R K F T B K R H F M R S C X H L T R K V C
J M X I T H E W L X M R B N J N R I F L W D T N P R A
M H I W V N D W H B R C D I X L N Y R B W R C C B H N P
P R A T X E M J Q U Y Q B T Y O N Z R K K V N P N I M T
C V M M D P T W X N S O V K K N K X A T K H V H R L R A
E R E C A A J A Y B R T V R X E G K H H T D W N N A M I
Z X Y L J L B D L Y J M L T Q L N P R X R N F S E D M N
L H N V J M T J L K N J Z E N Y C M O F N Z N G M E V A
P X O Y J M N F R R I P W B F P D L J K L H C K O L M N
J G H V P K N E V D T N V M L E M T A B O N S J W P A D
J V P M G Q C Z E K H D L M Y O L W M J L A X V Y H G T
L R M N L D J T V U X T S Y D P F W Y X T T Y P L I I E
L P Y L A K R L K P Q D P W K L M M P U L N K P N A C N
T L S D J W Y E N G R G I T N E M B R T A J Z R O F Z N
K N Y B T K S M A Y G G L M F A L D V P K R R J C R D I
K R T G K T M Y B M H J F Y S D A T M Z B P T K L E W L
Y V I V M W Q K L T W M V G I Y N O H J P F Y W Q E K L
L F C M V F C X T L Y E B D N N C J G L T T V G L D X E
P X L Q Z A R W B M I G A I B D E X D W G K K W T O E K
Y R U Z L J I K K L M B G V A D Z Y H F Y G J L C M T J
T M O B C L T Y J K P H N B E B T R E B L A S I R R O M
R V S R L H L L T D T R M W Z R C X Q S F A M E P C C Z
K H Y E H O N L Y Y E S T E R D A Y X G N V G B N R S G
V K Y K X M G M I N N I E R I P E R T O N L N Q W V I K
F G W Q H F R V X L K R T E D A L A M R A M Y D A L D R
```

Ace	Fame	Minnie Riperton
Bad Company	Fire	Morris Albert
Bad Time	Fly Robin Fly	Only Women
Billy Swan	Heat Wave	Only Yesterday
Blackbyrds	Jive Talkin	Philadelphia Freedom
Captain And Tennille	Lady Marmalade	Queen
Disco Tex	Lonely People	Sammy Johns
Dream Weaver	Lyin Eyes	Saturday Night
Dwight Twilley	Magic	Soul City Symphony
Earth Wind And Fire	Major Harris	The Hustle

1975 Songs & Artists 2

```
Q Z Y T T G J W P M M Z F J D Z M T Q F B Q L D F G K P
J L P N R M Q D J J S L R C K L L M T L V P R K H H L L
M H Y Z H B L K R A J A B L T K E M A V D O I W F C B M
C N T N K V N W P T N T L K M L P C G T R D G L V D H Y
Y K D G W B J L F X H I Z G I T K R Y L V I D X Q N V X
V J G P M O L D D A Y S S S U W O O F M Y A N B Y A A D
V D T L T R L N T B F R S I A O B L Y H G C A V N B N M
T K W W L T T S P K P A I T A W D Y I M X O L M G E M K
G M Q L G C T J M L M L E F O N F L L P N A S R R T C L
R X M N X H G X M A L R R C K T R D O N N T I Z K I C Z
J R M H E Z N C A P D E F C V H X K R B E R P N H O C
X J K W D V L C V M F N C Z K Y T D M M A S T R T W Y M
S W A J R M H E K Q O N M I K E P O S T Q C J F N E H K
L Y F F D E I D N T N T Q L Y S B Y R R N M B W A G T M
K F L T S K K K S Q N J R H E C B N O L E J W T M A L Y
D W P T N D N E K R L K W E V P M P Q C O R L W Y R M W
O L E A R M N H K X A B R M L R H M B E L V L D R E K S
C R R R O I K R C V B G W P L Z R O C N K M K W T V N A
T F M M H H Z G F N E V K Y H R N O E C A K H V E A P L
O B D R R Q I G R D L M L R N O C D R B V V S F O X T G
R R H C M H R P E T L D Z K S K X C R N E G Y T P H B U
S N T P V K M E P D E T F N E L X T V N R S K V Y T X O
O F Z B M K R L J L G G O R G V J L Z L Q X N G E X N D
R N M B G H H M V W A R Z N V K R R K Z T G K O V H K L
D X C Q T K H H K P K Y Q R X W I N G S C B Z H W W C R
E N R Y T M N D R C R M E H J K T M R Q K J T Y D P C A
R R G F T T J D I D L R V R E U L B T H G I N D I M M C
S M G R N Q V M M J G T N C S N N N R U N J O E Y R U N
```

Average White Band	Joe Cocker	Phoebe Snow
Black Water	Labelle	Pilot
Carl Douglas	Melissa Manchester	Poetry Man
Carol Douglas	Mick Ronson	Rhinestone Cowboy
Chevy Van	Midnight Blue	Run Joey Run
Doctors Orders	Mike Post	Styx
ELO	Mr Jaws	Thats The Way
Frankie Valli	Odia Coates	Three Degrees
Island Girl	Ohip Players	Van McCoy
Janis Ian	Old Days	Wings

1975 Songs & Artists 3

```
E B L L I W S I H T B B T E X P R E S S R L W F T B L M
E Z W N P M Z K V Z S H Z D U O Y N I V O L L B P K L C
Y M C W F E B K N E T E R J D K S H I N I N G S T A R L
D N M Q R X N T T T B D C O L F Y N R G H K T B Q B L T
C G K A W P Q D T I G M O A N Z X Z T M G N D G N D X L
T F N T T R Z K Y M L G R C M P W M L H H B K N F R F M
P K T G G E V N C O O Q T B Y H W F V N J F K O B T V N
Q E J N J S F D T N Y D A L K O T J Q G W K Y L A B L B
K K T W T S J D E Y T D L L L F L Y E P W M M W Z Q T Q
M A A H K W B R P D F W X I E E R H R T H F T O U Y X D
G C S K J K U F K K T Q N M D E V D V G H L L H K K N R
N E I J N O B J Q A X A H A L L N T Y Q N R F N A N V J
L H L E Y M T D V F M T V R Z I Y V W O B I O Y N X M Z
D T T S J B N A V Y I I K T K N V B R L M X Z T T H M B
M T O S B B B R E R W D Y F L T G L L W L O K M A U B N W
R U N I Q E F R E E R R M H V S E P P J L W B G M L M Z
Y C M C S G A C S T E V G N T A Y D N M H M R Q M A L Q
Z M I O L B N S F D N I M Y N H N L R O J V B I L M M N
D K L L M A E T D Z N E W S T L T T T G N Q V M D X T D
T Y M T D X K Y K O R H V M W T F N W W N O L J N E K T
J M T E N D F C T C N V X E V F R R U L P Y S X X Q R X
K P N R K E R N M M P J K N S M Y N D O M R G O R F D L
J X B N N X W K R N W K F J N T R N G W Y Z J V N K R C
D Q R D Q O F K T G L O R I A G A Y N O R Y V C L G Q V
C G E H D D P L R O C K I N C H A I R V M K L R P R R Z
R R M T B L K T R N G B R C N L X L B Q M Z K N K P T W
V J E D J T C R R L D T V N K K R N X F H L K N O N V W
D G R Z L J N F K F W C H K K V N N Y G L R L F X Q T J
```

Amazing Rythm Aces	Express	Lovin You
At Seventeen	Feelings	Low Rider
Barry Manilow	Freddy Fender	No No Song
Bazuka	Get Down Tonight	Only You
BT Express	Gloria Gaynor	Orleans
Cut The Cake	How Long	Rockin Chair
Dance With Me	Im Not Lisa	Shining Star
David Essex	Jessi Colter	Tavares
Dynomite	Jethro Tull	This Will Be
Emma	Lady	Youre No Good

1976 Songs & Artists 1

```
L T J C M F N O S N H O J S R E H T O R B X H G Z Z J C
S H A K E Y O U R B O O T Y U O Y N O Y Z A R C E D C Y
B W J C P R L X D F N X Z F M Z Q Z Q M R Q B K T Q N K
B Y V F J L K D T Q S G N O S E H T E T I R W I A Z R V
R K J R C R L T N L G Y V M V M B C M F R D Z S L L M X
M F R B C B W W J U M O Q B K Q Y N N N R P W C S O M W B
J E N R B R K F Q Z O M L P F G E T C L O S E R C M K E
M R K O T A Y H M R P R Y D T K M X Q B J W L Z O P R L
H N G X S W Y W F K L R A D E P L M J E V Q W L H I L L
H A N R R N T C E M R G L P X N R B F M M Y T M C Z L A
B N Y V N P I M I E G N Y E O T Y F Z A Z V X C T Q C M
M D C T H K E B H T Y R N R T H E E X Z M Y A X O Q L Y
Q O W T L V Z C O H Y I K D Q R S I A V M R M S H K N B
R S R R O V D P T R D R R X S J N V E R M N W E J Y O R
G B T L T L R C X A E M O O N E T M D E S K T T T N S O
Q J B A I H M Z R H M U N L N B E G N Q N K G A X N N T
Y M L W N T E R R L G S S I L H L Y F B J I C O G P E H
V M Y M D D A M N R T N G I T E L N L G V K T D M O B E
K H G L Q C T M I A L H O S K Z R R M V F I R N B H E R
H W M M H J D A R R T W A S R C M S R M K D L A M S G S
P L C T R H C S L I A I T B A Q I N F L D E P L D I R T
R C I J C T H N N L D C T X Q G F V N Q G E L L M B O N
M E R V H I W G C A Z L L P T J N W P K P G L A X N E K
K Y V N P B A K N G R Q B E F N F I T T B X J H H I G R
N P T K D L T R K L P W L T S V H T S K R Q M N T V F N
Z P X X E Q V N M D V G I L O V E M U S I C K V T L W L
R N S T A R L A N D V O C A L B A N D N V L V K R E Z C
T W Z Q M L Y M B K K N T L L A C C M W C D Y K H V Q N
```

Bay City Rollers	Golden Years	Maxine Nightingale
Bellamy Brothers	Hall And Oates	Nadias Theme
Brothers Johnson	Hot Chocolate	Shake Your Booty
Crazy On You	I Love Music	Shop Around
CW McCall	I Write The Songs	Sing A Song
Elvin Bishop	Jefferson Starship	Stand Tall
Eric Carmen	Keith Carradine	Starland Vocal Band
Fernando	Kiki Dee	The Miracles
George Benson	Kiss	Vicki Sue Robinson
Get Closer	Love Me	Wild Cherry

1976 Songs & Artists 2

```
B R D V R G P T H G I L E D N O O N R E T F A W D S S Y
T Q Y R T P T R L L H K W R X V L D J Y J X M D Y E T L
W L P M A K D Q D P D G K T J N M S N T L T J K Y T A K
K Q A S W H N A T T P I R N P X E N F M H C L A L O R Q
V K R Y J S C L V H L Q S C V R A N C I L L W B W N B P
K D L A N I T I L I K O M C O F N M S T P A K M P E U M
G G I D Q L P M R H D L U D O L L M W E T W D B L U C Y
W G A Y L V G P Z F H R O R K D A D M E R B J J M L K A
B K M P W E J K W Y F M U T A S U E G Q P O W K Q B M W
O K E P R R V R P Q M I T F Q W V C T Q H H W B F L T E
O F N A T C W N D O Y D L U F O L T K N L N L G P R L H
G T T H L O Q M C Z T L E C L I L S T W Q N G B R B G T
I Y K R K N K T M T K R V U W O N R V W K W L T L K L E
E Y M D T V K W R N A M O Y V W A P K G N D Z L R N W M
F L T N R E X N V D L Y W E G V W G A R Y W R I G H T W
E C N P H N W M E N Y S H Q O X T V Y J D L K L W K B O
V Q E J P T B H M A N U Y L N A M D N A B R E B B U R H
E N V Q J I K R S Z R R T L C J H M T W T N W R V J C S
R Z I J D O H F L T K A G K V Y R K Y N P Y M Y N N Q D
W C L N N N K T S V H N K N T E N O E H T L L I T S Z K
M D A R O A N N F O X O N T H E R U N M Q N N Z Q C X L
C Z S Q B N M Q F Z R Q T B C K Q S W B W X R Y F J M M
V G I K Z W N O L O V E R O L L E R C O A S T E R B L C
N T E P Z X R A W P J P M T K K Y H P R U M R E T L A W
D N V T J B Q K I L K Y G F T J K L R L K M H R L W B D
R T O N L F B X N H I N X P T L L D C K M V J P R T Z F
N R L G K N V Q Y Z R V N M W R N D P G Z K L L K G W K
B E A C H B O Y S K V L E N G Y Y P Y L T Q B L L K V B
```

Afternoon Delight	Fox On The Run	Rhiannon
Beach Boys	Gary Wright	Rubberband Man
Blue Notes	Getaway	Say You Love Me
Boogie Fever	Happy Days	Show Me The Way
Cliff Richard	John Travolta	Silver Convention
Commodores	Lou Rawls	Starbuck
David Ruffin	Love Hurts	Still The One
Disco Duck	Love Is Alive	Sylvers
Evil Woman	Love Rollercoaster	This Masquerade
Fanny	Parliament	Walter Murphy

1976 Songs & Artists 3

```
Q M R V Q J T E U R T A E R D N A T L J V N N G R Q Q G
P Y L Q T H G I R O S E V O L B H T C M C M R R M R M C
P R R L B M F B N R L V C P G T P S K D T R P R U S K D
N W W T T N G L A F M I Z V E M I B R N H M K T S W M Y
Y F R X T M R N M B O D V R T L K E T T Y Y L C K E C Q
Z C M K G R N N C M P U A I L N A X Q G H R O A R E Q L
Z N Y C Y F N T I L B Z R Y N M I W K T K R W N A T C F
I M E H L V N H G Y A B L S O T K R Y M K C D D T L P R
L M N T H V M R A N T O F N E R H N E W Y K O I L O V K
N X O I K M C L M J V E Y M H A P I Q H Y H W S O V M P
I G H H V G C R N E X V N Y C G S Y N T T K N T V E Q Y
H V Y H M L C X S T H J T I K G W O J G P E D A E V H B
T J E Z E R E O F T B H R V H K K R N M F T L N Y J F W
C T N N C N N M G J M Q J K J C V C J S L N Z T X B S H
N F O G T G R Y D H G H D O N N A S U M M E R O H F E B
Q Q M K S J K Y E L Z G N M Y K T M N X L M Q N W F E K
N M Z R B Y K R G N O E M T N M L O E T B L D L W M D H
C B N G Q J I V M R E R M X D F T Y S V V B W B Z M K C
D T T Q R T N J W T O R A Z C P R U V T O Q E K C T C W
G M M M A K X N X V B S L H M C M V K T M L W T K T I Z
M R W G L P D I D N D M S A R M Y V G G L G X D H N R N
J L E W C R S R X K X D R E E P S N A T T A H N A M C F
P T Y B D Y N D H F C F V R K P W K K C R M Y T N X J Z
Y J C P L B H R W K R E L B J R D O R O T H Y M O O R E
W N X N L N J Q B E N T X R P R F R P L L D N J N H T H
D L O Y T H G M T I C L A R R Y G R O C E R M T C Q X T
Y W K V W J R E P B J L T L Z L R M M R V M H V T L V Z
L Z N X T J P M N W J L N R L V M M I S T Y B L U E V G
```

Andrea True	Larry Groce	Muskrat Love
Beth	Let Her In	Nazareth
Candi Stanton	Livin Thing	Only Sixteen
Donna Summer	Love Machine	Peter Frampton
Dorothy Moore	Love So Right	Rhythm Heritage
Dream On	Lowdown	Rick Dees
Four Seasons	Magic Man	Silly Love Songs
Harold Melvin	Manhattans	Summer
Henry Gross	Misty Blue	Sweet Love
I Never Cry	Money Honey	Thin Lizzy

1977 Songs & Artists 1

```
G U O Y A B E U L B D T F C H B T L R Q T B K Y M T T M
D C G K P W T J N F H M K G M F K J R Y N G K C T Q F W
M N K N N X R V H F T M B E S T O F M Y L O V E N L G L
C H T W P K H R A T L A N T A R H Y T H M S E C T I O N
K B W Q Z M T V F N X V M B C N G W R K K P C E J Q B C
W T G T Z E V O L O T Y D O B E M O S L T J J N P Y Q N
T J M T R G N K G M W V R N Y P H F W Z A B G G R N R F
D S I N Z R J H R T N X L T M X K Y T N V R L E D K T H
K W O T L C O M E S A I L A W A Y C D F W I R L E F M X
Z W X U S R O N N I E M I L S A P C Z C F C V B Z Q F H
G Z H M T S L J H Z H K R J J L O K A T F K X E A G H O
D Q H E W H O Y R K F L P K Z M O R P D Z H T R M T N T
A N C R N H E E B K C L C G P C W X X G K O R T A R X T
Z R X N X I R R A T B K M A E A X B H J R U A H M R R K
Z B E N T H N V N S Q G N M S N J G H X E S W U I R J Q
H N N N M W B E C N Y Y P H P T M M L W G E E M E X T W
C Y I A I D D Z E K I Z N A K K L N F B E L T P B V X J
P X L M M L H T D D E G B N H B M H P N S C S E Y D N K
M L C R A D R Q R L Y L H X L O R V O L B M L R A R N H
A D X F B E E I L B O O F T Z L T T L T O N A D M V L N
R H V Y X X R I A C G K U L S R A L Y H B R L I D Z T M
T K N F N J C D R T Z P Q G C O J Q I G X K H N P X V L
R H T G D U V U E F E K N M L M T V Z N C C T C R T L N
E Y Y V L N I M P K N J K F K K J J K I E B J K M J G K
P T D T V S P C L N I A K K M R Q M R D N V M C M N T Z
U T J J E T V K M H M L E B B B R B B X R Q X H N G L N Q
S Q N X Y C G D R N X K I D R M A R Y M A C G R E G O R
F V F B G C T F L W L L R I G H C I R N K Y W W H K X B
```

Al Stewart	Dazz	Mary MacGregor
Atlanta Rhythm Section	Dean Friedman	Maybe Im Amazed
Best Of My Love	Engelbert Humperdinck	Meco
Blue Bayou	Float On	Pablo Cruise
Bob Seger	Hot	Rich Girl
Brick	Hot Line	Ronnie Milsap
Brick House	I Like Dreamin	Somebody To Love
Car Wash	Its So Easy	Southern Nights
CJ And Company	Jet Airliner	Supertramp
Come Sail Away	Lucille	When I Need You

1977 Songs & Artists 2

```
R Y Y T T K B A R R A C U D A G K V V K M Q F X D C Z G
G T T Y Q H K X D E B B Y B O O N E F A K C H H P S S W
D N C R L W Z X N Z K C T F M F R N R T V K R P N Z O T
L T J W Y Q C J T N F J N V K C K G H P S E J O J B I L
N R Q E A N R C O L D A S I C E A E F A H R I R U L N K
Z P F R W D N M M W M R H N Y R L R N G V T F R Q M T K
R D P E N C T X G Y T L N G I M L F I G O M T K G E O R
L B C A W T E X D K C D Z T A N O H H M B O J G W L Y M
L B R L O B V N L C D H A H S R D G E N N K W F M F O F
N W N L R V A J M Z G V O H D N R E V C J Q N L R F U T
N R E A U H W K L G I U A T A X H M U D F C N Q Z U N T
H H E L O T T Q R L S U O R E T P M A E N Y J R H H J M
B U U O Y K A M L T N W E N F L M G Y N M K M Q L S Q M
Y N Q N O K E E O C N H F B N I C X E G D D L J V O L G
T D G E G Z H N A S G Z R T N A T A K O R R N Q Q D T T
Q E N V L L T S E I R K A G L D M M L R R E E A P I K Q
Q R I J F Z S N H P X C S R L R V D Q I T G N W U L G W
R C C L J I D G R T E R X M N A B G E G F H E I G O X Y
K O N Q D B K K C H J K B K N N N H T R N O K D H O Y K
L V A Y A Z Y Y T D N M J D G D L N D B F K R X U G L J
Q E D N F M F F N R K Z B J N Y Q T D Y Q N T N N K I D
M R D X W N O J K H W W J C H N C C T R R M A W I W E H
C A Y T N R B Z T X M F M J G E K V T X T W Z M L A M R
T N L P A N I G H T M O V E S W N W W M Y A D O N A L A
T G B E L R D N Y M Q P F L B M N W O T N I D I K W E N
Q E Y M K R D L L N X W L R H A P P G N J R K Q L G W W
R L J L B P W M L B R L J Z T N N D L L R R T Y Q W G G
K T Y T M S E N R A W R E F I N N E J R L N T F G T D W
```

Alan ODay	Heatwave	Randy Newman
Andrew Gold	Higher And Higher	Sanford Townsend Band
Barracuda	High Inergy	Shaun Cassidy
Burton Cummings	Hotel California	So In To You
Cold As Ice	Jennifer Warnes	The Emotions
Dancing Queen	Lido Shuffle	Thelma Houston
Debby Boone	Manfred Mann	Undercover Angel
George Duke	Margaritaville	Were All Alone
Go Your Own Way	New Kid In Town	Year Of The Cat
Handy Man	Night Moves	You And Me

1977 Songs & Artists 3

```
D M K Z M R Y F H Z F C Y K L K M G N H R Z F B M J D N
P X X W K B J C T L T D F O M T Q T T N C N L H M N W M
L T R N R G Y G L O R N L G U C Y D Q W H B N N A N D N
M P R T R N C L N I D A E W N M E X S M J T M B M K N H
V B C G H F K A T B L B S N T I A G B R Y Z S R V C D P
F L V G Y R N N W M F R R M N M L K D J E E Y G B R J N
H J J M C D O V G M K E U L K J W S E I U T G C R Y A L
K B T Z O C W V D W B V O X G T D R L L L C A P W T Z Q
T Y K N L N K B R F R I Y N T R Q H B O O O L O A K F L
H P K L M B D R P Z V R Y L P L B X B H F V O L L N W R
P E I H T L R M G O Y E O T L G A B Y R T G I C F F C V
F B A D Y H X L D D K L J B C M I R V Y J E R N A F Y R
N Q Y R N Q T Y F H E T N Q I G R R B L C K T E G T N H
H E M Y T X S G P M N T E L Y J X Z P O K F M P N F I Z
P C K T D S L Q M Y N I C D N G W P L K A Y P H D L U R
G Y P K E A Z J T N Y L N F Q K T E D L N F C M C P L N
M O M Y T Q L T T N A Q Y V B L X T Y S Z M L Q V Z N
R R X V J G E L L N O B H Y G M C N L V A P L Q C R W O
N E N X G B R N A F L B N W A L K T H I S W A Y G G W S
Y S G J K Z N C Z T A C P Z X Z R Y L L P N L K C Q R N
J O K C R H S I W I N L G B M F B Q H V Q D P T K H G A
V R A M K N B X N Q M E G N I V O L E H T R E T F A M E
J L X K Q T P R H K M N M L N P R W L Z F E H N Q N K J
B D N B L T L E O J Y L L I B B J Y N T K A T R W R C N
N C C R Y S T A L G A Y L E T H Y O U R E M Y W O R L D
V X R L Z Z M B D K R K D X V N F L K X M S Y N R Z D D
X T P E T E R M C C A N N L N Z E M I T T I T N S I Z H
M L Y N Y R D S K Y N Y R D H M M S Q D F M X N N C Y M
```

After The Lovin	Heart	Nils Lofgren
Andy Gibb	Isnt It Time	Odyssey
Bill Conti	I Wish	On And On
Billy Joel	Jeans On	Peter McCann
Black Betty	Kansas	Rita Coolidge
Climax Blues Band	Kenny Nolan	Rose Royce
Crystal Gayle	Little River Band	Sentimental Lady
Dreams	LTD	Walk This Way
Enjoy Yourself	Lynyrd Skynyrd	You Make Loving Fun
Floaters	Natalie Cole	Youre My World

1978 Songs & Artists 1

```
Y J T S A N T A E S M E R A L D A P Y K Y O N V K F K M
F T W G P G G X R K X L N M D P F Z N C N M T Q K H M X
N N N R U N N I N G O N E M P T Y F C B H R V Y Y V P Y
P O Y T R E F F A R Y R R E G F C L R B M R G M L L C N
J M D V R L N X H W B G R H K M J O R H T T I L R L H V
L L A L I C I A B R I D G E S H A T F D F N X S T Y N T
F B R J O K K L L T Q K M H G D R K Y Z C M G G R B B A
F E L B G H J T T K R Z D D W L J Q C K Y T J T D E T S
N E T P F D Y E N O I G N A M K C U H C L T R T K T A T
B R H L D W G B X T K L Y K J T N N K C C K M Y M M Y E
B I M G X K M H A Y J N J M Q D P D N C M N L R W E M O
N S N M F V N B N B N N E D R U B F O T S A E B N B B F
I E M Y P R P P E L G X D T C L N P V Q L N R O N F R H
C D Z P B X T J B D X B K R T D O M K M G C M R K Y T O
K M T H C A T Y O Z A L E L N F S C V F T E Z Q D P L N
G H C R Q T B X N B M V K L W N A R D Y I C B Y G Z U E
I K L O R H N L Y K O X H D O N M G C D M R B C W K C Y
L R H B U L J C E L J T R R R M E R D T G O M V Q N R T
D H N Z X N O P Y G I Z X T B Y V E J T N T N L X H E T
E B E L T M R E M N T D D R B A A H N Y R V C C X T D
R T M Y E B A O S H L A W P E M D S I W R F Y L Q R S L
C R R B D N O I N N J Y Y K T Q Z E H Q T N E Y T N Y N
Z T A E I E T B T M D J L M E G T N T N Q W N M H Q O R
R C M G Y T A F J H E N T L P Y T X T N B L Z Z R R E M
K K A M A A D N F A V M R M L N J B Q O V G K P J P U T
R M R P T R L R I Z M M K E N T N M B F Z Z R W L B L Y
I X L V M W G P J E N E R E M O T G N O L E B U O Y B J
T B Z C Q K L W K H Z K S Z S E R P E N T I N E F I R E
```

Alicia Bridges	Count On Me	Nick Gilder
Baby Come Back	Dave Mason	On Broadway
Baby Hold On	Desiree	Patti Smith
Beast Of Burden	Ebony Eyes	Peter Brown
Blue Oyster Cult	Eddie Money	Player
Bob James	Gerry Rafferty	Running On Empty
Bob Welch	Grease	Santa Esmeralda
Bonnie Tyler	Hey Deanie	Serpentine Fire
Chris Rea	Imaginary Lover	Taste Of Honey
Chuck Mangione	My Angel Baby	You Belong To Me

1978 Songs & Artists 2

```
K S T Y Y R N B K N C N D J K S K C I N E I V E T S J D
K D I Q V B T P L T I A V N G K M M R V B C N M L W M T
C H Z H T R Z K Q N H M G L I B U A E B Y B O T N N R W
A M P W T W C Z F J C I Z H H T G J W M M T C Q V F T T
B Q C R M A Z R C T T L L M M W S E N K Z J G Y G W Y P
K B Y X L K M T N F N L G E K N Z A P N Y K J R Y F R P
O V N N T L Z Y R C M E K F B H T H H C L O X E H X Q P
O L B K N Y Z M N P F E F N N L Q X P E E H M V B R K G
L K F Z K M X C C N Z N W G P L A P Z W A D Y W Y H K A
T S E V M T R F R K H N Q Y N C G N A R E R M W R K L D
N A F M T Q T V L D P O W V X B K L C D N E T J X W X F
O M I N R R Z R M P V V J E R L S B E A A Q M A A Q P T
D A L R D A H B G M K Y M M D H N E M T N L K Y C Y P I
N N T Q X Z Y W L N R A N B S K N N L L J D S H N H M M
W T E B L Z J D K Z N L H H Y U G O R B L A C F R P E E
H H E W T P P V I R T N A V O N A P R F N M F A G B H P
O A W X X W D K U O U D R Y S F T L K D R I M F R N K A
A S S J R T X O F H O R V M T H M V F T J S N T W R Z S
R A M V G V Y R S W R P T K X M O O L T R S M J Z N L S
E N L W F S Z K D L R X M R Q Q R R G M R Y B N Q D K A
Y G R J T P N A R A M O N E S E G L T S R O F C M N M G
O Z G A L U N Z X M G X Q H V L V M K P Y U H P D P D E
U K H K F C C N V R E T N E R H F O X Y E B L F N G W S
Z W V N I M Q K D L L K R R V L C L N N P O A Y T X Y K
B W O N K J L G I V Y R G Y C Z F K R G Z R P B H J M M
D C G T N T M X G O O D B Y E G I R L Z X C R L E Q R L
G T H J K Z E X L K L B F N O S U G R E F Y A J E H K M
Y P J H Z L K R L T H U N D E R I S L A N D R R V F T L
```

Always And Forever	Johnny Mathis	Stevie Nicks
Chic	LeBlanc And Carr	Sweet Life
ConFunkShun	Meat Loaf	The Babys
Dont Look Back	Miss You	Thunder Island
Exile	Peg	Time Passages
Foxy	Ramones	Toby Beau
Goodbye Girl	Raydio	Whats Your Name
Its a Heartache	Samantha Sang	Who Are You
Jay Ferguson	Shadow Dancing	You Needed Me
Joe Walsh	Short People	Yvonne Elliman

1978 Songs & Artists 3

```
L H Y V T F B H O W M U C H I F E E L M L G C D D F Z H
Z M M A C A R T H U R P A R K T T V V Y C Q J P N G K K
K B X X K G N U O Y L U A P N H O J Q K C Y Y R Y H P M
B T F M D R W Q D C Z Z J R Q P G D N L K L J Z G M X
Y C Z T U R N T O S T O N E Z D R Q C L W E W L A X N R
K B R Y N C L C O K D D L R Q N I M A T I C H M R T N H
R T T R R P A X G M V L L K E D A S C F D L K N C L P M
H G B R O B N Y N E M P H B N M N G G R F J O T O X B P
F L J K B R A D E G V N L A A W I A E M N S J H G H R L
G L R K E C B R E J F O U X O K R N A R P O K T I Z W X
P I R M R F A R B G Z O L D P R E G I M E F I N M K B Q
M H D K T Q C V S K Y K Y R E L N R I S Z T J T T X L F
P N X T P K A X E F K A C T U E R S S M C G L Q P L M M
X A B Q A D P Q F T L L T Z T O D K V T F I E A T U Q H
N D Z E L E O L I R N D D A P N S T R M R T N N W J R V
H R N M M N C D L F R C N A A E F X D D T E X G E R R E
N M C O E I T P N T D D U D S N M H J M T K E K B S L R
Y N G T R E G J J X S L R I F Y C F R G N R W T L G I Y
P B X I G C T B M T D O M P J T D A V I D G A T E S N S
F H W O M E L J E A F O K T C X R Q N M F H G M X V W Y
T F Y N T W K E V H R I L L E N N A V O N I G F M Y M K
K G F X W I L I S P N T L K F J J T Y G R N C B Y P K T
Z Z N X V L S A B X L Y I V A V K T H H C M Z T N T S L
H R Q H V L L F F K B N D T L D X T L G Z B J K J W R P
K X G N Y I N F M K G F P R L X L D E D O O L B T O H N
B M Y T V A Z V N T M T L N I G F M P D W P N J D K M N
Q F M M L M T Z U C N F L H N K K P Y B Q H M R Y N W Z
G Q H V M S K T T X Q T N K G H F M D B T V T W F L W M
```

Ashford And Simpson
Baker Street
Copacabana
Dan Hill
David Gates
Deniece Williams
Emotion
Eruption
Falling
Genesis

Gino Vannelli
Hot Blooded
How Much I Feel
I Go Crazy
John Paul Young
King Tut
Lay Down Sally
Leif Garrett
Lifes Been Good
MacArthur Park

Magnet And Steel
Our Love
Paul Davis
Promises
Reminiscing
Robert Palmer
Trammps
Turn To Stone
Walter Egan
You And I

1979 Songs & Artists 1

```
K G V Z M P G F N M M H X C Z N J J K P Z M N T K T H R
Z R B D R K I B R Z O X B C N S M D H Z K T O T R M R W
R R H C G R N H Q L J G T Y V E N O L I A S S M D Y H L
G Y M T E Z Q T D Z W N L K N M K P N T P J R G M R N T
A K F F K G N T N S B L C L M A L A P O C O A O W A T H
L C A C H W H X L F Y O T B K J M T J M K N L T C P T E
J L M W V E C R V R C A G N F D L R K Q K C E T B P K P
L N Y Y L T I H E N K K O R W N R I T M C J T O K A Z O
B Y G I W G X H A E Z T F H T A L C R F I M T B R Z L L
T V N K D D C H M R H N W G Q L V K V T R Z E E D K P I
R E M A T Y E E N G L L G R J L L H K K T L L R J N L C
F V B N R I H J U V L I J P T E C E K Q P Q O E L A F E
K F V M B O R A X T V K E J L B Y R M Z A Z C A X R D R
G X M R M N N R R B F D D V L C N G Q E C I L H F A C
M N E E N D W T N L M T B D A M C A M J H H N J N N B B
H H Y R I J E D N K M B H X H N F N M R C K P Z D G J T
Z L B V N J T K K T M L J Q R I D C M B T Y Y G O T D
K H A T G X G N I M S E P T E M B E R W M K V C H H L B
N D E D T C K M B N N R N L K J C Z L B R A M N M K Q N
T Q H R I N L R W U T R C X G K P H S N J S B B D M K
F J T R B E R G R J V E N S K T R G Q W B T W L Q R T B
R E L P M A S E O J F K R E M K T N A H E A H L X N V T
G F R M M M L N M P H C L Y M L M R Y W K N N F R M L C
H T T F Q H T P I Y K X W E K K M J A L X Z B D K T Y T
J E M T F L Q L E G N W R D J E K R V N N B N J F D R H
X H N V L V K T G R H M G A R F T N O S S L O L E G I N
N M M A N G W L Z T T T D S H I P S H N J T L H T N M Z
F F M T J E D D I E R A B B I T T K X G R X Q Y X J Y T
```

Bad Girls	Herb Alpert	Poco
Bell And James	Herbie Hancock	Randy VanWarmer
Charlie Daniels Band	Hold The Line	Reunited
Cheap Trick	Jane	Sad Eyes
Cheryl Lynn	Joe Sample	Sail On
David Naughton	John Stewart	September
Eddie Rabbitt	Ladies Night	Ships
Firefall	Nicolette Larson	Take Me Home
Frank Zappa	Nigel Olsson	The Police
Got To Be Real	Patrick Hernandez	YMCA

1979 Songs & Artists 2

```
J R N Z P T F C N Y K G J Q N B X R W B F C J C W T Q Y
Q Q Q D V F M X J R F H M S T H G I N O C S I D P L L L
K Q T V X N N C Y D Z H K Z T Z B S Y Q N P K Q V L B X
P T K B J K J G T M I R N R T V C E Q Y N V R Z H L M J
L R O B E R T J O H N R E P X C Z T D R T K V C L X X P
Q N B K V T N L T L N J E X S N O P H M I L K M N D N X
K T Y K L V J G W H D K K S S D R O W Y E N N K Z B B L
P L D J T R X M B M T M L N T M A J L X K N K G K Q R T
L G A B O N N I E P O I N T E R I E M C A R T K Y T H Z
X J L R I C K J A M E S M H S K A T H B H I R J M E W K
E L L C V S L L I M K N A R F N R I H G S A S W L M K C
I V T J N B F G B H J D A N T F Z N T T N Q N O R K K V
D K Z Y T M K X G Y T C J Q L N W L K S Z I G G R J K L
N D F L J C V Z T R E F H W T N H N T R C I K B E B M V
O T R P G J L G A H T H E K N A C K H M C P H L C V M L
L T Z R J L Y W T T T F H T R Q P M H A T P T U A X D A
B Q B W L Y E R B L F F P M K L E K L T J E W E X T G B
K L P C Q T B K T K D T L L T S T S F L N G L S S N K F
M L J L S K I T L G K D O K C Z O Q D V W D Q B U N B B
N F P I S Z P N R D L T M A V N L V F B R E P R Z H T V
L L I U U T N T N K T Y P N G W C T G N Z L K O I M B L
V M T M Z K V K V A Z E R H M M R L P D K S L T Q R B F
A E P G D B L Q L L L N B M W C Y K X B G R H H U X V M
F O B Z N R J O D V W K L R M W F T K J Q E D E A N B W
P M Q A K T V P L D T V Q H D Q W D L N H T W R T V T P
N Y K Y B E R Y L O N E S O M E L O S E R S F S R T R F
E R I F L Q M F X D Q Y W H L R C L N Y N I Y X O G R Y
K M T H G I N O T T H G I N D O O G P L M S R J L M G T
```

Ambrosia	Fire	Rise
Amii Stewart	Frank Mills	Robert John
Babe	Gold	Shake It
Blondie	Goodnight Tonight	Sister Sledge
Blues Brothers	Lady	Suzi Quatro
Bonnie Pointer	Lonesome Loser	Talking Heads
Cool Change	Lotta Love	The Cars
Dire Straits	Pop Muzik	The Knack
Disco Nights	Rex Smith	The Logical Song
Escape	Rick James	Tusk

1979 Songs & Artists 3

```
Z B A N I T A W A R D D O O G O R O H T E G R O E G M J
N O S Y R B O B A E P H D B X T G M R B S S R N F Q N M
H Y M R Q D T Y N P M V M J H J S L R O W Y Q N B N Q B
D A E D L U F E T A R G P G K U P P U O R D P B T T H T
V Z M B R J K E Z L C L I Y L N G L N F I O E J T B Y R
G L T Z R R L K V B E N R T H M M K N T N B A X T O L N
H H R S X F D R R I O A A N S A N T R J G R C F X D T G
L K N P A G K K M T V N D E N E Z T N G M U H M L M G O
D P C L K E P X E R S R N M V N J W R N Y O E K F Z H D
Q K G Y C Q D H W O R O U A E E B G N T B Y S N M T E L
D M F T R N C A F C J W E S L O M J T X E E A N C P A W
B L F W Y A B S E E J H K P L K N L T D L K N E M X R H
R O P T T Y W H E H K L O T Q L B K M B L A D E N T T T
N L O R K I F L N L L E K G K T I K Y P K H H T Q N O O
M M A G N P E M N K P P J N W Q R W K W P S E S F N F O
Z E C G I I Z G V E M R Q M X Q C X I W D V R G Q L G M
H T Y F K E R H G B O B B Y C A L D W E L L B N Y N L U
V Q Y C W M W A M M B M G T M T N R V N F V T I L K A C
K L I C H Q L O Y R T O V M Y S H I R O N A L R I D S H
L R P W J L V X N V O T M A M Q M K Q L Q G M P M Z S H
M L V F I L R G X D A D R D N F N W R K Y T C S A N N E
X X W V Z Y L P T R E N D Z R H N M K X Y D K E F T W A
L M G P N J H I D B H R E K W Y A X D Z L N R C E I H V
N N M K V P M R P K G D L H Z Q J L X Y Z Z Q U R N J E
P X G T P E R K Q L D F F A T L L B E T M N N R A I C N
Y T T X S J H X J L N D X X N N N T Z N X R H B E K C T
J X M R C N K R M P D P H V B D I R Q C P R J T W A T J
T S T U M B L I N I N R E C N A D X O B C I S U M M Q R
```

Anita Ward	Heaven Knows	Ring My Bell
Bobby Caldwell	In The Navy	Shake Your Body
Boogie Wonderland	I Will Survive	Soul Man
Bruce Springsteen	Lead Me On	Stumblin In
George Thorogood	Makin It	Sultans Of Swing
Good Times	Music Box Dancer	Too Much Heaven
Grateful Dead	My Shirona	Toto
Head East	Peabo Bryson	Van Halen
Heartache Tonight	Peaches And Herb	Village People
Heart Of Glass	Rickie Lee Jones	We Are Family

Disco Hits

```
R R K T B P W L A E R E B O T T O G F J T G H P J F J P
J T G X H R K Z R L O V E H A N G O V E R S T M G W N J
G V F R P G K V K B P G Y T J K L P N N L R K J J T N M
O Y R X O L I T V D V D L K R N F W L R R T Z B G F D Q
J C D T L O P N L D O Q P D R L G J I Z N X C C J J I W
M M S B B M V W S O K P F D K E W G K Z X L T F J M S D
K Z P I K K Y E W E I D R D T G D F R Y M C A R L N C E
L M X J C R J N L H I H R D J A V H L N L C F P J N O V
P V L D D N O C W I V D O T B P D X X F L Q M F D N I E
F X R G M K A T C N W A E C N A D T S A L M F K K N R
Q J C N C K I R N K N E J L Z D I S C O L A D Y T T F Y
M W K O P T L K F T L X N L M Z G C Q E X M K V N H E B
L H N R E N T R O N V E M K L C H P R T S M M Y T W R O
L K E L E Z T N G L A M F L V G L O T D T L L K F S N D
B M V V M V I F B E T S P R B P M Z A L H R L N B E O Y
R T I F P G E T M D T C L D E E Y N Q V G L L T Y M C D
Q Z L K H B P F T N G O T P R A C H N G I M H M L I G A
D N A T E N L G T Z W H F O F E K C M Q N L D Z I T H N
I R N H V H C W W H Y W M F W Q V F R D E N N T M D H C
S J I C O E M A H S G E J I P R N P I F I R J R A O G E
C M Y L O V K J T Y R I T G G L P F K P G B M V F O T R
O A A K R L Z L W O Y H N E M T E Y X G O R K V E G K F
D C T V G M K N M X M N T R B E K X C M O N W L R Z K H
U H S D S F B T K E Q O Y D L Z Z R L T B K F L A M M C
C O F X T J F R K J F B R L D K H O T S T U F F E J Z F
K M D T E N H H C F K F O N P N V Q L Y W G D H W N G R
F A L D L H G H L J B V J Y N L V M J C G T K Z R F L M
T N K P N V P R R G E N Q L W F T P D Z Z W P N Z R T D
```

Bad Girls	Good Times	Lets Groove
Boogie Nights	Got To Be Real	Love Hangover
Dance With Me	Groove Line	Macho Man
Disco Duck	Hot Stuff	More More More
Disco Inferno	I Feel Love	Night Fever
Disco Lady	Knock On Wood	San Francisco
Everybody Dance	Ladies Night	Shame
Get Down Tonight	Last Dance	Stayin Alive
Get Off	Le Freak	We Are Family
Get Off	Let It Whip	YMCA

1970's Country Songs

```
W M P K N N I L R A D O L L E H L T L R H Q K J V M X E
W L N M D A Y T I M E F R I E N D S M Z L A C T K Y C C
K M J E B H K W E A S Y L O V I N G H A V O C T F A N B
N J L H D Y W H M N M L K T R B P K D T U T X C L Q C D
Q Z T C Q R L T E R K C U T V L R N P N V B V Y V C G L
Z F G F W B A V C R G E N C M R A V T W T T L K G X R L
S C J L C L P G H V E N N W K M E R K P N L W M L L N J
R N L N G A T G E L R Y T D A E Y V U N I X R R L M Y P
O M R D K C D G R S T F O T L B N R I T Z L R K Y M J K
O V L O X K X Q O X O M L U U E E B N R Q E N E L O J F
D T K N G R D G K M Y R Q M C L S A A S Y J M E K K T Y
D C B T G O C Y E M F L P R O O H S O C N E V R J C K F
E N T T N S D K E N T K V V H C M M L Z H O K B G M V A
S T I A R E T W M N I Z E L L K E E H Y L T N S T G V M
O H T K D V Z K A N W Q K N L T M Y A E Z V E K I R K I
L E P E P L M T I K K Y X X I L N K B G T L X X K H X L
C G N I S M C M D C L T F M W D I T Y C A D Y C A K W Y
D R Z T T J U L E J K F E R H K S R Y L J J I N Q R S S T
N A J A E L L B N G R S N H Y U E V T G D Z N M B E Z R
I N R W E Y Q C Y D M L G R M W V R N F F C C N I K F A
H D M A H F G Q M R M K M T E G E Y A N M V C K H H N D
E T N Y S J M C N M T H I N C D I P M N R Q S T V J Z I
B O D M N T H E W I N N E R X L L L O M D E X N L Z N T
N U C H I T N P Q B L K U Y L B E L W C U G F L M Z M I
X R D G T N K J V L R H R O H J B Y T L F D Q Q X R L O
V R Q R A N N B Y T R N C C C K E R B L K Y R L L C W N
K W Q K S V L K P J H R V Q T K H G N I R N E D L O G M
K A L W A Y S O N M Y M I N D R S K L B M T L C L J T K
```

Always On My Mind	Dont Take It Away	Pure Love
Amanda	Easy Loving	Rose Garden
Behind Closed Doors	Endlessly	Satin Sheets
Black Rose	Family Tradition	She Believes In Me
Blue Skies	Golden Ring	Sometimes
Chantilly Lace	Hello Darlin	The Grand Tour
Cherokee Maiden	Here You Come Again	The Winner
Country Bumpkin	It Must Be Love	Whiskey River
Country Bumpkin	Jolene	Why Me
Daytime Friends	Luckenbach Texas	Woman

Soundtracks

```
K R W T K G Z R N L K G J P N R F H B M T V R F M H T N
L Y P Z C W W G P L R J X L N B R T E B Y D M T N N S V
G R K M L Z F Z N A Y B T K Z R R R F N F P R M G N I L
R N N C Y L N R S M C A Q H B T E L V B F R N F N E C D
E Y L T O N D E T N X M M K Q W R X M M O L X P R V R I
A Q L M R R A O Q I N T H L E Y L M F G C F F A V K O A
S R I P R C M K D T C P Q W L M N T J Y Z T S V M N X M
E P V J K M P R F H V U Y F W W D R Q Z N E L X Y D E O
M N E C Y J I A N P A A R Z D E L I V E R A N C E G E N
F L A Q P V L Q M D W E Q N R N R R K H Z T G Y B W H D
X L N L E T H T R E P N J L R L N Z E B L J J O T T T S
B M D R P X L O H U R J R R Q H B A L L R D N M H L R A
T L L L K M P T S C Y I A M T W D W R G K E M V V A D R
M G E N L H W X R S S T C C G F Y K L E H B V S P Q M E
K R T D E W L T W B R S G A L L L P T G F T V T F R T F
N G D N T D M A X Z L K E C N O M O K A L I Y A R K T O
T J I C C Y J G L R K A L R H G C C G V K T P R J B M R
K A E K T E R A B A C M C V P T R K J A K E G W Q R X E
L K K R C W V L P K K G Y K Z X B A W S N L R A T B R V
L V X X D Y D X L T F Z M C B P E Y F O M S F R N L L E
K J M K G T N P H K N Z R D T E D T V F R F R S Z R F R
L G T C K T R O U B L E M A N X L H H R I K T U W B K R
R P N T P W V T M S A T N A H P L T J G G T O T N R D C
G E T C A R T E R F V J W Z X X X Q J J I G I R Q R R W
M G H X L T K T N Y K F H X T R L N F O K N R T A M K N
T H N L K Z N B T F A H S K D X L T P T N W D W G N M D
B R S A T U R D A Y N I G H T F E V E R T E G I R T G X
Q Q F K K C V H M L Q K J T G K T N Q R P D S G M T F E
```

A Clockwork Orange	Grease	Saturday Night Fever
American Graffiti	Jaws	Savage
Black Belt Jones	Let It Be	Shaft
Black Caesar	Live And Let Die	Star Wars
Cabaret	Logans Run	Super Fly
Coffy	Mahogany	Taxi Driver
Deliverance	Midnight Express	The Exorcist
Diamonds Are Forever	Phantasm	The Way We Were
Eraserhead	Quadrophenia	Tommy
Get Carter	Rocky	Trouble Man

1970's Country Groups/Artists

```
C D O N G I B S O N D H T S I R R A H U O L Y M M E W Y
K O L L H N Z G M G L E N C A M P B E L L M C G X K Q L
M B N F T Q S N I B B O R Y T R A M X F Q B L T W W J R
C T O W C D F K N J K N O T R A P Y L L O D Q D M W N H
H X T B A R E D O N W I L L I A M S V Y L X M B H N H M
Y H T J B Y K E Y J F M M W X K D P K M Y P R N K X F M
Z D Y L N Y T M R B M T K Z D L R W K L Z M L Z L L N N
G R Z R O T B W V Y N P Y M W M F Q L K G N T J T K O P
N A V N S H F A I C R Y S T A L G A Y L E G L L B S F C
N G G X L L V C R T M R H H M Y W Y N K M Z R L R Y Z G
F G B J E Z W N P E T R E F C F K K P J H G B E J T K L
M A M T N V M Q P D J Y H J B Y Z B Q Y X L D L N H G L
E H L J E K F T L N W A Y L O N J E N N I N G S L E Z E
L E S B I L E T T E N Y W Y M M A T M D A T Y M Q S P R
T L R Q L X V F L G Y Y K F W M P G O N T D S B H T V D
I R E Q L H F W G V M B L P N W M L N I Y R R S K A K N
L E G P I M M Z E M L T M A F L L Y B P E C A B T T T A
L M O A W J T R O X L A R N T Y L B P H C C K R M L W M
I K R S K K N Q R Y R J H Z P T A P T B Y L D R L E M A
S C Y L B Z P P G I V X E A S R E O M N Z O B M R R Z R
N T N I L W R F E L M M R F E N R R N K T K M Q C B N A
H L N M L Z R O J C Z T R I F B E H O T F H M K Y R N B
N D E E T J S G O M O L D T N W O W I L X C W Z T O K R
T K K I F M N W N N V D Y I Y J A E O X K J K M R T N A
M K Q N O Z L X E M E K L B D D W L Y K K L C K Z H N B
P C K N J C W G S L R T J Q D E P G K R C K N W F E V T
T J D O X W V V Y J A V Y D S J L C R E G U N W C R Z L
Q K N R W L K M H G J F C T B Q T K Z T R P B G B S R P
```

Barbara Mandrell	Eddie Rabbitt	Lynn Anderson
Bobby Bare	Emmylou Harris	Marie Osmond
Buck Owens	Gatlin Brothers	Marty Robbins
Conway Twitty	George Jones	Mel Tillis
Crystal Gayle	Glen Campbell	Merle Haggard
Dolly Parton	Jeff Walker	Ronnie Milsap
Dolly Parton	Jerry Reed	Tammy Wynette
Don Gibson	Johnny Cash	The Statler Brothers
Don Williams	Kenny Rogers	Waylon Jennings
Dottie West	Loretta Lynn	Willie Nelson

1980 Songs & Artists 1

```
L L E R D N A M A R A B R A B N W G V H Y Z M Y W M J V
Z L Z F R L K Y I C P D A B O S T R U H K I G Y N W H D
M D N K L S K E R B T M G M M Y W K G L C W L W M F L G
H N D C Y E W K D P E U O Y R E T F A K R N L D L M X E
T I Q C S V T T G D M L T Q N H V J E Y E N Y W J L V M
B W Y D E A R W N W I R I M R K M Y J D K T H N R O P T
K E K B P W E B I T D E K E T Y G Q D W H D W H L K M C
F H D R T R B P D K L M R X V I R U J Y L C G Y M G L G
S T K E E I R R N P K F Q A L E S R L B L T M Z R N L H
M T B K M A O P A R G M T L B H I E H I J E H N H N N M
O S R A B E F Q T R N N E L C B T N F M G R N Z D K T M
K N L L E H E D S R K Y M Z M S I F Y D D L T M K L Q Y
Y I Y E R T V G R T L J Q M G H R T E O T T H Q Q N T B
M A T R M F E P E C B Z D E P I H L T F U N K Y T O W N
O G W I O O T H D T C V T K C R P B M D P L C M T R Y R
U A Q F R T S B N D R S Q H H I H C G M M D K W N M O N
N E D D N O X L U G E E A Y N G J B Y N A V F M L F U F
T M M K Y L L K S R Y R P C T T X K N R R K N X T W W M
A Y G I M I W L I B D N N L H R P M N T T N L J Q C I J
I G A T T P J O M T K I M C A R N E S J R R X T I H N Y
N K M R X R U T N Z S F M Q R B X J L Q E H K G J J A K
R Z P T R S U L M P K V N L K V R J D T P M A M T O G T
A K G Y M U Y O P T M X D H O C N E X D U M B B V J A Y
I Y Q T K P M I Y M T Y M D L N Z S H Y S T P B L O I K
N N P K Z F L E N E G N R K D T G S J R P Z B G B W N Z
K G L B F F X J N Q K L O V E T H E W O R L D A W A Y B
T Z R L K L R K H N R A B B B G C N R M V B M M B Z N R
M Y L W T M L P N H A T T P X B K C L N T L M T V L K F
```

After You	I Believe In You	Mickey Gilley
Against The Wind	I Pledge My Love	Misunderstanding
Anne Murray	Jesse	Pilot Of The Airwaves
Barbara Mandrell	Jojo	September Morn
Cliff Richard	Kim Carnes	Smoky Mountain Rain
Eddie Rabbitt	Lets Get Serious	Steve Forbert
Fire Lake	Lipps Inc	Suddenly
Funkytown	Longer	Supertramp
Herb Alpert	Love The World Away	Take Your Time
Hurt So Bad	Magic	You Win Again

1980 Songs & Artists 2

```
G W W K M M N G B B W X V V C R G K Y J C N G C C T C P
V X J N R Z K H Q I S E L G A E C X T E D P W D M C Z N
L V L G Z C R V B L Z C W Y K F R O Q N A T B L Q P X G
Z T T W J M M N N L R L X N Q L F F M N M R C L N H W R
G O K B L D P C W Y K P F M T T M V D M N D S Z D N J Y
O G C L H D T C F J F R L Y C F M R V R O B M Q W M B R
L T N A Z L F D Q O C Q N K W B K K R M M D V C H C A C
I E M I P B D X B E N M A M B R O S I A G Z O T H T W N
V L C R Y R M J M L Q T D Y O L F K N I P K Y R S L G N
I T B S O P E A C H E S A N D H E R B T N H T G E R M B
A N C U U D Y H W Y D A L Y H W T H M R R J N X K S E M
N O F P M Q A Q L A T E I N T H E E V E N I N G V V G V
E D N P A H K Y M L M K K L J X H R L K N C V N O T N Y
W K E L Y R K C D P I B D V X I D T X I D H Z L N F B Q
T V M Y B X T I V R L T R L M J T A H C E K N B R D Q K
O K D R E N W N Z M E N T F E I C S N A K I K D W Z W P
N X E J R Z Y S H U N A T L L I R K R F N K L H T F L M
J T T K I V L F N Q M P M A E Z F T T A O G D P N F L D
O W R H G P Q M T I P P E B K R H Y M X Z G T L V K N M
H T A Y H U L F W Q G K O N E O I O A X M K E T V B L Q
N Z E A T G J M Y C A G Q P T L W V V M F G P L R Z J H
M K H W Y N F M W T G R O E K N I Q E K S B Q Q B Z R Z
J X N A Z I Y X L Q J M L L R B R E L R M I D Z L E Q W
R K E L M M R I S E S S L M Y C W Q V J B D T M R M R B
V M K A R O J Q X A N X N X M N K D D E P A L R V G G G
T V O E B C T R R R V W Y T K V N Q N M R R N L U K N T
Z K R T H V J A L R G T M K M B K E F T N K N D B C F P
L K B S D V V M K X S Q X L N N T N K J M V L C H H R T
```

Air Supply	Eagles	Rise
Ambrosia	Heart Hotels	Sara
Billy Joel	Him	Shining Star
Broken Hearted Me	Kenny Loggins	Steal Away
Coming Up	Late In The Evening	Styx
Commodores	Little River Band	Take A Little Rhythm
Curtis Mayfield	Olivia Newton John	Why Lady Why
Dan Fogelberg	Peaches And Herb	Woman In Love
Daydream Believer	Pink Floyd	Years
Dont Let Go	Pop Muzik	You May Be Right

1980 Songs & Artists 3

```
M D G G Z N T X T T T J L E P W G E D M K K B V Z R D B
M K T G D N K J K G T L D B M F Q H M D T L N M B L I L
N T N M N H R D L V A U D E A I B L T Y V K G R J N M D
R N V H D P X J T W O J R X M R T J X P B L C A R S A V
X L T C K V M Q E Y N D C I Q O R A N T P D Q R W X L A
T G W Z D X D H H Z R Y T M S N T O T N X K N G W N L L
Q X R Y R R T T E H E B G R G A R I O A W Z D A F L T L
K R T M M F I E I D F T E T E N A T O M Y T F T T K H N
T R L Q F W L N N P U P V K V W T C Q N B A N T K S E I
M M F O K P V N N R G J O B O N D B H L A U D Z G N L G
K R Y C K R L E A R E Z L R L N R H R A T L D E B P I H
H F O T D M T S E R E W L M E K L N F H Y C R D N Z G T
L R R K R P P S J M J B A H R X K I G M E E X E I O H L
D C M Y T Z V E E N G T E L O R R I D N W M S K S E T O
T J R N C B Y E L R C M R L M E N P N R J Z T K M C S N
U E H M R J F R T W R K J K I O K M A G P Q M O L K U G
S E L K N R K I T R K F D N T R E K B B B F K K N R Q E
K R Z G J W M V I X Z O T E W S M K P R R X Y V K Y N M
X P M T H K M E L M N H H G O L T R A P H D L C L V H M
J U R L M K M R W T E C C R G C J K G T T J R Z D Z C W
K D P Y X K W F A M A R E J H T Y N N T L D V J X G K M
T E Z H X J W S O T U H E V O L R U O Y T U O H T I W M
G I Y M N L K R R I T C C K V R V P M H C D Z P N T N Y
L B L K Z M N A S M C H R I S T O P H E R C R O S S C Z
H B R L E I E I M C Q K V R O L L I N G S T O N E S F R
L O J W N H N T K D C T A H T E K I L E M O D T N O D X
M R H G H H E A R T B R E A K E R N W Z P F F L K K N P
Z Y T R Y P Q Y D Z N M K P R S R E D N E T E R P E H T
```

All Night Long	Gap Band	Robbie Dupree
Bar Room Buddies	Heartache Tonight	Rock With You
Cars	Heartbreaker	Rolling Stones
Christopher Cross	Isaac Hayes	Stand By Me
Cruisin	Little Jeannie	Tennessee River
Dim All The Lights	More Love	The Pretenders
Dont Ask Me Why	Off The Wall	The Rose
Dont Do Me Like That	One Day At A Time	Tusk
Emotional Rescue	Real Love	Why Not Me
Fire In The Morning	Refugee	Without Your Love

1980 Songs & Artists 4

```
H Z T E R I D E S A R I O A N D K C K M R L D N J T B M
B O N Q R F N F L O N E I N A M I L L I O N N V B T R Y
V G N P C L Y M Q V G V G E N T M T M S L I A N K F K A
C M G K M N K L R J R R M C H L G C I N C Y B F M J H W
M R N Z Y M O R G H T A G E W V M V M A M L S K M Q D A
T U T T T T R N T Z S H S E B L A F N G M R L C G J B E
B P L F L B O H I E J O G X E R C T V G Z F E T R K P F
N E R P M Y T N H G S M J I T W T X M C B K I Y N M Q I
Y R C K L V N T K B H B L Y R E H T Y Q C K N O X K B L
M T B P X E E V A B M T D K L O K I T K N T A U R W K Y
K H T P P B A N Y P L N S L D R D H Z Y X M D R N T F M
V O T V R R D S L D A U Y O N M V R D S A N E E J R N N
C L N E H K R T E R D O E M L S R A G E N H I O T C C I
Z M V J T R R Y J D U A T S S O L R K Y A H L N H V Y V
H E Q M D J N R L W O Q D O D L N J G E D T R L E H T I
N S V Y X K W D H B L N R R A X W G G Y U L A Y S N T R
L Q T T W R R Y C L R A T I A Z C N H X V M H L P M E D
D Y O I D A R E H T N O C G W G M K Z E F L C O I M P Q
Z K R T V T C W F A F E N B O L U F K S P Y R N N V M K
F H R N X H W K I N P J N P U Z Y S W T Y V Z E N M O M
Y F R Y K R R D L S T X Z C B K X D Z Z Y X T L E Y T L
L P N P C C R R J Y M P K K F T Z R A Q L M X Y R G V K
G S E M A J K C I R Y Y T N M F P G Q L K Q M T S M R P
C X N X K T G R P K M G T I C A N T H E L P I T Q N X J
J D J K F V Y J Z E R K Z P N T P R N K L G L Z M Y Z X
N R L T L O O K I N F O R L O V E B L O N D I E W T H T
F Q N N O S N H O J S R E H T O R B E H T N N N T K K R
D W K Z T N N J M N H W Y K K N C M F N R B K K L D L H
```

Blondie	Lookin For Love	Sexy Eyes
Charlie Daniels Band	Lucky Me	Special Lady
Diana Ross	Never Be The Same	Sugar Daddy
Do Right	No Night So Long	Teri DeSario And KC
Drivin My Life Away	One In A Million	The Brothers Johnson
Gee Whiz	On The Radio	The SOS Band
Honky Tonk Blues	Please Dont Go	The Spinners
I Cant Help It	Randy Travis	Tom Petty
I Cant Tell You Why	Rick James	Xanadu
Lady	Rupert Holmes	Youre Only Lonely

1980 Songs & Artists 5

```
K K B M D N J E N O O B Y B B E D R Y A D E N I F E N O
V X V N R K J X L E K L Y X L M R W X W M H P B B S B N
C B P J K C Y J E T M Q I K K X Z Q J N L R K K V E L X
T G E N E S I S C F F F X T C K M N M H N R L Q X N T K
F P T Z M P B G W R I R O M T D W N G P F R C M X D L R
T K X R R I J L N I Y L H T J L B G Q R L Y W B G O Y W
K H W K X L C Y Z C N T Y Z R T E E M A F R R E R N P Q
L B J J G M R H G K Z T C M H A D J P T B Z O Z J E W M
L E L T M R L N A F N Q O W D M P T E R P R K B P Y Z W
W R L V Y X T M M E H K L T J E R T H A G N T R Y O K C
M O K K D Y T B R Q L R X K H B T R S E N P B Z P U H X
V M W A I T F O R M E J Y T R E P A B E D I H B D R S M
C Y L O V E M E O V E R A G A I N E R R G R E O M L M N
F N Q D L U K H M S T R M C M G N I . O E G N X P O O G
G A T N O O B J R Y P L F M K S B H G V C N I D K V K Y
D K X I V Y M M O O Z P F C O S O M O H A E L B N E E K
Y L L W E E T W T B S V E N N O O L L S T H D C Y N Y F
D A W E T K F S S W T V M T K U N N U B D J W U T N R M
A T J H H A T E A O O Z X L E I R M K D R T H R O G O J
E T Y T A M F N P C M J C K T T M G F Q M N A K G Y B L
R N K E T I V O U N P R Q S F E O Y N K H C R B G R I N
M O M K G O L J G I J N O H R D N W N O C P J N A R N B
I D W I O D Z E N C W L L G B L V H N M L B V M T G S N
S E D L T W Y G I N C W W L D G M M L S J E A G T B O T
E W R E A O V R V A K G K V H M M U R M H L H Q L Y N F
Y L K D W H J O O D L T M M R M A B Q W A E N T B W C R
D X C I A Y T E L D N G H Z R P Q H Z H N G N T J F P Q
F Z Q R Y P G G R R V V T X J B M J S T R N G D V X Z H
```

Biggest Part Of Me	Into The Night	Ride Like the Wind
Dancin Cowboys	Little Jeanie	Send One Your Love
Debby Boone	Lost In Love	Shalamar
Donna Summer	Love Me Over Again	Smokey Robinson
Dr. Hook	Love That Got Away	Stomp
Fame	Loving Up A Storm	The Long Run
Genesis	Michael Jackson	Wait For Me
George Benson	One Fine Day	We Dont Talk Anymore
George Jones	Paul McCartney	Yes Im Ready
How Do I Make You	Pete Townshend	You Decorated My Life

1980 Songs & Artists 6

```
P K R Y B N K Z H N G B E N N Y M A R D O N E S N R R L
C X F R T P T B R A S S I N P O C K E T P M C C D T Y H
O W G L N A K D M A P U R E P R A I R I E L E A G U E V
O B R B B C B U A L L P T J X Y Y L M Y T Y D B C L Z G
L T H N R I N E P T Q L C R K W N R G V Z N E F T M M J
C G W W V R N L X S S R O C A L L M E D M W S H T Y B M
H I W C V E N T N M I N B U B T H G I N S E I D A L Z E
A V P L X M M O R T H D O B T R R Y R R P S R W H K N L
N E Y G N A X N N Q W M E R K O Z M T V I T E Q R T Z L
G M K M T N H J T B N Q P D A C F R S S J D K K V V N I
E E O L N I R O F N L Y G R O D N L I P N T F X K H I N
K T P N N Z J H S L A W E O J W N T O Q I Z K R B K A N
Q H R R T K W N B R M T C B D V N I E V G H A R R P G E
L E T E N H L C K H T G B C Z B P C L F E F S J A V A T
L N K P D H E J N N T L C M Q N N N N M O Y Q N K X R D
I I M M T N F R T D N L K L H I K P N O R U A Y G K E N
T G K L J H O D O Y F M L G R D N Z T P E M B N L C V A
S H Z F N R T W K A Z B K P V D Q E Y E E T I P M E O N
H T I Y K C Z L E H D J Q V R P N L N R Z L X J H N G I
T R K T W T B C H I B A Y R H O V C I J I L Q Y R U N A
Q Z Q G S W N M N Q V T G B G E W C Y A C C X D W T I T
Y K H X K M P L T T Z E R A B K A T S C M V T X W S T P
M G B R N R Y M G M T L T A I N V C X Q W G Y V P O R A
Z M R W W G F T B H Z C B S D N K J B J P R W K X E A C
X T R N Y D F Y U L R K R R F L Z T N P M T T Y J M T B
L Q D G L G B X R R M Q E D D V H F W M W Z L L K O S W
K G M D L G Z H R N N A T L W W D R V Y Z K R T M R J Q
M L P G T W Q N X M M Y T N U O C E H T F O D R A W O C
```

All Out Of Love	Elton John	Pure Prairie League
An American Dream	Give Me The Night	Queen
Babe	Gone Too Far	Romeos Tune
Benny Mardones	In America	Sailing
Brass In Pocket	Its My Turn	Ships
Call Me	Joe Walsh	Starting Over Again
Captain And Tennille	Ladies Night	Stevie Wonder
Cool Change	Linda Ronstadt	Still
Coward Of The County	On The Road Again	This Is It
Desire	Prince	Upside Down

1981 Songs & Artists 1

```
K B P A B L O C R U I S E M K G L G J T M X Y M T N C W
Z P V X H W H E N S H E W A S M Y G I R L D R L W K N Z
M J W T K D V M L T H G I N Y N I A R A E V O L I G H M
B R O N R N O G A W D E E P S O E R B N K G T R M N R N
R T N Q E H C K V X L D F F Q H W J T T K N X P M N C S
N R G L N V G K B P M G V R Y Q F W Q H T R D X N D Y W
N V N K B N E K L Q J J Q Y T L G Y D L L N M T Q O W M
Y X I N I T Y R P O W I N N I N G T T T A X H K B S H R
O C Y Y D P H C B G O K D R R M Z H T B Y E N E A I I R
L C R P F F R E Z E R F Q L T D I O N M O Z G B L T L E
D C C C M B O G P B E L F Q K S D H N N C D Y L L I E H
E Q S D H D V R J O F N N O L T I W E H I D D M T E Y T
R H O M R N Y Y Y K I Y S I D K R T T R O N R J H K O E
W F H H N E W Z L O D N T O G N H N K H H H H Q O I U G
O Z W F V T T L N L U T T E L A I A C Z F W Y J S L S O
M L R G C X K F R D L R R E T O O K K P G Q J U E T E T
E R R X J N J X I E O G E Y R E V M T T Z C T S Y I E Y
N I T W V N M Y G R E N O Y H S Q E O A Q F K T E L A L
Q G L D J W R I C H D U M T E R I G D L H Z N T A L C E
X N Z G M Y R J T F L L D C J S E S B W G W Q R E H N
N R Z P L L H T B O K K X M L T O C T H V T R E S T A O
J E R T R N G H V D B Z T M H E B N K E M L Z T A Q N L
F D B K R L P E K Z L K F E N M A G L N R W N W G R C L
F O F G N C T N B K K W R J N P W N D Y R S D O O L E M
T M Z A B T T M T D Y G M K W N G Z W L M M L O V L K L
M M M J O H N S C H N E I D E R L T K N J X P F D T Q B
O O T N W O T R E H D Z L L L K N M Z K Q M Q U W Z R T
W A R T S E H C R O T H G I L C I R T C E L E S T R T K
```

All Those Years Ago	Lonely Together	The One That You Love
Crying	Modern Girl	The Pointer Sisters
Don McLean	Never Been So Loved	This Little Girl
Drifter	Oh No	Together
Electric Light Orchestra	Older Women	What Kind Of Fool
For Your Eyes Only	Pablo Cruise	When She Was My Girl
Her Town Too	REO Speedwagon	While You See A Chance
I Love A Rainy Night	Tell It Like It Is	Whos Crying Now
John Schneider	The Greg Kihn Band	Winning
Just The Two Of Us	The Oak Ridge Boys	Woman

1981 Songs & Artists 2

```
M H G T K T X E K O R T S E H T X B W N B D N Y P E T N
O M J R B K D A R T H U R S T H E M E T M X C P M N C H
R R Y B M Z K A D A D A D E D O D O D O D E D K K O N S
E S G T L K L H R R K J N W E Q R R G N G L Z G Z T J A
T A C Q N Q M T J E N T N J Y R N W S C R Q H D Q U G L
H N S T L L G W F X T P Q K N O F Y F Y G M B Q M T Y F
A D X E L N K I C P G O V A S H O Y O Y N P G B T Y W R
N M C H M G B D N K N K D I M B T U C L F G G Q Q M J E
I A V W X I Z K C O R M R R H E M K R N M B W C Y M R T
C N K B V Y T H B L V R C C E A R R T O A J T D P O J R
A L W N K C R F Q V A A A T K A E I Z W V F N Z N T Q A
N L V B Y N T T O H N E N E L V M J C K Y I L V R L A U
S W H L Y Y N R E T B R M N E P Y A J A R X V K X Q M Q
A T H P N W D G T E S Y K N E R P V G N V Q K R G R I K
Y X K F K L R V H K D E R R O L W Y R A Y K W N U G L R
P N S N L O V T L R R O B M J T L J C F I L L J K S O O
G N M W E Z R J E Z W K E E H H C I Q P R N N Q H M S Y
L E H G E H F A L O T M R E H T L S O F T C E L L R I W
Z M A M M E M M N L E V T W G T D T Q R V Z X B V T N E
T O R J M S T S B T W I H P Z K C M R T P R N H K Y G N
W W D M M G T H I L D G S R E V O L Y N A M O O T J Y N
X S T H Z I J R E E P M L Q V P T L W L R M D M R L O I
D A O R K J O O I A Y C L I M A X B L U E S B A N D U T
Y X S T Z V S S C T R L R Z B D M K M X L Q J M M Z C R
K E A X A A H H D Z X T F B L G J J L T H Y Q C X X V A
F T Y F Y I K K L A L L R O A D S L E A D T O Y O U L E
M M Y E G M T H E J G E I L S B A N D W M K Q P G B F H
R M R H H T Q N N X T B H P V J R V N N T B T J M Q W A
```

A Heart In New York	Gino Vannelli	Sweetheart
All Roads Lead To You	Hard To Say	Texas Women
America	Its Now Or Never	The Beach Boys
Am I Losing You	Leo Sayer	The Best Of Times
Arthurs Theme	More Than I Can Say	The J Geils Band
Climax Blues Band	Mr Sandman	The Stroke
Dare To Dream Again	My Favorite Memory	The Tide Is High
De Do Do Do De Da Da Da	Quarterflash	Tommy Tutone
Fancy Free	Soft Cell	Too Many Lovers
George Harrison	Survivor	You Make My Dreams

1981 Songs & Artists 3

```
R L G N N P Y V X K D E M N O T R A E H R U O Y T E B D
J S E Y E S I V A D E T T E B G B N N X G Y V S N J L B
P F B R T Z W P Z M J H I M T W F R O C L K X T M M Q M
D V D N D P H R Y C X Z M K R C L J T R P Z W E H K K N
B B W R X M E H C A R A E Y N E V E S M T V L V L Z V T
V P Z P R D W L R I G S E I S S E J A X H Q T E C W V K
Z R K W Y L L N P X S U D D E N L Y E N V K G M D W M X
A L I T T L E I N L O V E G S K E B A G N K L I M T F M
F Y M D L R C G T M X F W T C N V K N L M W J L N S R H
M L J A L P J B F K T H E B E C O N E M R R H L T H E M
S H E T R G T M Y H V V N E D S L N E H T L V E H X V O
Z A Y S N T L D G R E H T D G H L R H J N G P R J G O R
E F M B Y M Y I P W N S J N K J O D S B B B Q B C X G N
K M P E F M R B I B G J O W N M O Y V C Y Y N A N G N I
V R I H O W E N A N W S R R A K C N M S J Q Y N R N I N
G E R T Y L W D I L S L S R D N N D T R J N N D D B T G
K K N R N O D R I Y I T J W Y Q V E N V D K M X P R R T
T R A D O I P L A S R N L T L Z P N Q A H K N M L Z A R
F G B D L S O D A A N T Y V E G R X K G H Z M T N J T A
T Y H R E E R D E N H I S W E E T B A B Y W R R H Y S I
R T F C Q E S H L T G B G T T K N V K C B N O Z M N E N
K L U P T G F S B L P S T N S T H P R W L N M L L J K T
B R Z S K O X W L H I K Y H I N K C M H L B Y P S T I K
B C E H N R D R N O G T L N N V T G Q C L C Y P O M L K
T Y J E P L H J M J V L S L E D I Y Q M T N W T Y J T L
C B E P T R O S A N N E C A S H N L N N C V O F P C S D
K U B A R B R A S T R E I S A N D B R Y Z N R B X L U R
Q F G X N N D K L Y Q F P I C A N T S T A N D I T D J D
```

A Little In Love	Just Like Starting Over	Steely Dan
Barbra Streisand	Living Inside Myself	Step By Step
Bette Davis Eyes	Marty Balin	Steve Miller Band
Bet Your Heart On Me	Morning Train	Steve Winwood
Bruce Springsteen	Queen Of Hearts	Still Doin Time
Cool Love	Rosanne Cash	Suddenly
Endless Love	Same Old Lang Syne	Sweet Baby
Gary Wright	Seven Year Ache	Time
I Cant Stand It	Sheena Easton	Toto
Jessies Girl	Slow Hand	Yesterdays Songs

1981 Songs & Artists 4

```
W V Y F R L N S B B I G I R R E T P L H F T B K M G C C
T L L N X Z R J V J X N R P W Y N W W R D Q Q N M B L M
W Y O U D O N T K N O W M E J H M P X M T C P Y C X C N
L N B G U I L T Y X L F W O R H E Y N I N E T E E N Z X
M O K L M T V K V Z D Q U O Y G N I V O L N O P E E K Z
M W I K J J P V A L M R R W V G L K L J H B W R K P N J
X N Z D R L M G M B N M L N C L M F J H R X R E W G T R
J R N L Y Y Q R G E B P T L Y K K P L L H W Z F V L X T
K J F R M A Q C Y C H A J D Q L W W M K T T K S P P P J
Z X L R V L R R R E I U Q S Y L L I B L C Q H N L L L G
Y S H A R E Y O U R L O V E W I T H M E D N B A T Q L N
F M K F J R Z N R C N M W T C T C N N M F E L R U W N I
R R Q L P K W M J G R H M D D B M H H Y I D R T R T F N
S I T L N R R P I K K K E A N W N M I N N I H N N H K R
N C Y N F L O A Y K P J V R Y A T W G C A Q H A Y M V O
I K M M W V P M L Y O R I I E R B W T E A R T T O M P M
G S N L P M H C I H L K M V M I I Z H B F G X T U M H E
G P G K A G B N N S A T X L F T A T Z J N R O A R N N H
I R F H G P G C L Y E M R E H L N M J A N B Q H L K L T
H I C D Z M O X I T N S Y Y M I H B Z L D W Q N O K W F
E N Y H C U J K R R P D O C E I P M D B Y N H A V Z T O
I G K Q G L U K K K A U R L Z F T M L M N Q P M E N H L
T F X A K S Z Z N L M T T K N R Q S R N G W T E A K E E
R I R K P M G R R G R S M M C Z J Y I L P R T H R K C G
E E B T J P W Z J M A G N N P L M M L E Z N V T O L A N
B L G T B H L M D C R K R M R N N R P M M N K N U C R A
M D N H F T K T R A E H Y R G N U H L W G I L C N L S X
Z M X K Y B A B Y P P A H U O Y E R A M T M T G D C P M
```

ABBA	Elvira	Raydio
Angel Of The Morning	Guilty	Rick Springfield
Are You Happy Baby	Here I Am	Share Your Love With Me
Being With You	Hey Nineteen	Sukiyaki
Bertie Higgins	Hungry Heart	Terri Gibbs
Billy Squier	John Cougar	The Cars
Castle In The Air	Journey	The Manhattan Transfer
Champaign	Keep On Loving You	Time Is Time
Chicago	Lady	Turn Your Love Around
Dazz Band	Promises	You Dont Know Me

1981 Songs & Artists 5

```
N W X H I W A N T Y O U I N E E D Y O U H V S M C Q G X
G T J R V V D T V X C V T R K N Z W B B N N B N Y D H T
N M I L O V E D E M E V E R Y O N E M T I P Y Z W O N N
O N R N O S L E N E I L L I W N K M K A R R X Z L L K O
S K U C Q M H V T N D L H Q M V L G R J U K F D Z K N T
D K G S M Y M F S P W D R Y Z C L N F B Z N O D V B N W
L W T H S W G V I C M M D Z M T R O R G M N R W K T Q E
O M H M R S X F L L F R M C G E R A K C T J K F R R N N
T U E L E M I L Y M Q T N D H E C O T I P A S S I O N E
A R W R D L V M M K M F M T I S H T G K R Y M T M L R C
H G I G T T I D N G J L U G Y W X H N B M B N N N M G I
T E N U M R K S O G V O N E N L T G J O C G Y T Q T P U
T N N I K J V V S B S E O I J R R I P U N B X T T Y W J
T T E T W Q R J S A R J T R R W F R S D S N K N X K G N
D M R A F R R L I B M A N M Y K O E P U N T E X M D D R
I X T R K W R C K T E A X N J B Q M V P T K O L Q T R J
X J A M L Y K B K H N L N N N Y K T A G T U D N N F N T
I W K A N H L N C P X Q W C Y X V A H N N W O J C H V J
E V E N R K C S Y Q R W D H H L C E K J I X P B F E O H
O T S X N T O H V R L T N M G E L R M P Q N P H W L T J
N W I K Z H B Y S I L E G N A V S T M L R K L Y Y O R L
M V T Q W D P R L K Q Q H X N N P T Z T Y X N O V F H G
Y N A H X J A W Y Q H K T B F G H Z E Q P K L N V J L K
M A L A N P A R S O N S P R O J E C T R C K M N D E P J
I T L G T W C S M O K Y M O U N T A I N R A I N P N T N
N Z X U M T Q L G F H K K D G A R Y U S B O N D S Z M H
D N R N Z N R X J Z Y E N O H F O E T S A T A H D R K X
D E H N S L E E H W E H T G N I H C T A W K Y K N T Q V
```

Alan Parsons Project	Joey Scarbury	Southern Rains
A Taste Of Honey	John Lennon	That Old Song
Dixie On My Mind	Juice Newton	The Winner Takes It All
Foreigner	Just Once	Treat Me Right
Gary U S Bonds	Kiss On My List	Urgent
Guitar Man	Melissa Manchester	Vangelis
Hold On Tight	Miss Sun	Watching The Wheels
How Bout Us	Passion	Whos Cheatin Who
I Loved Em Every One	Rapture	Willie Nelson
I Want You I Need You	Smoky Mountain Rain	Woman In Love

1981 Songs & Artists 6

```
R C F H T O H S T S E B R U O Y H T I W E M T I H K N X
R X K M T W K N T B W R F W N P L M L K M X R D H Y V C
G J D I L O V E Y O U K P E U G A E L N A M U H E H T Y
L R L L K K K R B L F C W L K G V N R F J G N Z Y V N R
T C S O M E B O D Y S K N O C K I N O B N C N W P T O N
K N K D E C A L D N A R E H T A E L N W O W D X C B K H
T J C K N T N Y F N G E R R I X V W N Z T G J Z P F B N
B Z N J H J M P S Q R Y K D R M B V I G R T P G M R R J
Q L U L L K L T K I N N O O F W Y N E R A M Y K B L T F
K P R K L T K T L Q N N W E M A X M M D P A M A B A L A
D U E V X F D C P S T C E H L S L W I N Y C L B R P P P
T E H R T T Y J T N P L E P B O D Q L M L Z L T R T D T
N M T R L J X R E F S M E I V O H N S H L R G F Q C Z K
C G N Y C V A E Z S J L W E D T B C A L O L T W T T L R
R N O Q T E D H O D P B O J R O H S P E D C L R G K V M
R I T B H Y F R R O L N N A J N N Q E K R B Y T V N T R
F R I N O F I L E L T P W L T N O T T G G I M N M R K E
G B E U F G C P T H K E L H I I J I H C E T F D W P C T
N U K R H F S K E X T M E A T T S R T A M R I N T K X S
D O A T L E K R P S W O G J X S A N J A V Z T P N C T A
J Y T V M P O D D V L A W R T M N Z X Y R E N M I K K L
Z Y H A K C L O P D O C Q M Y Y T M R H J B Y Y V H K B
R D G H K Z R T S L G R P M T T A X M D L X E O X M W R
J A H S L L P O L V C M T G D U N T K K R Z C L U J N E
K L R N L R N E L M N L K N R R A J B W X G W K E Q H T
P F V K P G H E A R T R J D V N P R N K N K P Q T C K S
G D P Y S K B Z L W M M T Q L T I M C O M I N G O U T A
Y T K G K M P J X K K T I G H T F I T T I N J E A N S M
```

Alabama	Hello Again	Rod Stewart
Bob Seger	Hit Me With Your Best Shot	Ronnie Milsap
Celebration	I Dont Need You	Santana
Devo	I Love You	Since I Dont Have You
Dolly Parton	Im Coming Out	Somebodys Knockin
Feels So Right	Its My Turn	Take It On The Run
Fire And Smoke	Lady You Bring Me Up	The Human League
Games People Play	Leather And Lace	The Old Songs
Heart	Love On The Rocks	Tight Fittin Jeans
Hearts	Master Blaster	Whip It

1982 Songs & Artists 1

```
V J D H H K D L L X N M O U N T A I N M U S I C Y L J F
H G T C A F H L T D O N T Y O U W A N T M E N K J T Y J
T Y N A Y R G F K T V L D B L Y W T Y M W H Z R M Z R M
N M L C I F D K R P H L K M Z E A Y L O R F L W P O X S
F Q J U G N R T L I O I F D G S B W N K K Q F R B G C W
B L W C R G T K O F E R R O T T E E A E J F M E D Q B E
M E M Q Q T H E R S H N T T L H B Y D R O G R R T G J E
C N G G K K K E D C A T D J Y T E L E N A T Z L N D N T
K I C C F H T T R L H Y F S I E I M O E A F P N N C K D
D M Y F C N M G L E O H I N I W I B O F U T O W K L K R
S S A C E Q E Q B W N V A M M N A G L T K L M S P V Z E
M I W C K W N E T G C C E I S L L A H T E J B T N R H A
A L E Z P K A B Y B O V K C R O C O B T P L J R G A F M
I R H K H T T Z R H L J R A T K R K V Y S T S L T H R S
L I T R Z T W N W L W D K H O B K R K E W P M Y G V T I
L G N N M H O B Q D L Q E O N H O J Y R J J E N P T T P
I E O C B E R C T M Y O G X L F X Q L W D T K C D R Y B
W H D Y X G K N Q L N G K T Y P M M Z F N M L H I V M N
E T E F K O N T V E B V R T O F R Y Z N X P N L T A T D
C N T N X G G M Y N X Z D Y N J D Q K Z G B Q L X J L F
E D S P P O G O P J N B Y K E Y C K R T Y X K V P T Z F
I G A B C S U T W G H N L M Y U K W W N X V V V Q K M
N K W B M L X Q M L B B Y Z O G L D Z Y G T P F Y F L L
E Y T J O T K D X Z M M M L U Y F T D T T G N J M Z W L
D M B V G Z M J K M C L X R M M B I L L Y I D O L L J T
G K E F E N W O R B N O S K C A J P T Q T L V J Q T D K
J F M L P M L H P Q R R T V T N Z N H O L D M E Z B H D
K L V C K N R K C Y Q M Y K S E H T N I E Y E L K Y X C
```

Billy Idol	Jackson Browne	Tainted Love
Blue Eyes	Karla Bonoff	The Girl Is Mine
Centerfold	Kim Wilde	The GoGos
Deniece Williams	Men At Work	The Motels
Dont You Want Me	Mountain Music	The One You Love
Eye In The Sky	My Guy	Thirtyeight Special
Friends In Love	Oh No	Truly
Hard To Say Im Sorry	Only One You	Wasted On The Way
Hold Me	Roberta Flack	We Got The Beat
I Ran So Far Away	Sweet Dreams	Who Can It Be Now

1982 Songs & Artists 2

```
P J G M G T Y C B Z Q D J T C M U M K X P G K N Z P R P
L G R K O K Q H W C T R T T B O F Y A A H K B Y N N H C
B Q C N L U Q T P L L L M T Y T E C C K R Y B W B R K Q
S T E V I E N I C K S K T G R H Q M Y K I H G T P H Z F
L M B B R J P T T L T C N J P F A D E C R N N R M F V D
N F B I I N N L A O C I B R F N X Q N J N V G L W C M N
I B E V L G M P D I S M U G F Y G L O R B M B L P M P U
N W M E Z Q C I R S N M R E B M N K M T L L D K O L K O
R J I N C R O I I M L O V M L M I Z E H V Q M Z B V X R
U E N E L D R M T E G E F T M B H X I W M H Y H N Q E A
B D E V Z X M Y A Y R J D L M T T R D G N C G O A D K E
E G T E T M P H Q X V N T W O B T G D K G P I S K N M V
R E O R K K C T H A T G I R L V S W E V G T I K R M I O
I O N B H I C T L W X Q C R K L E K B V A A F M N A C L
F F I E M E L F M J D F M T T K T F R C K C P H L N H R
E S G E F B A X J N Z H R L J K E D A G J K V P N O A U
H E H N T M M R X C I J M E J Q E V B D H R W P F N E O
T V T T N Y D R T R R K D N K R W E J L D K T H G Y L Y
P E N O Y Y C B W L T G N T L A S X U H R Z C Y K O M N
E N W M J L N G P M I Z J O T Z E D B L T H P M N U C R
E T T E P R J T N L V G M Q T B H R Y T B S M D L R D U
K E K K Z K X F X L F K H J W Y T W B L Y D N R R M O T
X E R T N H M F M H X D N T M K K M T T W P N J Y I N R
M N K T K S Y A W D E R D N U H E N O N R N X A C N A T
N K N I V E I L E B P O T S T N O D O P L A K H D D L D
T H E O T H E R W O M A N F Q K X P G H R J E H M L D H
N M V K B Y D G X E M O H S Y D D A D J L T R H M C I T
B M P T B L W B U C K N E R A N D G A R C I A K R J L W
```

Asia	Heartbreaker	Mountain Of Love
Be Mine Tonight	Heartlight	One Hundred Ways
Big City	Honky Tonkin	PacMan Fever
Buckner And Garcia	Ive Never Been To Me	Stevie Nicks
Daddys Home	Keep The Fire Burnin	That Girl
Do I Do	Making Love	The Other Woman
Dont Stop Believin	Man On Your Mind	The Sweetest Thing
Eddie Money	Michael McDonald	Turn Your Love Around
Edge Of Seventeen	Michael Murphey	Vacation
Gypsy	Missing You	Wild And Blue

1982 Songs & Artists 3

```
N C R O S B Y S T I L L S A N D N A S H H R T X P K V K
I Q N Y H Q Y H M N V Y G E R I F F O S T O I R A H C K
A M T G G P M B O A Y H V L E A D E R O F T H E B A N D
G X L L V Z Z R N G J A D R N N W V R T M G F H K K F C
A G H M W T B E L I R R R N M S N N M G P L G T L W H N
G M Y N L Z K A Y N H D B U E M E C O L L X V K D E M M
N Z N M J C X K T A R E K H N I Q Y T B Z R N N R Y X M
I T L H V L T I H R Q N T F J F R V E T O T Y E G N J N
N K L L M X V T E B X M K R M K O F D E T D I R N R L F
I W O L H T H T L A Q Y M J O T Z R A D T A Y N O C D S
A A R R L N F O O R K H H W H U Q N T N M A C R C M O W
R K N N R L T M N U Y E Z T B J B J G H O R V Z D M E T
S E K H N W L E E A M A L M G X M L F R E G Q I E R V M
T U C E V B M G L L K R L T X Q R P E E E R N B R W K L
I P O U R V T E Y G T T X G M M R C C B L G O I G P R P
M L R S M H R N Q J V F Z N K V K A J M N D G S T R N G
V I E E N W C T Z M M R B T V T L Y K W Y T J U E I F R
M T V I J T X L V R V N R C S D T V O S D K G R I S A J
N T O B W F Z Y H H N J J I N I K D B P L K X M V D W W
G L L B S L O W H A N D V A C T N A F Y K L L J W Z R R
W E I O H V M Z L K H A R E F I B W R T T A I R O L G Y
K S M B H N W Q N G D E H Y O Y R A Y P A R K E R J R T
R U Y C Q M R K L L H T O G E N I W S Y A D R E T S E Y
K S K C N M C W U T N U Y D M C K P L L R G X J T Z M K
H I V Z F C X A A I A C R P F F K Z H H F K G Z W K R C
K E J D F G P E T N H J M F M W T M B R Z X J L R W W R
X B V X C T L O D F D T R Y H K E Y L A R G O G V R Y L
K X L N V L H I Q M K L R M N L V Y G F D B P M C C L H
```

Bobbie Sue	I Love Rock N Roll	Private Eyes
Break It To Me Gently	Its Raining Again	Ray Parker Jr
Chariots Of Fire	Key Largo	Run For The Roses
Crosby Stills And Nash	Laura Branigan	Slow Hand
Gloria	Leader Of The Band	Somebodys Baby
Goin Down	Leather And Lace	Trouble
Greg Guidry	Memory	Waiting On A Friend
Harden My Heart	Nobody	Wake Up Little Susie
Here I Am	Only The Lonely	Yesterdays Wine
Hot In The City	Paul Davis	You And I

1982 Songs & Artists 4

```
C T R W T W T V P E M A R F E Z E E R F V W P A L B B M
S T L V N K B M M M T R P N D K Y T C B W T C T F W M X
R Y O L E T R C A X D Q L R V R X B H A Y I G O F V W P
E E V X M R D T R K L N V L O V H L L G R K O H P D T K
G S E K O X N M X D E T Y V T Q R W C E N L Y U K G Q H
N T M Z M M V K T Z Z A I O Q D A L M Y H R V R J L B R
A E E T E V M M Z M Z D M Q U Y Z A M E L R V T P Y D Z
R R T M H M R V T B N H T O S N N T A R M Z N S Y P X J
T D O Z T K H T F A G M T O V I G R F T L K Q S M T L P
S A M B F Y K J Y L K F N A S E T T W R Q T R O D I T N
O Y O H O N T N L P Y M R D K E O J U L Q L L G N L G X
T S R N T K O M J V Y O I M D E Z N K R N J J O T Y N M
K S R M A B Y Y C M R K E M L R I M M R K R L O L O O F
L O O B E F Z K I R Q R E W Y L F T P E J S M D K U L T
A N W M H Y Y N I P L M N O U R H Q A H W R Q L M R E N
T G C W L Q D M M E O W G N X O T H M W Y K N M H E B L
T S T R V W R R H R O C Y Y L R Y S J M A S N K F G E N
N X F R M O T A Y L L K Q A K K M N I A Y Y I J F O W E
O K Q H R L G V C P L Y X D V D J D I W C P C C L N E L
D M R R D G R E T T R G M Y P M D R F P E I W M A E R A
X J I G A Y H T Y L V N M N F R L Q T T U L R Z Q L E H
J M K R M T G D C W H J C A H X D Z T H K T Y E F J H N
M N D V R J W Q N Z T M G B M R K P C K V H H E M C W A
W W K T Q M K R E G I T E H T F O E Y E Y G G G U A P V
Q M M L X M T E A R L Y I N T H E M O R N I N G U H U J
W J J D O Y O U B E L I E V E I N L O V E F R D B A K Q
K A F L O C K O F S E A G U L L S R R G Q B R Z G W C F
N Q L R I G K C E N D E R G S O U T H E R N C R O S S R
```

A Flock Of Seagulls
Always On My Mind
America
Any Day Now
Caught Up In You
Dont Talk To Strangers
Do You Believe In Love
Early In The Morning
Ebony And Ivory
Eye Of The Tiger

Fool Hearted Memory
Freeze Frame
Heat Of The Moment
Huey Lewis
Hurts So Good
Kids In America
Love Me Tomorrow
Make A Move On Me
Merle Haggard
Mirror Mirror

Physical
Redneck Girl
Southern Cross
Take It Away
The Clown
Til Youre Gone
Up Where We Belong
Van Halen
Yesterdays Songs
Young Turks

1982 Songs & Artists 5

```
B G Y H E M H Z K T K K B M P Z R R W Q T K J K N T L G
K P F X R G G B N U H N R K L O D K W I O U N H K V D E
Y M P X A D M T K O M H M K S Y M L N L S P D M M J M H
D B Y N C B L C H N N P P A N B A O X T B C E W X N N P
N L F N T B G V E I N L N D R H N R T F C N H N O P I M
E C H T N N K D A P N N E X Z W H O B J P L V Y A H F D
A M K N O N T H R P A K T T O N S Z B A R G S L W R L Z
R D P K D R Y K T E Q N I D S A N W N I D A L T P C M D
T Q L U I Y R T B T L R T M T G M C A M E A I T L Z W S
H D M W T C H R R S L E H I I I H R F H T Q T C C D K M N
W G W L Q I W M O V G P S R L N F O I A E C T A V B D A
I L Y G G K E T K R C F Z J Q A L E O L R B R P R T E M
N I O O K W Y K E C Y Y M W E G K O J V C L K R L B L O
D N U R B L R N A Y P C P V P A M T V K E Z E F L J A W
A D C R T R R G O H O C O V T C L V R E D Y Z N M G E Y
N S A N M H E U D O S L L T A K E M E D O W N B E H S T
D E N M N K Q V L R E N A I D D N A K C A J K J T T E T
F Y D T N H B N O V R O F R E V E R O F S T A H W K R E
I B O J N M I K I L L V V T N C Z T G L J H T C M K A R
R U M L G G L F Q T G P C N W Q Q T M L N J B N Y M S P
E C A T H Z Y Y A W A S M A E R D R U O Y T U P P B P H
R K G T R T V I F T H E L O V E F I T S W E A R I T I O
G I I N X L L M W Q S H A N G H A I B R E E Z E S K L X
L N C I G M K N T Z R C T P E R S O N A L L Y N F Q R N
D G S L Y D J X V D H Q T C L F F X M G Y F M P T Q U T
X H P W R J C P V M L M T B X M K N R Z K N B C P C O Y
M A P J Z E V O L F O S G N I W E H T N O R P G M H N M
Y M V P L W L F L G R N K H Z P C F M R M M L L M K Q L
```

Abracadabra	Let It Whip	Rosanna
Charlene	Lets Groove	Shake It Up
Cool Night	Lindsey Buckingham	Shanghai Breezes
Earth Wind And Fire	Loverboy	Sixty Five Love Affair
Get Down On It	Oh Pretty Woman	Steppin Out
Heartbroke	On The Wings Of Love	Take It Easy On Me
I Dont Care	Open Arms	Take Me Down
If The Love Fits Wear It	Our Lips Are Sealed	Think Im In Love
Jack And Diane	Personally	Whats Forever For
Just To Satisfy You	Put Your Dreams Away	You Can Do Magic

1983 Songs & Artists 1

```
M Y T O N I B A S I L J O H N A N D E R S O N M D F K T
G T C L L W L X Q F R T M N M M K N J P B L X K K P D X
R T I N T W V M M X X A Z R R G J L H N E C H B M K W X
B H M F H J T L Q V D R G O N P P I K T K F P T I F F Y
L G A L F T D R J S F U C A L T G F S K X T E L N R C K
F I L Q R R H W A J Y K R S H H Q D D N N G W N I D T T
C R I N J Y R O R E T A K A W Y A M N K U H U Y M N W J
D L V B Z Q F R M H H N W A N N M Z K O F O G F U E I B
G L E P V X C A E A I O Y E C D Q M Y V Y D G B M S L K
N A X V V L M C M K S F T E T L U R A E Z T W L L W I D
O M Z N H V A N E I O D D E P A E R B S J G R A O O G Q
L F X D W S H H Q R L R O N M S R T A E J T C M V B H X
E C P G B M T R T Z H Y F L O E H A O N F G V E E N T M
B Y C A H K X Y J J K W M L B G K P P Y F N R I Z I Z K
E T H M B L B B Z N Y G C A I Y A A B E L O K T D A O W
W N Q D Z L T Q R K G E T M N R F L T R S S X O B R N N
E X B B U K B V Z W H F T Q D R V T T M G E D N N P E N
R H M E T K L W N T F I M Y X P T H V C T V M L N N V Z
E N S Z Q X C G H D P V K Y C L V B U R Q O G O J H V R
H X Q J Q W E V E G O T T O N I G H T M X L C V W H E N
W N F D V W N M Z G Z R W W W T R N Z M A Q B E K D V D
P W M K R J P F A L L T H I S L O V E W H N Y T N M T V
U H Y K C U L T O G U O Y G J K Y F M L J Q N U R N T L
P C N W O T N E L L A N K H N B C Z H C G Y N A K X J V
R T R L N N Q C T X R G R J Q T J M W Q G W F K T J M T
W Z C F T K T J H J K H M V Y T V R K T O T N B B U K P
M L T X Z K N N N P H J N Y W G M B B D B F M H F M R Z
R H L E V O L E H T R O F T I N I Y L N O M I T L B R E
```

Allentown	Im Only In It For The Love	Separate Ways
All Right	It Might Be You	Take Me To Heart
All This Love	Jeopardy	The Closer You Get
Blame It On Love	John Anderson	The Kinks
Down Under	Lets Dance	Thomas Dolby
Duran Duran	Love Song	Toni Basil
Family Man	Minimum Love	Twilight Zone
Highway Forty Blues	Rainbows End	Up Where We Belong
Human Nature	Rock The Casbah	Weve Got Tonight
Im Alive	Sammy Hagar	You Got Lucky

1983 Songs & Artists 2

```
E I H C I R L E N O I L B B T W L Y T C J Q M P M M C G
X L O V E I S O N A R O L L E W T E D M Q R L O L O U P
V L H F H Q N T Z T Z Q T N C U L J B T X M C P K F Z F
E F I L F O E C I P S W S B A L L B W N X A R H Z K M M
Z P R P N R T P W L Q T J E A Q L Z C M T R L F L L M A
V T N V M P C C N H A N B B T X D T W J H V M X W S P E
T N A R G Y D D E H A A U N H L B W R L W I L C W T D R
Z Y L K W N V P W K S A T K G Y F Y L Y K N K T F R K T
M Y Q V M K N L E E D N N Y I L L M K W P G Y Y V A N S
T H E R O S E D H N N T L B L L R M R N N A K V L I T E
D J M T T K E S A B J T B M E J I M D X P Y N L V G V H
S J C N K Y Q P Z F M M A Q D D G K L C V E R B Y H R T
K T K D E H S P V R D H B G D G A M Z L D J H F W T G N
D X A S Q R E K R C N T Y N N N W C V D L M K K F V I
R M F H W W E A G G Q N I T A N I S D F T X G F Y R N S
Z G M A T W K L R Z J Y L V L V H R E O X R R H D O V D
F N T H K U T L Y T Q J I R E C C D N B N M M K Z M R N
K I Z N T I O T Z T B W E L I N K M T H U H J Q M T R A
T L V P T C N H Y J E R D C X K R P T G H T E F K H R L
R A T R R J K G T V P I E M I Q K B N C R M E N M E Q S
Y E V A D I R F L I K O N A D T C L M N Y B T H L H L I
A H M N N N K R H O W N N N K T K Z B A N K M J T E Q T
G L K T J Z Y Q W G V N V E O E N P D H K N R F G A Y J
A A Y T B V R K L X J E E B O B R A R J R T Q L J R K D
I U Y M V C V P N V L D T M N N N M Z Q N X M O W V T H R
N X J N H N T G V G T L P Q L A O H V X W R B T B K T H
X E Z S O L I T A I R E N L N N V N N L I W W M Y G T F
Y S T T K T W N M L B D M T J F Q W E A R M F Q N V Z B
```

Adam Ant	Heartbreaker	Shes A Beauty
Baby I Lied	Islands In The Stream	Solitaire
Bonnie Tyler	Lionel Richie	Spandau Ballet
China Girl	IOU	Spice Of Life
Dixieland Delight	Love Is On A Roll	Straight From The Heart
Don Henley	Marvin Gaye	Taco
Eddy Grant	Men Without Hats	The Rose
Faking Love	Naked Eyes	The Tubes
Frida	One On One	Try Again
Gloria	Sexual Healing	Whats New

1983 Songs & Artists 3

```
G A P E T Z D D H K S G T X F E C N A D H S A L F K Y P
Y F C I T B G L C S Y T R X Y P K P D Z L G R X H N H H
A I T W D W N L D T E M A T R N M T M Q G Y R Q R O C G
T R L O I L I W N T J O F C Y O U A N D I M M L T W G T
S E Q B R T T N L B V E H T Y X N C L G Y Y N O V G Z N
E I K D T K N Q D P L G S S M A C Z V R L J G T X T R L
V C H I Y T X I T B H W M U O R R W Z N Q R U M K C Z V
O A N V L P M R G M E Y X R O W G T K N A R P F Q M L K
L N E A A X T Y R H L N T S Z H T X S P X M T W B P G H
E T V D U Y H B Y O T H E L A B R Y H F J M O V C P T O
K P O R N T H L V L M G R A C Y H U D V Y W W L X B W T
A U L X D D K E Q M M Y A C T L I H O O Y Y N H H E T G
M T Y F R M K X K T L R K M B H L T B Q O L G R D N R I
X O R K Y K N B R Y Z N L L E H M M I Q G G I I K T R R
G U R F A R F R O M O V E R R S P Y N S M K R Q N L N L
J T U S H O O T F O R T H E M O O N W D N T L D O X Y S
F Z H M B R Y C O V R E U C E S O J K I S T K H I B M I
J W T K S T R A Y C A T S T R U T J K Y N Y S N T I M N
M N N E V O L N I S R E Y W A L Z T M N U G H O A L L L
T Q A H V P R Y P R N Y C G J L Z K R G M P S L N L T O
B C C T H E G I R L I S M I N E A N R L M C Y Q I I K V
Q R U L Q K L H T M T F E Z K E C E B V C R Y Q C E R E
Q W O T L N Y N M N G R M P R A H C M K D X Y K S J K R
L L Y R X G T G T M A W K B I T P O D W F F Z N A E M K
W T L N K L F K N U L D K N O P R D Z M Y L R F F A K R
K X V M X M M R O Q V D A E T N V G M Z F K Y N P N T X
K R Q M K P M Y T X H M H C I N F N B C Y F C F R Y K Y
T D N V Y V J M R K T T J N Z T X K M Y V L T H V Y L N
```

A Fire I Cant Put Out	Jose Cuervo	Shoot For The Moon
Billie Jean	Lawyers In Love	Stray Cats
Break My Stride	Make Love Stay	Stray Cat Strut
David Bowie	Maniac	The Girl Is Mine
Dirty Laundry	Mornin	The Other Guy
Far From Over	My Love	Uptown Girl
Fascination	Night Games	Wind Beneath My Wings
Flashdance	Our House	You And I
Goody Two Shoes	Photograph	You Are
Hot Girls In Love	Say It Isnt So	You Cant Hurry Love

1983 Songs & Artists 4

```
Y L K H Z Z B A B Y W H A T A B O U T Y O U V V D C P K
N T U E J Z K S T T N X M R T C X H Y K D K C O M M H Q
P F O A N M L S N I N K M F Z H C N D H C T N Y L T H J
B R Y R Q R T E G M E C M M C V A T L A M T W P T Y Y L
T H Y T P R T N Q F R M T W W O Z T B V L J T P L N D W
R T L T W D I D L Q H G T M L C M D S E K H W N C E L D
A V N O N W V A N P Y M T U M X N E T L I Q Y L R P D L
E R O H S M L M Z W E M F T O A K I O M O A D K L R T Y
H Q K E V L X T N D M U L H T B T D S N W V O R A T X L
E K R A K Y R C T N O D R S D E A T P A E M E P Z J D H
H G T R N L F K W L B M N Y N K I T E N M I P Q T C Y D
T G K T N V G R D Z W B H D T L H V A I C E L M I R W D
F E L C M H C Q N B M B R G L H I Y S H L W H E R D K Y
O M R Q Z Y B T Q D L N Y S T G M S L F W X T P E R R R
R V F I K Z Z L D T M W T H D T A I E L R M K L H N E B
I K E K F R M K C R K A B A R R R D C X L K Y N T T A W
A X H R L E K R P J N Z E M B X L B R S G T X Z N T D S
F T N P K Z H X P D X D B U L C E R U T L U C K O Q E T
F K I V L I G T I C P O N C H O A N D L E F T Y N Y M E
A R V T R R L N R V Z R V Z K F H R P L R Z D H I P A P
T H B M A R G L P E Y L V H L T M T M X G W B F T N N P
X T V X R E B Y M L T G G W B Z L R K N X W N Z T R D I
Y Y V Z L K B N L M T F H N J C L F L L N N F T U D W N
G B P K H H W P K R J W A M T W X M M B D C R R P R E O
Z J H N T R K C N C D O O W N E E R G E E L F N N R E U
P N G B L G N I C N A D E M O C C R M A N E A T E R P T
M L Y M B Q L G O L D E N E A R R I N G L J R Q Q C P K
E T T E V R O C D E R E L T T I L T R B H M X T T N Q M
```

Affair Of The Heart	Dont Cry	Only You
After The Fire	Dont Let It End	Overkill
Baby What About You	Eurythmics	Poncho And Lefty
Beat It	Golden Earring	Puttin On The Ritz
Come Dancing	Heart To Heart	Read Em And Weep
Come On Eileen	Im Still Standing	Stand Back
Culture Club	Lee Greenwood	Steppin Out
Dead Giveaway	Little Red Corvette	Swingin
Def Leppard	Madness	Thats Love
Der Kommissar	Maneater	What About Me

1983 Songs & Artists 5

```
M J T E D A M N A C I R E M A T Z S A Y S A Y S A Y K H
K G E K A N W T P H M T F T H G I N O T E S I D A R A P
C E C M G L R X W W N L Q R J C H R S T T H T W M Z A F
A G C H H M L R R K H J V B O K F H C C J Z C H N F M L
B T K N H T Y M G B B T R M J N A L L K H K M F R M F O
U K V R A W I Z Y C T Y Z K H M T Z R G R T B I L I Y W
O I K M L D P W V L A F Y B E D D P I K M D C W Y C R E
Y T T Q L J Y R E N I Y C O Q D X H A L F A T P F K X H
D S K R T L T T A V H F N G P X E M N G T P T R L E C T
L A K Z V K R D E S O T E R N M W N G P E T N D L Y D E
O M E M H N A B O F H L V T I O T G X H D S R N D P K K
H I L H R M M O T E A M N T R R L H C K T L T D H A K I
T S E H S Y T T M C D S L I F U W T X H G M M O T L C L
N T C H N P W O K R Q L E C L Q L N H Q K Y F U R R V Y
O A T Y M T O F T B A C T H T L Q Y P G S A O K Z Y F R
W K R L T N V T J B F M V K T M A K Z N I Y T H P N C G
I E I E M O T E M O C Y B A B T K F I T H N J B K A R N
G P C Y R G F T T H E C L A S H M L H T F M L L Y M F U
W C A L T L K T F C L Z Y H L N L F A H C H F L L N X H
L Y V T L Z M L V Q G K K Q H O U E G P Q N T R A O W L
Y N E M R R O B O T O J L M C L R K V Y M C E D F M N R
X C N F T H V F M Z B T Y L L B L M N Y L C M R L M N P
G J U F B R C D P Q K J I Y Y B B V Q V C V I W Y O M T
M Z E C W D H P T N N H Y R L D R Q K Q Z R T J T C K T
Y Q M R L K G R L G P G E T I T U O B A R E H L L E T X
M J V J Q L B W L Q X V Q N X V H L L R L N M H R N T J
M N L K T V J F T X E D N E I R F F O D N I K E M O S F
L J D L X P R O M I S E S P R O M I S E S H X L K K F R
```

Africa	Faithfully	Promises Promises
All My Life	Fall In Love With Me	Say Say Say
All Night Long	Front Page Story	Shame On The Moon
All Time High	Hungry Like The Wolf	Some Kind Of Friend
American Made	Its A Mistake	Tell Her About It
Baby Come To Me	I Wont Hold You Back	The Clash
Bryan Adams	Mickey	The Safety Dance
Common Man	Mr Roboto	Time
Electric Avenue	Paradise Tonight	Too Shy
Every Breath You Take	Phil Collins	Truly

1984 Songs & Artists 1

```
V W J G N B K S T K E R E S I U G S I D N I L E G N A N
N W H T P Y B T I B T V S C A N D A L T L R Q P Y L E X
G R A H Z O R N I M G Q O L F T X W T L J B J Z Y J D J
Z W R G K U E E V C P I Y L A B B K Q J X L D N K Y I B
R Y D I P W G M T D A L V Q F E L L K N L T N L V T S M
N O H N K E N R L H A N E E D O V X Z V K C Q T B N K H
X U A E C R A A H L N N D D I R E E R R T Q J J J L R D
Y R B H F E R E V M X M C R M T C M R Q G N L H K V A T
X H I T K M T D D D N P G I E K U X A L F Y F Z R L D R
N E T H Q A H N R K C M J I N A B P E N L M L R W M E R
Y A T G B D G E J W L M T Q X G M V M M E I M Y K R H T
T R O U P E I F R W K S Z C S T I A Q K D H W T P F T T
F T B O F F N O J Q A F R D K C T N B X Y L T E L P N C
W S R R P O Z S L M J L D B N N H Y T O H F O N M R O J
H N E H K R T M I L N O L N A K L W L H U N L H I I T K
P O A T K M V R Q H L G K M R D Q T K G E T W D Y T T K
D T K L B E A E T L N N T P A B T K T S J S Y Y C F Z H
F I T L J C L T A R K N D N C R R R R N T B H O Z N G Y
Y N T A L Q Z T M R E N C Y T X K E M F N D X E U Q K Z
C I L E M M S K T C N E N M A T T H E W W I L D E R H K
O T H X R N K M O R H D Y L N S T D D H Z D M H K T T G
V K M Y I Z A N X A I X X T U L M J M H C Z F L R B S N
E K X A T N N R L L Q B L B F K D M R B T S H E B O P T
R M G F N I L L A K X N T V P T H O N E Y H P L W Z T M
M A K O N K D U D T T S Y K D N E T E R P I N L Z N C R
E K D A Y A P J H V O N C H J Q J B J V L R K W V B B L
K A Z V Y E L R M H R J K T Q Y X M M F T T A R G K B T
M Y Q S R L T M G T J B B F H Q N M E N I L R E D R O B
```

Against All Odds	Give It Up	Night Ranger
All Through The Night	Hard Habit To Break	On The Dark Side
Angel In Disguise	Hold Me	Ratt
An Innocent Man	Honey	Scandal
Borderline	I Can Dream About You	She Bop
Cover Me	In The Name Of Love	Simple
Cyndi Lauper	I Pretend	Terms Of Endearment
Dance Hall Days	Its A Miracle	Time Will Reveal
Dancing In The Sheets	Madonna	Your Hearts Not In It
Ghostbusters	Matthew Wilder	You Were Made For Me

1984 Songs & Artists 2

```
H C C H A N C E O F L O V I N Y O U S H I N E S H I N E
Q K C R H T L Q H N F G L F C M T C F R D D M S F D K T
T K N I H T T H G I M U O Y N N C H L B R J Z N P R T N
H W R V T L F N D N Z T B W R M X E I K N W I L A O P
E L S H B J J T W Y R K B Z R B W K V J J M S W G M N R
L R I O N T R A H Y E R O C W O F E Y W A U L T R A I T
O Y N W B L R G R W P S S F N Z Z T O P N C N N X R G C
N Q R L A A J H K Z T E E K F F Q W N G N W K O R A H M
G K U T Y N D M N K Y G T A E L L L L H N P N S M N T M
E D O B K D T V K B C N D I O V N A C T T W G P O A M R
S T Y H T Q Q A Z F O Y R W P F S T H R N T N M M N B P
T R N J J R L F N D N R E N V S L B T D V M M O T A S L
T B O Z Q D P Z Y E E H N C E C X O K F J J W H Y B O C
I S H Q H W E B H W C P S A Y G E V N K J H T Z N B K
M T S P G T H D S D P D A C N F X L L E N N F K G N V E
E U U M M T T H M L M T R G B K A Y H F V K V H M L M W
V C R Y H N O W Y W N H Y U F T M T V X E K A N J I G T
L K C Q D K W V W I B W F R G N H N U D R R T Q T P M Y
D O A P R O R Q G W M M J X G P Q J L O D N E R L T K T
N N T E R D B H R T T L F H T R Y W D R H R E H Y R C R
H Y O N K T T E P R I M E T I M E C O N W T K B T D D E
C O G N Z T M L M J H G I H S E C A R H F M I N K N F L
T U E Y J R N M X O N C T N M W D D J A D L H W M B C I
V J V L C R R B L V S T K T W T T N E N C T N L S H D X
H K I O M G K K F J R E K G K K N M X D P B H L V E R E
L L K V K T V V T X M N V Y V Y I M Z M N Y H X K M Y R
P L N E K Y G C K F K P N O G T W Z T H K V T P Z X V E
D J F R G N O L T H G I N L L A V P K W L R B Z L G Z P
```

Aces High	Long Hard Road	The Jacksons
All Night Long	Love Somebody	The Longest Time
Bananarama	Oh Sherrie	The Reflex
Chance Of Lovin You	Penny Lover	They Dont Know
Corey Hart	Prime Time	Thompson Twins
Drive	Sea Of Love	Time After Time
Exile	Shine Shine	Tonight
Eyes Without A Face	So Bad	Yes
Ive Got A Crush On You	Stuck On You	You Might Think
I Want A New Drug	Sunglasses At Night	ZZ Top

1984 Songs & Artists 3

```
R D K K J W A N G C H U N G L M A S Q Z H D V K T E Z K
S R U O Y Y L L U F H T I A F N U C R M L F F L V M R K
Y T C H Q Z Z K F R K Y T W H Y T I L K T G V M Z R O Q
L E T S G O C R A Z Y T G M M V O T N D Q O J N V E L P
T W L U C K Y S T A R V C R T K M N T M R T M N B W L R
T V D E T I C X E O S M I K B Y A A T T M A Q L W S O M
A D N X H T D J K T N T Z Q M R T M T F W H M L Y N N T
R H W D Z Y N H F C G C K T Z L I O J T K O M M A A H K
U P P Z M M H Z L K R K R H L T C R X N G L N Q D T H V
A V M T M M G L X B J O E Z M T H E Q F G D T K Y N N L
L L W A K I V C I X C L R J W M T H Z N Y O Q Q R O R M
F B C R C V S L Z K L O L W H C L T N R Q N D J E D M T
O Q B A M N L S W O U M N G A E Q L C Q B M K V V C Y D
K P M F R Y E E I N J G G E T T M S I H G E B K E K C B
N P J I O I L L D N W T I P A B E D K F M P Q M F Y G X
I R M C S L B A L M G V M X B V J Q L X T L X Q V N R Q
H M E G H S N B M E C Y Z C O W W H R O Y H N C O K J H
T A K J G D M J E M M F O D U J Q X L Z T C I R P D Z Y
N Z H N R J F E E A T R N U T F Z X C N X Y W S Y M A T
P P X O Z K T N B T N E A R M L T Z D G M R D R I D M C
X G U C C N I Z J L H Q Q G E L C W R M O M B O I S H B
N N Y V L T X N F W I R U Z U X M L D T L J B L B M I Y
D H X Y S P L T Z M D N L E T O D Q H Y X V O A Y O Y T
R D L I L G Y Q P J L M D M E R C G B J K H F L N B N L
Q R R L Q H R L T B Q T D M C N I N H T K L V N K E Z K
K H L M J L Z N F Z R N J M Y R X N H M G P X T G Z N V
C K F E S I D A R A P T S O M L A N H O Q R B T T P T Z
Q Q M X C I T Y O F N E W O R L E A N S J J N Z Z B R K
```

Almost Paradise	Holiday	Right Or Wrong
Automatic	If This Is It	Rockwell
Billy Ocean	Im So Excited	Roll On
Caribbean Queen	John Cougar Mellencamp	Round And Round
Christine McVie	Lets Go Crazy	The Romantics
City Of New Orleans	Lucky Star	Think Of Laura
Dont Answer Me	Missing You	Unfaithfully Yours
Everyday	Miss Me Blind	Wang Chung
Got A Hold On Me	Nena	What About Me
Hello	Nobody Told Me	When Doves Cry

1984 Songs & Artists 4

```
A G L K B H L W R T M N U N I O N O F T H E S N A K E J
D M G Y W K L L B X M W L J Q L K W C C Y L Y N L C Q F
U F J T L X A Z X N P B K O J R R N O S Y R B O B A E P
L E J J X G R Z H C T V H H P R L N Q T Z H M Y L D Q L
T V D T M J E M J R V L Q N R Q T R P I N K H O U S E S
E N R I G M T R F M N Y B C P K R K M F H Q J V R M B G
D M A R R F Q H R W J D A N C I N G I N T H E D A R K
U V P N P T A T W I S T O F F A T E P J C Q R N J Y T K
C O L R N B S B W N R L X F D B P H R Z M H A O W H Z V
A T W J Z A R Y M P R H P E R Q L N T P K M H C O R Y H
T R I N J M O U M K K F K R N B Y X H N T N X L N D C V
I W K N E K O J P K L N J T K K F N W R W N D R Y U G W
O J P H A R F D J T A H D Y X Z H V A A R M W H O M T F
N T C L T T O T U G O E F D R Z C H I B E L X T C B G N
T N K K M F U F C O Z W R O M R N T B N Y T F L E L O N
J F N T W Z D R A X Y L N B O A E H O R V O H L C K I P
N F T N R L H F N L G T Z G D T J W R D T K I T N C N T
Y F G T D K H K K E O K A M I Y L E R U G E P O N O G R
K T N M M Q W V J F R N V H R R P O O Q V R I B Q H G O
Y Z A R C S E H A M A M E Y W E L F O E Z T F M C S O I
R E M M N P V T W N X T W L V O D K I S A Y D K B F I R
M A N K F X V H F R G B H E Y F D N F U E V Y X N O N R
M L W L K K K K M K K N T Z R H M M T P N V T N N E G A
T I K V K Z P R L C X S Z R L E E A K Y N G P F Q T G W
W E R J B M M Z N O N N A H S N F A W R F F L N K A O E
W H T H I S W O M A N G Q Q G N P L R T L W J B K T N H
N S K M L N N H D N G H Q R I Z M M X T K P B K Y S E T
L L O V E I S A B A T T L E F I E L D D H C F M G H L G
```

Adult Education	Infatuation	Shannon
After All	Joanna	Sheila E
Believe In Me	John Cafferty	State Of Shock
Break My Stride	John Waite	Steve Perry
Dancing In The Dark	Love Is A Battlefield	The Warrior
Dan Hartman	Mama Hes Crazy	This Woman
Do What You Do	Out Of Touch	Tina Turner
Footloose	Owner Of A Lonely Heart	Twist Of Fate
Going Going Gone	Peabo Bryson	Union Of The Snake
Hold Me Now	Pink Houses	Uptown Girl

1984 Songs & Artists 5

```
M N C N L J L D K Y J M N C W X W H Y N O T M E R G P W
P C R N M A J O R T O M C N R Z Q L Z R T Y T P C T L Y
R R U L N M Q M K J N E T I N O T E M K C O R A Y P H M
T W E R W Y K Y K L Z X Z W R G L R N V H L R H G W M C
Y K L T H A G M N N L N P J N H P H J N M I R P L M D O
A Y S W E W R V R R B H H U K X D C M T B T F R W E N C
D R U H N Y T L D N C T O Q L F M Y L B B Q L K S F R I
N W M R W S U P R Q T Y P K M K L Y E J U M P E Z K G X
O D M D E A O K G R Y Q N L T W Y A M T R L R M Z W B E
M Y E O M E Y H T A M F P K Y Q N N W E T T Y W W K J M
N R R C A O G N T P S N X L R Q K X L P M T N R N J C T
O F R T K N N S G T A C O J U M U I P O Y Y Q W B R N O
N T P O E S I W R O Y W B E M R Z N O Q E S K C J K Q G
O B T R L E S Y C I I D E Y L A T N C V V N I D M K R I
O F X D O R O G M R T N V F B E T V O L C C D B X W W T
M K Q O V E L K L T I T N E P H M L R R E C B V I Q P Q
W G P C E H L N B E S R T C G H N A N Z V P T S Y L N C
E F N T Y L H H I N H G M M I W J H N K P E F G R A V
N P K O Y R I L R U T Q L D P K P Q R C Q H B N X E T Y
R A G R Z R T D X Q S B N U E C N A D K A E R B R D L D
T M L F L R S S Z L O U E K R T M F N X W M J K N F M P
Y L P L R D G P N C O K L B K R H C W M M Z R X Y W N T
D R M R O N T K M R O K X D R F K R K J C F K A K T R B
V Z K T O F N N A W H M R L C B Y T Z P U R G J K P Y G
R X V S R K Y N L Q Q Y R E L L I R H T B M L L L G T J
Q T D C D Z R O W H N L W T K Y B G M M M T P C W P K R
B A L C Y U L L U K F G T R V G P D H W Z T L D W K T N
S Y B D T Y T H A T S A L L G Y R R E J D N A E I L L O
```

Alibis	Jump	Stay Young
All Of You	Karma Chameleon	Still Losing You
Breakdance	Legs	Thats All
Caribbean Queen	Major Tom	Theres No Easy Way
Cruel Summer	New Moon On Monday	Thriller
Desert Moon	Ollie And Jerry	Turn Around
Doctor Doctor	Quiet Riot	Uncle Pen
Elizabeth	Rock Me Tonite	When We Make Love
I Got Mexico	Sad Songs	Why Not Me
Jump	Say It Isnt So	Woke Up In Love

1985 Songs & Artists 1

```
L L F L O V E R B O Y K D W S C M J H P N K T Q M E B A
L T N M N D B V N H W T P G H O X C C J Z K P Z N C R L
F Y H X K C F H M D H K T D Z D M K K Y N J D I K R M L
T M E G L A J I K Q A K L L X B C E P Q U N H B M R K I
V G M K I M T M F C M M M J Y N H O L S Z S H N C C T N
S N O Y X N M R K E J L W R Q C S F T I N B Q H T H L E
L E T P J M E Z I X E N M C G S M A J U K Y G Z P G Y E
R V D H Y F W H B N P L O P E M S C S R M E G S J X B D
I E O D J Q T M T Z A U F S B I Z N B R N N I F T R H L
G R O K T V X T C H T A S O A R O N P R C A F T F R N W
A S G Z M D F T E O G I N M R G F S K C Q X T K H O U B
I U E C K K Y X F R O U V D N Y L P J K N E K F I O K T
N R B J B V H T T N E T O I T L O R H R F L K T N K T M
R R R G Q H O T O L T B K R A H E U Q F T F O H O R B D
O E E M N U S B Q H L L Y W H V E G L L R M P Z I X T R
F N T J C N S E E F A H R R O T B W L K I Z D M T X T W
I D T H K E J C R W H A Z L R G L C A N J G J R I T N K
L E E G S D H N H F G H Y M L E R L A V L X K V D R T M
A R B S P A N V T U X S F V Z D B Y A J E N R F E W H Y
C X I B I M W Q S N A K Q H Q L Z P L Z N S M C W X P X
M O K R E G K L B E H T N R T F K K S R R B M K E C L F
N C D P V L T L L R E N G A W K C A J A J W L L N J C B
B D H M O L X T E E N A M A R I E L H T R H T C M F R Y
F X P R L M C D D M M Z M D T K L Y X Q D R K L Y K T J
Y K R N L G W M K H T P T W H S A Y Y O U R E W R O N G
P P L T A K S D N I M E L P M I S C H B C D Y T K D R P
X M K R E L F H K F W H B M C P N B E Y B E Y B Y B A B
H V G W R C D W B L L W E A R E T H E W O R L D Y W G C
```

All I Need	Jack Wagner	Say Youre Wrong
All Through The Night	Just As I Am	Simple Minds
Animotion	Katrina And The Waves	Some Like It Hot
Axel F	Loverboy	Strut
Baby Bye Bye	Never Surrender	Sugar Walls
Better Be Good To Me	New Edition	Teena Marie
California Girls	Out Of Touch	The Chair
Easy Lover	Possession Obsession	Walking On Sunshine
Fresh	Raspberry Beret	We Are the World
I Feel For You	Real Love	Wham

1985 Songs & Artists 2

```
Y K T R T N N N I L K N A R F A H T E R A T M C S T R S
R W R T E M Y A S U O Y Y A S R Q L G V L L Z Z H P P L
E Q T R A E H R U O Y O T N O G N A H I J W R T E N Q E
P V H E A D O V E R H E E L S X Q R T Z R N T R S Q Q G
S M Y S T E R Y L A D Y M Y K K E T W W W Z V P A J L N
I T G D T F Y R T P V H D C W V L G K D L O T M M R L A
H N T R G X J O H N P A R R O E D K T F N X T O I D T H
W S F T N H R N X T N D L L T T E S P E Y T H N R W W S
S J A P N B H Y H G M X E H E R H L M P L N G E A F O I
S M R D M R T C Z M N M I V I O K O T H T K I Y C N U N
E V P W E P M V R H I N O S U P R T V J P P N F L W L A
L R L J B T W W K T G L E T G E W C F M F G E O E V D P
E J H W H Z K X T S D D N K N L E D K R K K H R K N I S
R P P T Q L B R K O G H B I Q V E B G T T Q T N H N L N
A I M T H H A R O N P D G W O L A N G E L B F O N L I E
C H G T T P R G I Y K H N L E T R Q N Y P T O T Y O E V
K S J N D X E N K T T H F L N B E W L F F M M H Z N T E
R R L T M V R M F K L O Z D K E E N N K R R H I N E O S
V A T J I O P J M K R B M M T R N L A M Z E T N T L Y K
R T P G M B L Y G E L K G W N I E C O J W K Y G M Y O N
C S U P Q R W T W Y C R Y M L F N V T N K B H D N O U R
T O N C M L M O A X K M N N V N L T O C G B R X L L J L
Y C R E J J P R C K Q Y V X J O H Y F L V X K J B N C C
V R Y N V E K K M T E K T K P M K B N P Y R C J T I N L
M L M V H A B L D C K O R C H I D Z H N N N F D L G D K
T W P T H K E F R D F F N Y R R L C W X L D N R Y H T Y
N J K T R N H H H L R X N M P Q F M Y P C Q X E T T L Q
X J R M Q M R L L Q V D P G E Q R F Q R W W H L P D K P
```

Angel	Little Things	Say You Say Me
Aretha Franklin	Lonely Ol Night	Seven Spanish Angels
Careless Whisper	Money For Nothing	Shes A Miracle
Glenn Frey	Morning Desire	Shout
Hang On To Your Heart	Mystery Lady	Starship
Head Over Heels	One More Night	Take On Me
Heaven	Part Time Lover	The Power Of Love
Im On Fire	Penny Lover	We Belong
Janet	Rhythm Of The Night	Would I Lie To You
John Parr	Sade	You Give Good Love

1985 Songs & Artists 3

```
M K R V T C H E R I S H Z G B K X V L M M C P R S C D V
R K P Y P J N Y D A O R E I X I D J J D M X P T P R M E
Q T N T C T Z H A R Q R R T D M R X W Y W B I G K E T V
R R Q L F L M G B D T M H V I M M C O R T A X L J M M O
L Q Y N X F T R J Y S P H S N G T N J T R P H M Y M L L
K G C F A V W W K J D E L L X V L D H T H C V N L U N E
K D R M Y M L P E L K E U L J Y V K S K H Q T G F S E L
T K E G S B Y N B B D J T T L R Q E T B F C M N Z F T G
N L M W J Y P A C Y U P D O L Q R L N Y R C K R Q O T N
E R E X M H O O W M J I V V T I X T M R P C Y W N S O U
M W V K T U L B W H Z E L H D F T L Q V J K K W M Y L J
E H A K H R E D D E G Y L T U O Y R O F Y Z A R C O A L
H I H W E T V C V L R I O V T M L M J K L B L L M B V R
T T Y Y H S I M T L I S H U M H K Z M L V T M T J E R I
E N H T O T L R M H Z W T N S N I Z L C M S J M L H P G
C E T N N O A R W Q L M E A N E C S X P L Y R M N T M L
I Y K Y E B S R D F S L M H T R N T C R R K R L L P T A
V H M Q Y E I B Z X E N W X T I T D I I H R T R J Q G I
I O R Q D I E Z J B A K X L W F O G M R T T W C A O Y R
M U T L R N V X T F O N N B V R Y N Y E B Y R L D A H E
A S T V I L O R D K F H O W A R D J O N E S I O W D H T
I T D N P O L F X B L N Y R T J Z K V H D E W A B T L A
M O P N P V P N B D O Y Q N M L H G L W H N D V N F G M
L N J P E E W F X M V R U J X W V F T S E N D K M D H M
M Z G M R L D T N C E O M W V Z J R H A I X B H Q C F K
H J B R S B M Q B N C M J K Q T P O S F T R P B T Z M X
Q P E T S T A H T P E T S B J K L Y F T W K T L H L T D
N H R K Z N G J V M K M F R E E W A Y O F L O V E F V T
```

Cherish	Howard Jones	Sea Of Love
Country Girls	Hurts To Be In Love	Step That Step
Crazy For You	Jungle Love	The Boys Of Summer
Dire Straits	Love Is Alive	The Honeydrippers
Dixie Road	Material Girl	The Wild Boys
Find A Way	Miami Vice Theme	Til Tuesday
Freeway Of Love	Misled	Valotte
Go Down Easy	My Only Love	We Built This City
Have Mercy	Oh Sheila	Whitney Houston
Highwayman	Power Station	You Send Me

1985 Songs & Artists 4

```
B D X K P B V Q X R W C T S O L I D R M K R L A Z C P N
J K I L T Y T I C E H T O T G N O L E B U O Y G H L X V
T H J C Z N H L A Y Y O U R H A N D S O N M E M L A F T
E K M F T H D M M J M V P K B D Y T M W L K M N C V R R
E P N L M A S U D D E N L Y W M F K T F N L K P T P Z E
R Q K V T K T R Y Q X W P N M K D Z H X W W H P Q E K M
T R C M T X S O T L P J N T K Q K L Z X M D Y Z V L M M
S K X T N V M T R R F E K C Q C K P M C Q Z R E T J T A
L X D G F T J K E W G M R D T V B N N P W R G H H N H
A K D N T L R L J L H G C R M R T G Z K R Y A B E A K N
T N B M K Y L N Z M M L Y T A K K G Z B D L C H S R R A
N E B H M N W I P U U O Y S S E R D O A K Q S M E O J J
E U M T R T K Z K D G Y S M F M N H Y V K G E D A L Z B
M T F W R P K T T A A N I F O T W E R X K K C W R D T O
I R K P M W J C P W O S I D I N K N B N W Q I L C F J R
T O X D X N L N O D S T E G I R X K T W T M O X H A K N
N N Y N F K N N U I N R W M R O E T R F P H V P I L T I
E D T W M H S O N Q N L O E P I B Z T B G N G F S T R N
S A G R J E Y G N D R O Z Z I T V S Q J P M Y H O E A T
M N W K R T Y P A I Z J G M M V P A E W P X Y N V R E H
D C P E A O W Y G S N L G T Q Z A C E S B G V R E M H E
Z E H H U R R R O J K Z T N Q Y X K T K S M H Q R E O U
Q T W X Q O E H T R N J K F N G W L R K I I Y N Z Y I S
K O F C M V W V V L R J L C N R K P B Q H L O T J E D A
D C J A O F D N G J U L I A N L E N N O N N K N T R A D
W G N L L M C U S A F O R A F R I C A N K G C F G X R Q
M C V F M L V H B L Q T T H G I N Y L E N O L E N O Z K
E M Y N D C G T N T B V R H K B D K N N R Z T V Z V L K
```

A Ha	Julian Lennon	Sentimental Street
A View To A Kill	Lay Your Hands On Me	Solid
Be Near Me	Like A Virgin	St Elmos Fire
Born In The USA	Lovergirl	Suddenly
Dictator	Missing You	Theres No Way
Do What You Do	Modern Day Romance	The Search Is Over
Dress You Up	Neutron Dance	USA For Africa
Everyday	Obsession	Voices Carry
Harold Faltermeyer	One Lonely Night	Whos Zoomin Who
Jan Hammer	Radio Heart	You Belong To The City

1985 Songs & Artists 5

```
T K P X V T N R Z Y E V E R Y T H I N G S H E W A N T S
C C T S M O O T H O P E R A T O R X Y N V Q H W K K J Y
B A H T N Z G L W K B K T N P X K P R Q K P Q M G K O M
G B O K N H Z L B O N D N T G Z W N T M K T Q F P U G S
N D N T L M Y K O T N R L V M L C J M K H M Q N A N T C
G L E F L D W C W R G T Q J N H R D J T J N V R I I J P
G O N Q F R P D R M Y R I O N Q A N L H F K E L N G N K
N H I I C Z L T R A N D S L D V Z K G K R M E G E T P T
I T G F N M M N U L Z I A M O F Y B L K Y E J T Y F R N
K N H L P M L U M O T Y Y Y H O K L G L F K C E O I I M
S A T W Y F J O A T N F Q S A C S A S C H M A B H V M
I C I L J C B H E Y Y H R O N K E D I Z A Q W R Y S A T
E I N F R Z N H O R F D G A R V Y H W B T D M S R T T V
V H B M V M E M V U A O T I I Y T R A R F R G F T H E D
O K A N V H W V V V S N E L N T O C V J R F Q O N G D M
L G N M T D L V I L O E E R H S K U P R N B R R U I A M
R N G W H B V D V M T T L G O R L H R Q N M B F O N N M
U X K R N N L T N M A R I T G M B R K L M G B E C M C W
O C O V L E G I Q R J F T X J N D L I L O D H A Z T E Z
Y K K R E N E M A Y T D D J C L P E X G V V W R G M R Y
D Y P R R M F P F N T R L D P M M G E V G L E S M N H N
K M O L T L E B A G N U O Y L U A P R N M N W G X G L J
N T D E R S K C Q T P Q Q Q P G X K G M I R D D Y K Y J
H J E Y M P L L K F R A S H F O R D A N D S I M P S O N
P M F P L X K R R Z K T N P N A H K A K A H C L M Z B Y
Z L N Q N R L G T R Y T I M F O R L O V E M N R K J Y V
L B Y X T K L H R P M A R Y J A N E G I R L S F K M C M
P M N R C P K L J J B B K K Y B Y G R M O I D U S S U S
```

Ashford And Simpson	Girls Night Out	Paul Young
Cant Fight This Feeling	Glory Days	Private Dancer
Chaka Khan	I Cant Hold Back	Separate Lives
Cool It Now	Im For Love	Smooth Operator
Country Boy	I Need More Of You	Sting
Crazy	In My House	Sussudio
Crazy For Your Love	Mary Jane Girls	Tears For Fears
David Lee Roth	Meet Me In Montana	The Heat Is On
Everything She Wants	Nightshift	You Are My Lady
Getcha Back	One Night In Bangkok	Your Love Is King

1986 Songs & Artists 1

```
K X N N B X H C K T M M A N I C M O N D A Y P W P L V T
B M M L P L L A F I E M I T T X E N E H T W O T F K L L
T F W E O N C E I N A B L U E M O O N B H N W K C Z Y I
N I V A H E B S I M T N I A T G G X D M K L G L N H D F
J H C H N C B M G K L H N R N U T Y T I K M M J Y R W E
N B T C T N G M B B K E A L O N G K L N R L W E Q Y H S
J G M I M G L Z N L V E V Y L M G L N D R L Z R W G I H
K Y X M F D W C D P H J T O R B I V L A F P T M T L S I
Q P J E T N M T R G W U S S L W Z P R D D K N A Z Z P G
M M W G T W L B N Y O W L R W Y T D P N B W T I D V E H
W Y F R Q G R O M B E M K O K E B X L A F M R N R K R W
M W R O C N R H A E K K H L F Z E A Z M C Q M E C Y I A
M C D E F T Y D T N V N L Y R T G T B A W R L S E O N Y
L R R G S Y A F P M P R L B X W V M L G C C W T R U T L
T D F J F M R M M E C P M B F L C P X O K K M E I C H T
R K T K K E K J U S T A N O T H E R L O V E M W S A E D
A K L W E T J D R S L S R M N Q K K M R C E R A E N D E
E V Z D B P E D V B E E H L J T D P M Q M B L R D D A E
H Q O X Y H H V N L G C E O H W G M F D Z P J T Y R R N
G M G Q K H M C O I M N R E P H P F T M L D X Z M E K U
N E M L L A C V T L O G J E Z B N M C J P G D Q F A J O
I N L H D M E S M Z R E D R T V O R W K Q Y T T O M R Y
N G M D V T S I E H T U G M J L V Y Z L N Y V J T O Q T
R N T P O A G V R S N R O Y X B O R S K Y T M B C F G A
U G L U L Q O O Q R Y N Q X Y Z T L V K Y L P M L E M N H
B T C G Y L Y K T M K J Z L P K H H E Q K K F T J E N W
V H T D R B T V K T T K Y Z Y R M R K R D L W H B J W T
K X N G L P H P I M Y O U R M A N M M M S M R N O V Y K
```

Aint Misbehavin	Just Another Love	Secret Lovers
Amanda	Kyrie	Strong Heart
Baby Love	Lifes Highway	Sweet Freedom
Burning Heart	Love Touch	Sweet Love
Call Me	Love Zone	The Jets
George Michael	Mad About You	The Next Time I Fall
Glass Tiger	Manic Monday	What You Need
How Will I Know	Object Of My Desire	Whisper In The Dark
Im Your Man	Once In A Blue Moon	You Can Dream Of Me
Jermaine Stewart	Pet Shop Boys	Your Love

1986 Songs & Artists 2

```
H P P M D L Z D N E W H O S J O H N N Y R D W R X V A J
K M T S K K W C A V L F V T S M H M D C R H T D K J N K
N Y L T M G F E Z N D C X Z S T C N M W E R T M J T I H
P N L T H A B M N M C M A M I L D Q R N Y W P B R L T Y
T Y P T H E L G L O J I L R K K G H I T T L R R L Y A R
R T K L Z E W L X R Y R N H I J W T Y Y Y Z Y K K N B R
P N A B L M B A T K L L L G G M H D J R P N M G K Q A N
K T T N R C G E Y O M Y N T O I A V U X C M Z X Y H K L
D G L N T Y M W S I W L J O N N R S G O H O M E D Y E F
L B A M N J W L N T T N N K H X T Q I B Y H H J T T R L
N S N B I N X S Z T O I O T L R Z H W D V N N N M R R T
H T T Y W L Q H K Q Q F S V N B C F E M E N O C Y M R G
V A I Y G C N T X B Y S M N M U Q L V C J E R H G M T Q
F C C R Z N C M R O L N K E O L E R A Q E P N T S L N P
K E S B W R Y R U E K Y S T N M F L E Y N I Q I Q U T V
M Y T Q X T Q R E L O E E M Y Y N G L Q W F L F L L R P
E Q A P K P M P F B L L J A L Z C W U W O Y Z I D L T C
V Y R K F Q I T D G B C S N R M C L O M Y K W N N H A L
O H R B M N R A N I M U F L T Z W F Y V M W V P Q G T L
L C M J G C B A S N O T V M R V L R F R N W H D B K A H
R X R B O L B I C Y N L B R R D T Z I N O R Z V T W L D
E L A N L E V Z Y N I A G A D N U O R A G N I M O C K R
D G G B H N F A R T H P J R T L C R J T N V T C F G T Q
N A Z T I W S P G E F I L F O K L A W N B R M L L Q O D
E Y C M T K X R Q N G Z Y L X D N L Z X M G L K G C M B
T N S U E K I L S E I P S Z Q T L Q J D T L T R Z V E T
L B Q L B K N R R R S R E V O L D N A S D N E I R F R L
W B M H Q G Z M C L L W P K K N T Y P I C A L M A L E M
```

All I Need Is A Miracle
Anita Baker
Atlantic Starr
Bad Boy
Coming Around Again
Conga
Crush On You
Dancing On The Ceiling
Friends And Lovers
Go Home

If You Leave
Invisible Touch
INXS
Kiss
Only One
On My Own
Say You Say Me
Sleeping Bag
Small Town
Spies Like Us

Stacey Q
Talk To Me
Tender Love
The Bangles
The Best Of Me
The Way It Is
Typical Male
Walk Of Life
When I Think Of You
Whos Johnny

1986 Songs & Artists 3

```
W T N Y O U R E S T I L L N E W T O M E E N N F T E Q W
A Y O J R H Z N C W N D L X M K X M S G R E K L D G K R
L K I K J J N K W X O L F R Q X P U R R V M I D D N N H
K K T M H V R M Q T S T M W T N N A R E V V I M T G L X
T N O Y T X H V S Q K M X Z N E B D R G E E T K W F J N
H K M Z N Q G Z I M C B M R V E B Q G T M N M M L L B C
I H N J A L N J M P A Q Y N D M Y J O U S Z T B H K L K
S Y I K M C P K P L J K N L F L N T R R L M F K M H N T
W W N X U L K T L G T B E M K K E P O K N E N W M Y W F
A E O N H W N M Y L E Q K L Y L H L L P M L T Q R Z L R
Y M I U B Y H R R D N K C N L Y O H Q X D E P C K M I T
T A T D O K A Y E N A B Q Z P C V D D L V C R N D W V D
L L O H R Y V T D L J K J W E T Q W T N N T R L R C I D
K B M K D E T D I N W W B U W M X M K C L I L Y K L N C
M O E P L Z A E K K V T R C V L A C V G H O T Q Q T G L
M T Q H Z R I M M N I T X M A N T L K G N N K T K D I N
T S K X D H M N T I W N M R D J M L O T W D F L X L N B
Q I T T N B B T L I L K H T R R U N M V F A W F N T A M
X E M H F T P M K O M I H R Z D T N L K E Y J N R L M M
K N G M W Q N M P L V E T Y R Z W G M T T B V W V W E F
K O N M Y G G L R W Q E N N Y N T K P O Z D I M D N R P
Z O G L O R Y O F L O V E Q U D W P Q Q O O K Z M T I V
T N H X K G H I G H E R L O V E R C G K H N O F A P C L
N C M N O O B A T T S E T E E W S E H T L P L H R R A Y
M F H R N D Q L K R E R E H M I Y H W S T A H T S D R V
N V P M N N T Y O U R W I L D E S T D R E A M S P U X E
K B T K J M I A M I S O U N D M A C H I N E Z P D K N L
R H V Y L B D Q G G N I K C I K D N A E V I L A Q Y H Y
```

Alive And Kicking	Higher Love	Nu Shooz
A Love Bizarre	Human	Simply Red
Cajun Moon	In Love	Thats Why Im Here
Cry	Janet Jackson	The Sweetest Taboo
Dreamtime	Live to Tell	True Colors
Eddie Murphy	Living In America	Until I Met You
El DeBarge	Miami Sound Machine	Venus
Election Day	Never	Walk This Way
Emotion In Motion	Nikita	Youre Still New To Me
Glory Of Love	No One Is To Blame	Your Wildest Dreams

1986 Songs & Artists 4

```
M K H P J V N C T B T H E O U T F I E L D J L M R R J D
B T C H K R R R J M X V H K C X K L T Z M K R V P Q K K
T L V D Q C C A L I F O R N I A D R E A M I N W A L T B
B T G R E A T E S T L O V E O F A L L C D B D M R J N M
R G C Q H F N F O N T H E O T H E R H A N D D R T L N J
K N R T N K D Y A D I F F E R E N T C O R N E R Y T G Z
Z N G Q K L N R E S T L E S S H E A R T R M B K A D T F
C K N N N T L X T T A R E T E C R E T E P E T P L F J M
X R V O C L A F T A P E L F Z S H M X K M N A X L H C S
E V W P P W N R G R U X V P V Z T T L Y Y P L B T M L C
V D F T W Y T J F Z M O Q O M Q Q R B W A K Y R H T K R
O N W O R B S E M A J P Y T L T I D A D G A T M E M Z I
L H V D Y K M F Y N C M K R X E N T O E W M F G T T N T
O B Y B J P P L L B L F N K E A B N L A H T X R I R X T
T G T J W Q M L Q O C P F V T V T S H L E F P J M R T I
D N M C W W R G U Y Y P N S K P O T I V B F O T E N L P
E I P M W F L X O K T K M L R P A E O H V E R O G L P O
T N T T Q N K L Y J D X M E N E L L B K T U M D W B F L
C N L K F W L F S R Q L A R R L T T T L E T R E Z T M I
I U Q T W R X V S R L C P B M U I L K B L G N T S W G T
D R L C X X L R I W H R Y D O I L T L L R I P A W K N T
D T B P A I N Z M N R M C B L T S U T C P N R K C J F I
A N T M T D F L I K E V A M Z N E T R L W A N Z T Y Y Z
G E Y M Q N D B R K T K D C Q R M B E J E K K M R M H K
P L M V K A N M A K N D B O N J O V I R Z R J L Y R T W
K I T J W E R T J I W V T Q V J N R R B N Z O X W R Y H
Z S T N M H J T H M Y R M M J L F G T K L W R C M R R R
B B R R V S Z T Z M F Q M V M M C N B R K H T B K T Y V
```

Addicted To Love	Klymaxx	She And I
A Different Corner	Little Rock	Silent Running
Bon Jovi	Mr Mister	Stand By Me
California Dreamin	On The Other Hand	Take My Breath Away
Falco	Papa Dont Preach	Tarzan Boy
Greatest Love Of All	Party All The Time	The Outfield
Ill Be Over You	Peter Cetera	Think About Love
I Miss You	Restless Heart	True Blue
Itll Be Me	Sara	Two Of Hearts
James Brown	Scritti Politti	Why Cant This Be Love

1986 Songs & Artists 5

```
S O F A R A W A Y H G N N T Y L R T T Y N T C R L Q N L
Y A W A L L A T I G N I W O R H T O W O F R F C M H Y Q
M T N S L E D G E H A M M E R R T N X L V T M T R G L V
B M W M T U O D E I R C L L A Q L I S R F E X L L L V R
X W O C H F M T F P B P M R Z R X G V Y G Y R N R Z C M
N W T A K E M E H O M E T O N I G H T Q A M V J Z M K K
S E N O B P U N I G G I D N R A L T Y P R W K R O C X M
M S R J X M V R T L N N W R S L Q S H T N M L T N Y N K
A T E M Y X T L L T G Q J U H M N H N G S R M A W H E T
E E H R D N J Q J D N K E Q G S N E M V R A Q X E H L D
R N T B O L M X P X X H K L L Y R C Z Z P H N K V V Y P
D D R B T B V Q P X T Q E Y M H E O F T M Z T N K Y O M
E G O R B Q E M F N J I F R T L T M D B C Y Q M B D L L
S I N D T T G R I K R O O M S N W E K D L Q W R J U E Q
E R A L N B J K T B X C H I C N M S Z F K R O T T O T T
H L N X Q J C B A P K K L Q R R M T Y K J K H W T Y S C
T S I D Z O Y G W M A R T N F T V T A K E N I N P H G C
M M E X R K R B E X A L T H A V T Z B N F H T L D T O Z
H W F F F E E A P C V N M B M M K K W M G T M Y M I A J
V K I R T R M K A T T Z J E B T O I R Q T N Y D M W L X
Z W L E L A T D H K Y T L Q R R N W M M V X K X P K L L
Y T P I D G N Y K W V M R J P G R V N T W J H O N C T W
N B N E M I P S P J M Z Q P S Y J T Z R N O B Y M U H N
P F U D L C Z R P J T D A N G E R Z O N E R R K D T E B
X S C E R D N O M M K R W P G T Z R H L M D V D L S W B
K C B P L V K M K T C Z B X T K F Y X C R T O N U H A R
M T Z W R P P U L N Z X X B Z H R V T Y J N H M N P Y M
B N H L C K V R E R U T U F E H T R O F D E D A E H L F
```

All Cried Out	Love Always	Sly Fox
Belinda Carlisle	Modern Woman	So Far Away
Berlin	Nasty	Stuck With You
Bop	Overjoyed	Take Me Home Tonight
Broken Wings	Peter Gabriel	Taken In
Danger Zone	Robert Palmer	These Dreams
Diggin Up Bones	ROCK In The USA	Throwing It All Away
Headed For The Future	Rock Me Amadeus	Tonight She Comes
Lets Go All The Way	Rumors	West End Girls
Life In A Northern Town	Sledgehammer	Word Up

1987 Songs & Artists 1

```
L I R K K O O L E H T T O G U R W L J G T X F G P Q D S
L V X H F D C J L R K L M X W W M G K H J X T W L L K O
G E R A J W I W I L L B E T H E R E A K L L J V J K G N
N B T N T X G N M T L R T V N H T T X Y F W J G D P A G
F E N M Y I G M C O R R M H X X W G T V N N R M L B J B
B E J N O B N F P F R G I W E A T H F V X A W C M K L I
M N T N P O T O Z L B N J N S F R D N F T L F A C L P R
D I L F H D B M B W F Q I A M D I O L C Z N B F P P K D
R N L A Q L F Y G A W Z C N R Y N N R K S A N B I B X D
P L W D N D J V B J L L R E R E D B E O L M W T K T T L
C O M R F D H Z V A O S V L H I N R E R W R J M N L N W
H V W E L X O K Q S B O I E H M D M E M T H R I Z N H M
A E H S E C Z F E T L E A A W J O E J A F H A Q W N E F
N B E O S X L O C A X R H Z L T R K H R M R I L T U X B
G E N L R T N G E O T M V T I C G K X R E S M N L K R P
E F S E U E G B W B N I M O F N K R K L Q G V B G N F D
O O M M O N O D E L C F N F V O D Q T L K Z T Q Y S V N
F R O I Y T N A Z T Y A U C N T S T F G L H V X N P K M
H E K T T Q T M O K L L K S M L I D C J G N J K N K P E
E J E E C V R R V M N Y T N I L N T I I L K G Q E C L T
A K Y E E K Y V Q M B H X L A O W N N K N K M J K N R S
R Z S R P C O N T R O L R S X K N D Q M M O N Y M O N Y
T R I H S Q V W L X G J E R D Q I J Y F N X C R M M H S
Y Y N T E F R T M J F K L L P M Y K N R J W X Y D Y K E
T N G M R M R N T X A Q M Z Y R R L G K K M C L Q R T H
M M S K R F L Z M T K T W B C C R O W D E D H O U S E T
K L V M Z F C K T R Y D A E T S K C O R R J K Q B R T T
Q R R L K B R I F N M D Q B L L U O S D N A T R A E H K
```

Change Of Heart	La Bamba	Songbird
Control	La Isla Bonita	That Was A Close One
Crowded House	Land Of Confusion	The Finer Things
Heart And Soul	Midnight Blue	The System
In My Dreams	Mony Mony	Three Time Loser
It Takes A Little Rain	Mornin Ride	Tiffany
Ive Been In Love Before	One Heartbeat	To Be A Lover
I Will Be There	Respect Yourself	U Got The Look
Kenny G	Rock Steady	Victory
Kids Of The Baby Boom	So Emotional	When Smokey Sings

1987 Songs & Artists 2

```
E S I U G S I D T N A I L L I R B R Q X H R H W K Q L M
M N T R K R Q R Q T W S O M E W H E R E O U T T H E R E
J Q H U Y H R P J F M T T Z R J N G X W M K N P G B C L
C B E O B K R T B C T J H D K T M M T Y N Z R V K Q C T
Q M A M H G R U B E D S I R H C W R Z T R S L K K T C T
N S T U X D F P P H K X R T R X O K V E T N N X X A L O
N E O R X T E B P K M F P B M F K H G A Q M Z R N S F B
T M F A M R V V N B L Z N P S W H E N Z V G C T M N M B
K I T D D X E H O Z L R W N Y C S D N M K R W R X A O A
R T H R C F J V R L B G O Z U B B C K X L E K A F P O Y
Z E E A Y X C R O C G I L O O Y M W T J T N K E M Y N R
Z H N E X O G C T L T I T B M M L H H R K P T H M O L O
Y T I H B W U H X A S E B E N C K M Y L B Y M R Z U I G
D O G I P W R G V N H I J F T J P Z T V R X V U L R G E
R N H L B T A R O T N V H N N L R Y M V T G D O J F H R
I G T Q C T E L T T M E E T M E H A L F W A Y Y H I T G
G I M M M S V O W W I M E V S T T D B J G W K N M N I R
H S R V E S G X K A O T K U V I E R X N F H W E F G N N
T J U R Z E D R R M Y P A H R B W L P Z R N B P R E G M
O Q M Z V G X N S Z P S V L B O M T T R R J K O R R L T
N T P U A V B I O J K H Q I L W P F K H V Z F N D S N J
T H O R Q N H N L M Q W E F Q W Z E M T W L D F W P M K
R Y K T C T N L K M A G L I V I N O N A P R A Y E R X J
A B G H T N K E Y R I I X G I V E M E A L L N I G H T M
C T H A W B K D V B M L D S M A E R D Y M N I Y L N O L
K R L H T V Y N S E N Y M L E T M E B E T H E O N E T X
Z N R N B K L O V X G Z Z T C J L R G W T J G D F Z Q G
B H R B T M N T P F T A Z G V G R J Y F K B B Q D H B B
```

Always	Give Me All Night	Open Your Heart
At This Moment	Gregory Abbott	Reservations For Two
Big Love	Heat Of The Night	Right On Track
Bob Seger	I Heard A Rumour	Sign O The Times
Brilliant Disguise	Is This Love	Snap Your Fingers
Cant We Try	Let Me Be The One	Somewhere Out There
Chris de Burgh	Livin On A Prayer	Stand By Me
Debbie Gibson	Meet Me Half Way	Suzanne Vega
Diamonds	Moonlighting	You Got It All
Europe	Only In My Dreams	Youve Got The Touch

1987 Songs & Artists 3

```
R T L L F K K D T T F W K J E N Z D R Z Y V G N Y L J T
L N O R R B K P N N X R R S Z C T V B L F T J F H R V X
R H N I N V L R K I K M O X M Z G L S Z F Z R M F K R M
K I E G R R W T C Q W P T Z W L J O L Y M N J M B H I K
F P L T U H Y T L T X E M G W L R T N G J L Y M R W L L
R T Y A T C B K Y E C Z H D Y I M Y B N P R G C E G L N
D O I H E R N K H D V O Q T E R R X N N N P P X A N S X
S B N T R Y A N R K O H M D N S Z W C P V F Q X K I T J
E E L S O B N T V H Z N E E P I O X B V V Z T C F H I M
Y S O O N S T J S V W M T E G D E A X V B L T M A T L N
Y Q V H F N X M V E N I C G U O B L W N W X M A S O L A
A U E W O R M N M N H I T O E Y W Q D C L Z Q R T N B I
S A R R T O X M E V A T Y H G T P I H N P V R Y C N E T
L R W N N H K L J L Z E M R O R M E T W A L R S L A L P
L E L B I E G G W T V H A O R R R E M H W C C P U E O Y
I K K T O C Z A H O B N L R R E W R W N M M Q R B M V G
T D T N P U Y J L T D L N L I F B I N R H E Y A N T I E
S E L L K R P V V L H N G G B T B T X O T F Y K N N N
D I N C T B K M P W K X O Y B B Q H T H R N Q E M O G A
I L R I G N W O T L L A M S M P X C G D O K G R M D Y E
R Y L X L T L F Z H G L B J Q X M G K I F U P T M G O K
P D K M M N J Z J A Q B L K K M Z R F B R H T P L Q U I
P O J G E O R G I A S A T E L L I T E S Q K L Y R K M L
V B N K J R N N R E D D A L S B O C A J T T J H O L R K
C E B T D V M H B W V H U A E V U O N B U L C K L U Q L
Q M W Q P J L R T H E L A S T O N E T O K N O W Y R R A
R O Q H Y R R I D O N T M I N D A T A L L L M K T J N W
H S L J R H G H Y T R E P O R P T N O R F N A E C O B N
```

Baby Grand	Glenn Medeiros	Ocean Front Property
Breakfast Club	Here I Go Again	Point Of No Return
Bruce Hornsby	Hip To Be Square	Right From The Start
Candle In The Wind	I Dont Mind At All	Small Town Girl
Club Nouveau	Id Still Say Yes	Somebody Lied
Come Go With Me	Ill Still Be Loving You	Special Way
Dont Get Me Wrong	Jacobs Ladder	The Last One To Know
Dont Mean Nothing	Lonely In Love	Walk Like An Egyptian
Expose	Love You Down	Whos That Girl
Georgia Satellites	Marys Prayer	With Or Without You

1987 Songs & Artists 4

```
G J N H H K E V E R Y L I T T L E K I S S H R J B P T N
M K N M W D K T R K Q Q D L R O W E H T N I E N O O N G
T R P N L Z D X N Q O T N U R U O Y L L I W O H W W Y N
F X O F A H T N A M A S X F Y E N C V Z N P P B H K R N
Q L X G M H L X Z V B B P E V M D W X M L N Q K P M E X
B H V J L E A N O N M E A O K L D L O N W M N Y L Q H M
Y T L A M I B L U E K H L B P A Y J V T Q Z Y C J Y E X
P W Z Z M Z T P W D C O T L Y N N T H F Y T C X T R E Q
T R J K D F H T M Y T N H N N S Y S M N L K L M C C S T
H K G M T K W H G P N R E C K O G E E B J T N T R L O N
E C O F U X B R O L F B W T D Y I O L T H X K U H J T A
N Q T R O T N T D D G P A R B Z Y T T T I M R C F F T F
E M M L K T S B L H H M Y N N Y G Y O A A H M P N V S E
X C Y E A K X U N R R L I L J L K T F M N W W W P D U T
T X M V E X K W L T H R T J C Z M G H X E E Y P W D J S
T W I O R A R P Z F H R I N F S J D C E C N W D V N G E
I R N L B D F Q Q G D F S P T K H A M M W C I B O L W A
M X D F N H V M P G N K X K K V S A R X D H L T A J Y I
E P S O H Y J K F N M L L A R A N E K R Y L I R S B D R
I F E E N W Y E X L G T L H N D W M Y E L T W S L O Y O
F N T N P K L M L X M E N O O O C M O R Y L K K P D L L
A P O I Q L T I H Z S N V L P T T L U M D O K G G E F G
L R N L F P R T T J L A I E E N C R A P P D U F G F R G
L X Y G N M M G T R P N V N L K F F G G H X F D D M T S
T R O N R R F I Y P R O O D N M R L A M L C W D O M Y Q
N X U O N N Q B T A L L N F N R L M I H Y R B X N W Y R
X L T L T Q Y K I K A L K Q M N M H N C T P G F L D N B
L T M A L D R N M N K M Z R N R F R O B B I E N E V I L
```

Alone	Got My Mind Set On You	Samantha Fox
A Long Line Of Love	Jody Watley	Se La
Am I Blue	Just To See Her	Shake You Down
Babys Got A New Baby	Lean On Me	Stop To Love
Big Time	Lost In Emotion	The Next Time I Fall
Breakout	Love Power	The Way It Is
Casanova	Luka	The Whispers
Every Little Kiss	Mandolin Rain	Whitesnake
Funkytown	No One In The World	Who Will You Run To
Gloria Estefan	Robbie Nevil	You Again

1987 Songs & Artists 5

```
N D W R F S Z M G H N T Q T R F Z L S T X P R W P J N R
N P T W T O N W C S L N M K X M O R T U C N J O T L D K
R X L I K M W Q N N W T Y R P U P Z Q K O W N W F T Q R
J L K L M E H E G K Z I A F G H T R K N A I M T T L R C
K J N L D D Z Q R T X M N R R G W W N M X R U M D L V
F M E Y M A C M N C D B A G Y G Q L T Q D L G O B G R T
M L M O M Y W N G R G M B N O M P E K B K D W O T Z T N
M H A U K Q M L A Z M N N A J U D C V M V C R N T O G R
W N R S B V X H Q J G P I V L D T K R V H N D V Y R N T
T L E T Y T C K Z W J X T T E L E S P H T P N H P N N J
M H V I T I K H V F T L M A T S E J I O K J G L Y N D A
G X E L R B N M K L B B B D M I U J R B S H A K E D O W N
H W D L M L W M G R S O W D E Q C O I J T R T Z M C B K
E K N L A W Q H D K R E A N K W O K R N R E D H R N A L
O B A O P D R T B A P R I Y D G H R K P A F R R B Y D B
T P R V L L Y N L M A H R L I P R K C K Z G L L B L D E
O E E E K Z L I P P S R Y E E V R G X D B D I P Q L M A
T E V M L L V C N E Q L T J R L N N O L N T F R W M R S
D D E E N E R I N R B W Q D Q I T Y K R L C G L L V T T
A O R M L N E I L F E N N M K K A T H S O B O L S O L I
E O O C R S H T Z P Y D L E R X V L I Y B M N M P N Q E
H T F T O S V K L Y N Z N J X P T W K L L R H Q N V M B
T N J R E F P J G D T E R T X H Q K T Y Y L J W K X X O
R I X N X R L H K W B B C X L D Q P D N M N M P X Z Q Y
K R I K N O W W H E R E I M G O I N G T G J T C R C R S
R H F D O N T D R E A M I T S O V E R D N K T M N Y R M
S H L X H K W B F K N E T A L O O T E S I M O R P E N O
E I R E L A V J N Q T H I S C R A Z Y L O V E G G G T D
```

Bad	I Know Where Im Going	Shakedown
Ballerina Girl	In Too Deep	Shine Shine Shine
Beastie Boys	Little Lies	Someday
Ben E King	Los Lobos	Swing Out Sister
Born To Boogie	Lou Gramm	The Lady In Red
Cutting Crew	Lynda	This Crazy Love
Dont Dream Its Over	Notorious	U Two
Do Ya	One Promise Too Late	Valerie
Forever And Ever Amen	Richard Marx	Wanted Dead Or Alive
Head To Toe	Rose In Paradise	Will You Still Love Me

1988 Songs & Artists 1

```
Q T G A R H R H W E L L B E T O G E T H E R D X I W W B
L Z L L L P B K T R R S P Y G T J T M Z X N C H F K M L
K H P B T V Q L H Y I D V G P I J Z Q T P L M N O A N S
S Y N S M Q H X M G P Y M M K A Y F L B Q H A N U G W T
E Z L U T Y N G N W N B H L G W D M T W F T D N N R M H
T T M R K Z T Y R N K R X L R U T K I Y E L A T D O T G
I V H E R C O M F R K A Q T E R N N T N X M Z J S O D I
B F K K K U T G N W F D R K K U F S D L O L L L O V R N
E U O Y R O F G N I H T Y N A O R E N W R B W X M Y T R
V X X N Z M Z L P R F N Y T R Q R C D R U N E M E K L E
O W A Z M W H L T Y Q E W M D L E O E L O V T M O I T M
L M L T L G K Z T L L R A H I Y O N C B O S E T N N Y M
E R F R C O B C L D C T Z E A G L E I L T R E X E D K U
J B L H K H N I D L I E N N E L P V S C C N N S P O L S
F V M O B N W W W O B C Y N F A L I Z E I M O N V F H S
V X M Q C U C C N C N N O T C K H A D F F D W D G L N S
L O G F O Y Q S N Q R E Z S L T R E N B D B E T Q O P E
N H K Y L Y O T L M K R E V S T S P D D E E B M B V L L
N T Y F W C R K C M K E Y I V B M L G K O M S D D E P D
Z A T Y I X Y T J K H T Y M O L J K B Y X A A I W A J N
S W K E M P B K H T M M Y Y H V F T D G D L T L R M B E
M F T J Y R T N Y X L B M M C V N R K L L M X E F E R Z
W Y R P V L T D O N T Y O U W A N T M E B K K C S E H D
V R V E L E C T R I C B L U E T T I H T I W L L O R H L
H K L F L K C O L C E H T K C A B N R U T B K Y K G G T
B L W M P M G L H M T T M R C H K B H L K L Y R X T K K
F G M Y M S H A K E Y O U R L O V E I T O L D Y O U S O
T J C Z P B D D R P L N D H R K C K W R Y B P K Q F J N
```

A Groovy Kind Of Love	Guns N Roses	Roll With It
Al B Sure	Hall And Oates	Say You Will
Anything For You	I Found Someone	Shake Your Love
A Tender Lie	Information Society	Sign Your Name
Bad Medicine	Is This Love	Terence Trent DArby
Desire	I Told You So	The Escape Club
Dont Be Cruel	Kokomo	The Flame
Dont You Want Me	Love Bites	Turn Back The Clock
Electric Blue	Mercedes Boy	Wait
Endless Summer Nights	One Good Woman	Well Be Together

1988 Songs & Artists 2

```
X K H T A L W A Y S O N M Y M I N D X H H R L N R Y M N
X X K R J R D X V L K N M N W R M D S T N M T Q N F E K
H Z Q R C T O Y L D V H K I T Y Y I H N P V M M L M B N
M C L N X J W C N R B K T J B G N R O F M P H W H Q H H
G Z J E M Q J J K N L H J T D A X S N Y J P X T L V L V
P K Q E T S D B F E O N T N P F I Q C A T Q I L I M M E
J R H B D X T G O U T W C S C O H V F E L W V B R A R S
R A R E J L V H T B K T N M P X Y N N N E E K M J J F U
M D K V Q T R Y G D B I W Y G L X N M R K P M N L Y D O
K E M D T Q O O F I D Y T O O P E R E T E F K A M K L H
T H Z L M U C R W R N T B O U S L H G R I R P V P W V E
V T J U N T N B O T E E K R S M C L K N T Y Y W T M M C
P N T O W N U W R R C A H E O P L S R I H G B V H K N I
R I H C T G A R P E W E E T K W E T R A S J B M E Q W G
O O K C L H Y W N A A F F R O L N L N G W L T T V D K R
V N C K L G X P Y I L T X R B T T R D A E V V T A Q P M
E A D C Z W P R Z A T T H B E V N P Z N A N W C L T Z N
Y I T V L R R J T L K L E E Z P J O B I T X T C L C T V
O P Z K C P T T L H W P O L R Y T N D L W H Z T E D L M
U X R M W N O K J N T B L O T V B K K L Z B H Y Y M L N
R L M D X P M M P T R L M N S W R C M A O B W M R L Z K
L B K Q B Y R J K C I R T P A E H C T F N H T V O R W D
O R F O W I S H I N G W E L L R N F L W F K J K A N Q T
V J X T E S I D A R A P M L F M O N K E Y X H R D N M B
E R C K S T R E E T S O F B A K E R S F I E L D B C W Q
J V L T E U L B M I D N A K C A B S E H B F L N G L K H
H J Z Q J Y L N X M Q X C M D X R N P B Y Y V L D C P N
D U O Y E V O L S Y A W L A L L I N N R W B C R P G Y L
```

Always On My Mind
A Word In Spanish
Bobby Brown
Breathe
Cheap Trick
Couldve Been
Faith
Fallin Again
Here With Me
Hes Back And Im Blue

Hold On To The Nights
Icehouse
Ill Always Love You
Keith Sweat
Look Away
Monkey
Pamela
Paradise
Pebbles
Perfect World

Piano In The Dark
Pretty Poison
Prove Your Love
Rocket Two U
Streets Of Bakersfield
Tennessee Flat Top Box
The Valley Road
Turn It Loose
Wishing Well
Without You

1988 Songs & Artists 3

```
L D Z R Z V L N D L J M M Z T F L N R M R Q Z D M H A Q
H G Z K X Z R L N D L P K L A R E Y R F R M J Y Z X I J
M K R W R L A N K X Q G B C G V L M Z H P C T T X Q L C
J W Y O R M Z J H R Z N E H A B L G L M G Y R I H D E M
M M H G O N K T S V L T N E F O X L P T E G T N T C M F
D A R I L V W N M E O Y H L O W R M W G L C V U Y Y R L
G G N R T T Y N K F T O V F T N P B B E B V N T K L A X
T N T I M E G K A A T A A H A Y K J J M I R R R P M C K
W N I L N X L C I S E G H M R M Z W L N T K C O F Q T Q
H E Y L M T E I D N N R P Y T L I W K O S L Q P D L C N
E V A K L F H N O I D A O X N G T N V R I Q M P M Y C T
N E D J B A A E S N H O D S E N L Z J A S B I O V Q D W
I R D R K H F S M C F A F T M Z H J P G E Q F D T N M M
T T N L N G I M Y I R D W L Q I R O L U R T I E G R T G
S E A Z J K L C I L R E G Q O H T B J S R H T S Y V H B
L A E N P Y A W E E A R C M J V T H B E I E D S J M O J
O R T T N R T N X K M T O K N D E Y G M Y C O I R T N D
V U I K T D E Y M C X H N R M M G C W O L O N M X B K Y
E S N L Q L L E G N A H C S N O S A E S P L T Z N Y Y N
C A L E V E I L E B L L I T S I F X T R M O C T G X T X
L P N N B L R K T R F R K J A Y M N P U I U O L L R O P
X A K T P X W M G T J T X T D C R P K O S R M Z Z M N R
X R N D K W M K D I R T Y D I A N A P P F O E P L Z K R
J T Z T W P A U L C A R R A C K T Y J N Y F E H T F M J
Z J K P H C M R L B Q B R V Q W M F F J Z L A H C K O Q
K Q T W X F L N T Q Y Q C K F F R P J T R O S K L F O J
G R S H A T T E R E D D R E A M S M Z K Y V Y R P Y N G
I L L A L W A Y S C O M E B A C K E L O C E I L A T A N
```

Aerosmith	If It Dont Come Easy	Nite And Day
Carmelia	I Get Weak	Paul Carrack
Catch Me Im Falling	Ill Always Come Back	Pour Some Sugar On Me
Cher	I Still Believe	Seasons Change
Darlene	Johnny Hates Jazz	Shattered Dreams
Dirty Diana	Kissing A Fool	Simply Irresistible
Face To Face	Man In The Mirror	The Colour Of Love
Groovy Kind Of Love	Missed Opportunity	Tracy Chapman
Hands To Heaven	Natalie Cole	When Its Love
Honky Tonk Moon	Never Tear Us Apart	White Lion

1988 Songs & Artists 4

```
V Q E M I T D O O G A T U B N I H T O N D W T B Y K Q K
L L X F G G I R L F R I E N D L M M Q G M K T E X H R M
Q V L P W J M N U O Y D E V O L I L L I T D L R X C E N
L N F A F N O I T O M O C O L E H T L M N T L Y I B T E
D T Z N F P A T R I C K S W A Y Z E G D S V G R D P T E
S H M H H I L K M N P R K X B K Y B Y A M B C P R M E D
E Q L N P B N F B K Q M K K M Q R Q K M T L P I A F B Y
T R R A T S K A D N E R B V G Q L C Y Y E T F K F T N O
E C M M R W K R C V Q M K M T Z I K F I M I E B J M W U
M M L T K Y R D N W C Z L J N R T P N V T I K T G F O T
U V L M H L L N M L O J O A N J E T T I T N R E Q T N O
P C K E R U G I F R E H T A F J H F S R G K W L N M K N
J K N G R T A Y L O R D A Y N E K N E N O K B L E J E I
O F Y D D W Y N L R W B D F S H T A O Z N D R I V F V G
E P O L W B Y X G Z Q W L A A L L L B K E N E T E N D H
E G Q R I K G N L R M K N F O S O N N Z M R G T R I L T
N U N K E E K B N D T D N V E O T Q R L O M O O D R U T
R G L P W V M M T K R R E N T L K C R H R N R M I R O K
Q Y X B R K E I M F C D I E C M C L A C E R P Y E E H D
T K R R E R M R N N D M N X G M K Y L R T W N H Y F S N
H X X M P H R N Y O F O N N W Y R N C M R J B E O C T T
T L D T F N T K N O G V Q F C R G K J T Y V K A U M V J
X L K L C G Q F T O U U Y L R V V J K D D X M R N Y K C
C D Z N L X M R O B T N E N D R L T P L V K R T G B M B
V D J D L D A T Q T G R G R Y K R Y V K L M N L X B Q Q
T J X D C E J M R X U T N E W S E N S A T I O N L O N N
K P R J H T H J N T L O T L J D H X N N R M Q J N B V J
B V F Y L V L P V D O N T C L O S E Y O U R E Y E S K X
```

Bobby McFerrin	If It Isnt Love	Patrick Swayze
Brenda K Starr	Joan Jett	Rick Astley
Circle In The Sand	Kylie Minogue	Roger
Dont Close Your Eyes	Make It Real	Set Em Up Joe
Fast Car	Need You Tonight	Shouldve Known Better
Father Figure	Never Die Young	Taylor Dayne
Forever Young	New Sensation	Tell It To My Heart
Girlfriend	Nothin But A Good Time	The Loco Motion
Heart Of Mine	One More Try	Till I Loved You
How Can I Fall	Out Of The Blue	Too Gone Too Long

1988 Songs & Artists 5

```
B M O B Y R R E H C R D N I W E H T E K I L S E H S N F
E F H E R I C C A R M E N B H R K N R K C G W N W Y W X
R V T U Z D K T V I H H F H J T Z R T T X X K W R X X R
P N O G N V Q O N E M O M E N T I N T I M E X O E V N P
N O K L H G B G K D X G F C W K M T C T L R L D D G N R
Z Q I K E N R T E N I M O D L I H C T E E W S N R T J K
H D Y S K U W Y H T L R G N F N R K Y J B N L I E L D P
G W Q C O N R J E G V Z B T N U X K M M N A C W D K N U
D L Z B W N B T M Y D D T C N A D T R F N T I Y W R I P
E W I L D W I L D W E S T A Y I G Q Z O M X S N I C W E
V C Z P R R R L Y Z W S W X K J D E I L E M U A N A E T
I M T J H E B G X N L A M N L T F T T S J T M T E L H S
L N Q C N K V M N E Y T O F N O O Z I Y E B O U X L T E
I X N L Y Y K E E T G W K M O M Y D L I O Y T O N I N N
N T H M N Y R H R H H D J L E Y A R R M P U T K T D I O
S V Q B C N W A L O R G I O T R D E B J F V H O N A E K
I X X P K Z I G W R F S S H A M L J P Q L D G O T C L G
D V R L M N J H L L H R E P R A Z T M K A N I L L K D K
E N T J R R E N K B M W E L V Z R M T W D P N X X N N B
K H M L W F N M E G A K C H E V W Z W D D D E W P I A B
C K K N E R M A B N I L V P T G X T L Q I F H L R P C Q
K Q T E B V T B D L C X T R M E N T H K C G T D Y Q P T
G N L T V C T E T N V W Y C B F G A F K T R T T K B N G
M S R Q H C R S R Q T R K T M P G O K Q E L E K L P X D
T Z F M N E U J Z L F K C C P N F L T P D M S X H N B N
Y L R X R J H L M K L O V E W I L L S A V E T H E D A Y
N M K K R C Q R R P T Q N R N X V B D Q P P P K F L V R
B H N Y H D K X Q S A X E T N I S E Y E T S E U L B W K
```

Addicted	Im Gonna Get You	Set The Night To Music
Angel	Just Like Paradise	Shes Like The Wind
Bluest Eyes In Texas	Look Out Any Window	So Emotional
Candle In The Wind	Love Will Save The Day	Sweet Child O Mine
Cherry Bomb	One Moment In Time	The Wanderer
Devil Inside	One Step Up	Together Forever
Eric Carmen	Pink Cadillac	True Love
Foolish Beat	Poison	Valerie
Hungry Eyes	Red Red Wine	Wheels
I Know How He Feels	Runaway Train	Wild Wild West

1989 Songs & Artists 1

```
K W J G L B I L L I N A V I L L I M V N K X Y R E K J L
R B P H M N G J P R E D R E D W I N E E B N F T G L K Q
Z L K J V P R P R J M M Z B Q N H Y K E D R H T N R X N
Y U G T K R J C F W L Z T W B Z O R L D L E W P A H R G
H E F F L E X C K M F Q R D L U K C K Y C M R C H M J R
T S V G J T M K P M L M V P N X N B F O K X H W C N T T
M T F C W T D M L M Y M X G Y T R V L U W E R O S Z V L
C E N W X Y R P T Z V R M E M F Q O X T R R D D N T Q R
B Y N N B P C R T B M C O R Z L U F T O D C A N O Q L B
Y E X Y K O P Q A T M J J M D R P T D N C L O I S T M J
W S D T R I D I C T P N Y D O M E H R I P J R W A C M X
O I P G L S T G N U S C O F T M J O G G F L Y Y E N S Z
R N D A C O K S M K R K L O A L S T M H F Y E N S R I L
D T D T U N B E E L C O A L M U C Y H T N Y L A F N G Z
I E P O N L T A N W V A F D O K J T Y W L D L T T M N K
K X R P N E A E B E D E D Y N V N N N F Y P A U Y F Y R
S A M L S T H A T Y H L D I K E T O D X N K V O Y N O R
Q S Q P N T B L B T F L I T L N R L T K T B E K K J U M
K M X D A L L E M D O A K W Y L M B P Y B P H O Y T R G
K P Z E L M R M C T U L C N D M A H R C K L T O W T N H
C L R H Z R K Z I R M L H E H L D C T K T N P L N M A L
C B K N Q L K L V J U K T M L B I M T C G N O L R M M Q
R Z N R N Z K Y B T C E T F W Q R W X D Z T Y H V B E C
M D R C R Q Z K G N X H L P L C S E Y E Y R G N U H B T
N N X N C R Q Z N E N E H C H E R R Y G D H H L T N M K
F N N K P C M X N Q E U L B E H T F O T U O Y C W L L Y
X D P C N W H E N I N R O M E R E W O P O T L L I W F V
H R L R X Q B T X L R E B A M C E N T I R E N F C W D Y
```

Babyface	Milli Vanilli	Set Em Up Joe
Bluest Eyes In Texas	Need You Tonight	Sign Your Name
Breathe	Neneh Cherry	Skid Row
Brenda K Starr	Out Of The Blue	The Colour Of Love
Cher	Paula Abdul	The Flame
Dont Be Cruel	Pink Cadillac	The Valley Road
Honky Tonk Moon	Pretty Poison	When In Rome
Hungry Eyes	Reba Mcentire	Wild Wild West
I Told You So	Red Red Wine	Will To Power
Look Out Any Window	Seasons Change	Young MC

1989 Songs & Artists 2

```
Y G P F M R X R B L X W Y Y V T R N G H R T I A W N G T
E T A R L N K S M A I L L I W A S S E N A V T W G G W J
K N S R H W Y K T I L L I L O V E D Y O U R K N V M L K
N O H K T W G T L D N P W P K Q D N T M A Y U R W K I G
O T O M C H F A L L I N A G A I N P Q E Y O X C P N R B
M H U Z Y P B K M Y L L K Y H R C L H P Y L Z N F K T T
R I L B S R T R K V Q Q D H G C N Y M R K T J O H N O J
F N D G A F P G O K N H R N T R M F E N Q B R H Z N B X
N B V K E Y T L G O Z X Q C P O J V B T B M V Q E N N B
J U E C E L N B X K K R Z N T T E N Y K A Q G L X M M L
Q T K A M T R V A N R S H T R R P P N T R K O Y F M D Q
K A N R O X K I K D N O I N O R R Z I Q E C K Q T B M W
N G O R C N D K G C M L X F R B T O L V V X V T M C A M
I O W A T M R N D S L E W E P T N R O R E Q F T Q R Z M
T O N C N D T C O E T T D G T S K D V T R J J T R D G R
E D B L O G M C T M Z E B I O T D M E W O K R A Y M M F
A T E U D W H E K G S T E C C Q E N A R F R N R X F K T
N I T A T P P X R F E O I M L I P F N R R T D M Q T L D
D M T P I M T M F V Z E Y B Y R N X D L E B M C W W B N
D E E T F M S Y O A T Q Q N H O H E R T H D D N T N V X
A L R P I E L L V Y I B M V N M B M O T T K T K N D J J
Y Y C F L N S L V Z C T Z C Q O F D C Z E C M M L N Y T
Q W P B H I B K B K P R H Q L Y D B K P G M K M Y L J L
K X B R H V R R G C C Y J B R M L T E J O D J P Q H L F
H E Z T N B R M L C P H V P Y K X G T D T M G L K N J X
P F S V M S T H G I N R E M M U S S S E L D N E D B K R
R I A W O R D I N S P A N I S H J B J L L P X N K J C L
D E U L B C I R T C E L E L A L B S U R E L T T R X H M
```

Al B Sure	Garth Brooks	R E M
A Word In Spanish	If It Dont Come Easy	Roxette
Bad Medicine	Information Society	Shouldve Known Better
Boy Meets Girl	Is This Love	Tell It To My Heart
Donny Osmond	Love And Rockets	Till I Loved You
Electric Blue	Monkey	Together Forever
Endless Summer Nights	Nite And Day	Tone Loc
Faith	Nothin But A Good Time	Vanessa Williams
Fallin Again	Paul Carrack	Wait
Forever Young	Pebbles	Warrant

1989 Songs & Artists 3

```
W P K R M R W N M M I C H A E L D A M I A N T I L N H E
L L E W G N I H S I W R M N L X H N Q K L Z M K L Y V M
T F R R E L D D B K W L Q M G L L F R J D A N N R S Y N
R X M Q D N Z Z N C X N K X O K B X L K N L K O G T P O
I Z M J S X E Z D H C T R O X D G L H I W N C W U R V R
S F T T T A M L D N M A F Z N M A G N R X G X H N E Z A
T L N M R X Y N R C A A L R P F Y T G G R N N O S E R G
I P C N V T Z Y L A G B K I I J H K J L B W I W N T P U
L K P Z P Q Q J O N D R Y N C E X Z Y C T R A H R S N S
L K Q B F R B N I U C J A E M E M N V L H M R E O O R E
B N K K K P P S M M W C T I L G C C D A L J T F S F R M
E L E G N A S N H M W I R M K A N O L P Q T Y E E B Q O
L B K V V I F K E O X R L T R U E L O V E R A E S A V S
I Y O P K N M V H C O N L L Y L A H Z P R B W L G K G R
E P M Y Q Q H B R R A Q C C G N C N F Q E X A S N E I U
V N L K S K V K L M Z F M T D L N C X F V R N G L R M O
E H G W M C K B O F H P O O K R K L F M E W U X A S G P
T P R W B M L W T Z Y K A T T F R L P H K J R B N F O J
G X X K B K D U C H K T R M E L J P L L Y T E X O I N N
F N D G T O G N B A E G J K T C T D M K N O G H I E N W
H P M K O P F T R S K W R Z M V A M F K N D B L T L A M
T J L G N T B Y K Y Y L N F P Q B F N I M N Q P O D G E
V T E C N D N G T R M H Z V W L R R D K P B N J M G E R
R N M G X W H K M P N N R L G P P Y W G C N K M E N T U
O C N T H L L N L W L C B E L O C E I L A T A N O L Y C
D M X I R T R A P A S U R A E T R E V E N T C Q S M O E
Y Y T B M K K Z H R K R A D E H T N I O N A I P T L U H
M E Q B W J H V M F R N T J G R E A T W H I T E Y Y G T
```

Alice Cooper	I Know How He Feels	Piano In The Dark
Angel	Im Gonna Get You	Pour Some Sugar On Me
Boys Club	I Still Believe	Runaway Train
Darlene	Karyn White	Say You Will
Dino	Kissing A Fool	So Emotional
Face To Face	Man In The Mirror	Streets Of Bakersfield
Great White	Michael Damian	The Cure
Guns N Roses	Natalie Cole	The Jeff Healey Band
Hall And Oates	Never Tear Us Apart	True Love
How Can I Fall	One Good Woman	Wishing Well

1989 Songs & Artists 4

```
X N T K M P E R U G I F R E H T A F W L O O K A W A Y B
Z P P R I W N F W K K T H M X E C K Q N M L W H M N H L
X P R K L F K A Y L G N M L C N L B P O K W K K G W H H
C K B V L G O M T N X N N A M X X F K Z Q F F M J O D J
Q E W M J P T U M E W N F E T L X O Z W N K Z K L R Y T
R L G W H P K F N V N R F R N F K L H E R Q X P A B H Y
T B V K K E M T G D U D R L D I Y M W G E B O Z E Y M L
J I V G Z R M P L S S T E R H R M S K S N I C Z R B D D
L T R F N F Y T O T R O D R Q M E O I G S T M Z T B B M
K S Z M K E C K R X R G M J L N R D D O B N L B I O H D
F I Q R K C H B I R D J C E S I A O N L Y D D M E B Y M
L S K G D T K Z A E W G L A O R E R C J I N T R K P T E
E E Q C B W Q D E R R K T Y A N L L Z K T H N C A R N G
S R P Q I O F M S E Y I M P K W E R C M E M C N M I P K
I R L W H R P L T D O K F L H N J T C K R T Y T M C E T
D I K K C L T K E N F B A D E N G L I S H T T F E I N J
A Y C J K D P P F A Q M D L E L N R H H H F O W T E M W
R L D V L M N X A W V X T Y R N J Q W I T T K H O R W M
A P W L L Y B R N E Y M C V I D N T N D R I S F H U Z S
P M K X M V T P K H H L J Z C Y N G M A T W W N T V L G
E I D L T F N L Q T X C X M C K F H E L E G T L T L V N
K S N R Y D G D K Z K T R G A O J H H A F C F L L P T H
I P T M N N O I L E T I H W R L M X T M R B W K P O K B
L Q D K V G W L Y N F J N Y M F O O L I S H B E A T R L
T Z M L N R T T L G R N O Y E N F F I R E H S K R P Y G
S K C X J D M R Z L M U X R N J B G G M J T M N N H M K
U R T E N N E S S E E F L A T T O P B O X T N M Z Z N L
J Q V N N N T X M J P C S E T I B E V O L F B K M D R Z
```

Anything For You	I Found Someone	Poison
A Tender Lie	Just Like Paradise	Rocket Two U
Bad English	Keith Sweat	Roll With It
Bobby Brown	Kokomo	Sheriff
Cheap Trick	Look Away	Simply Irresistible
Eric Carmen	Love Bites	Surface
Father Figure	Make It Real	Sweet Child O Mine
Foolish Beat	New Sensation	Tennessee Flat Top Box
Gloria Estefan	Paradise	The Wanderer
Heart Of Mine	Perfect World	White Lion

1990 Songs & Artists 1

```
V L M D N R T F N R E B M E M E R U O Y O D X T K T F N
Q X P K L L W H A T I T T A K E S M M G L K Q L D L W H
T Z G J L U D W M T C V M T J G V J T R M J R T T J B Z
J F N L G H D R H G Y L H A B Z H H L R A N K Z Y J I Z
R Z O M S C V B H O R E L L R R E M R X K M X L L E L K
X R D Z S U T V A T L R L K C P O P H N E B Y Q E R L T
L G L J E M Q L T A I E Z T O Y J M W Q Y Q J N R K B T
N B O N L W Z T G G L K W W A R C N E N O T R R C O E V
R H H W E O Y C H T M U E I T W N K W O U B G K O U Y M
F P E J V N D T X N P R A C D V Y M N D S W G D L T O T
D N M F O K W K H R F Z N P G E R D D L W R N G L P U R
T L P M L T N Z D T B A L A V O W M O K E T T Y I V R V
T B L R Y N M M I X G N S L N Y N O R J A N P P N D S H
V C E N T O B K N R T O T N P I F R R L T Z J V S N H C
R L H X T D Q P O T R F O V A N M J M L H R C R R E E G
Y Y X P A W X M R I W C Y R H P L K K C D W T R L I L L
K Q L Z P X E B T E O T T Y E R A C H A I R A M K R T T
P T L Y R I A N T D G N X J M B L N T L B N H K N F E Q
N L T N R B E J A X W I B G J D Q H T P H N K L K A R G
Y J K R Y M V E M O R R N C N I A R O L E M A P T T C B
Y T O F Q Z N L T P M C T A B T I C T A C T O E M S J G
K L A T Y I M N Y B O H V N B M L G R G M C V M N U V M
G C T K S F W X J N J O N Y C E P X L T Q N J Y H J C P
E R J C T O Q T N K N M R R B D L C W M L V X Q L Q K N
Y Y L N D T Y T N V R V B T Y B M L N J G Y L T T T K R
M B L A Z E O F G L O R Y B L Z V C E B N V T H W T G Y
H Q Q X D P T V M W A L L O R N O T H I N G F P M M K P
R R M H C I N O R T O N H C E T Y J Z V Q C M B Y M G N
```

All Or Nothing	Ill Be Your Shelter	Regina Belle
Alright	Jerk Out	Romeo
AMe Lorain	Jody Watley	Sinead OConnor
Babyface	Just A Friend	Technotronic
Blaze Of Glory	Lorrie Morgan	The Power
Dino	Make You Sweat	Tic Tac Toe
Dont Know Much	Mariah Carey	Troop
Downtown Train	Mentirosa	Tyler Collins
Do You Remember	Patty Loveless	What It Takes
Help Me Hold On	Paula Abdul	Whole Wide World

1990 Songs & Artists 2

```
J H F M R B F T N L O V E S O N G Y R R D T D S Y F T R
R Z W T K Z K M J Q D V T N K D W K P T S T W E F L M L
M V Y E V E R Y T H I N G T Q Y R R G N F T D K W A F
B R C S A W T I E K I L T I E K A M N F I H C U B D X H
T K L K X Q W N H L L M L M J T X O P Q A L R C E S I C
L M S I H T H C U O T T N A C U R R Y N H R R T L E P R
P T T H N N X E W P L R N T K W A T C L C A H I L I R T
H T F J K N I R Q F X T W E O Y L Z N T L M T O B L I G
I P E R P L R C X L Q N I G I M R D K P K P I N I E E M
L R D M U L K W J K N F T N Y Z T L H R F K M J V R S D
C Y P O O K H N F T F N G Q C V M T V R W R S K D O T J
O H Y H G H R C F I A F N R N Y R R M L Q T O D E M K N
L L R T G Z T G D C O M W O N E D T E M M M R F V O M F
L D X N H H T E E R Y R I N S F F K R M M N E D O N W T
I D G X E E O W T V V T C V Q J G W P A M Q A W E T N V
N L V T B J D I Q L A F A Q L U T H E R V A N D R O S S
S H I L M A M A W S H N N M T J W Z U G N I H K C Z Y B
V M M R N E D B N A T C R R L B L H L O N T S C J C H V
E C X L W Q L E H C L C N T N N A W Q W Y N B T M K H R
T D R Q M L S Z N Z E K P K P O L B K O L T T P R T L W
C C N N K T G W G G H F I J D K W L R R N N U H M I R B
K M P V E Y H F J D L R Z N C Q T D N D P R X O L G T N
M L R E R R M L W K P I A G A T F N P I F R K M H Z N T
D T W G R V R H R R H N S N R W R B T K F G W Q B T L D
Z S X M L B P W N R E D M H T K A R N S T K M Y L N I C
D B T V L K Z N V H N O T S U O H Y E N T I H W Z V B W
Z C C Q L W V T S M R L H X X C X T N T J R F H Q N L T
F Y M T D N N M R P D L B V R H J O N B O N J O V I Z Q
```

Aerosmith	Make It Like It Was	Sweet Sensation
Bad English	Maxi Priest	The Dance
Bell Biv DeVoe	MC Hammer	The Time
Chains	No More Lies	Travis Tritt
Everything	Phil Collins	U Cant Touch This
Home	Praying For Time	Walkin Away
Joe Diffie	Ralph Tresvant	We Cant Go Wrong
Jon Bon Jovi	Seduction	Whitney Houston
Love Song	Shenandoah	Without You
Luther Vandross	Skid Row	You Lie

1990 Songs & Artists 3

```
W K N H L O V E W I T H O U T E N D A M E N W V D Y N T
L J E G E M B B C I P E L N R M V F F R R N F N J D K G
K D K V D R N N J K B N Y M B D X V K Z Y D B Y T F N K
C H M M O N E I T S G O N N A B E A L R I G H T X N X K
D E T M R L X A L L N O M A T T E R H O W H I G H X C E
N L L Q V S F L N R Q L S U O R E G N A D K J R S A V T
Q P D D Y J E O B D T M N H T K T M V Z G M K H H O P U
C M N E O F V M E M N A K W M N X D Z G K F E S L Y N O
B E I P U P M B E C N O C W B P L H X B G A E N X C E E
B T A E C T N I D R I N W K L H X N R Y I V E Y M S N T
C E R C A R Y L T L T R L Z C J H R D N O E P K I G T I
Q H E H N G P L D D M X P W G A G K T L B X D D F H Q N
N T H E T T D Y K N O H E L F G L W T E R W A T R W M S
O N T M D N M J V F T M M O X T O B V B Y R P R K B P L
D I N O E K X O D R L D Y R T R Y A G B A R Q T S K V R
L S O D N J N E B D E F Z M T O H V T P B B A O M A Q I
O E T E Y G Y L Q M Y X M H Y T G P N M M E U W N R T G
H V I W I X O Q M G C C I K S M Y I R D W T X I N L X R
L E E R T J K O Q H R T X U R L Y Q R S H Y L M Q V K K
M I M M B T B R D P U M M R W A R G H E Q L P Y B T Q P
M H A T H Q K L R T E T X V D T N T R P A R T D F C N C
H T L K B B C I R Q I Q Y R R P I N T I T Q R K D P L K
P Y B P T O N L K R Y M E Y W E S R C N K T R L T C Y Z
N H Q L B C H K N G D H E D K T H E Q L Z C Q R F R J W
Y L J V E H L G T Z T Y N S A D L L I G Y N N H O J T X
Z J J W B L R G I O C R Y R R L M Q F D N J N X P G L L
M R M L M K L K N R G P X V I S I O N O F L O V E J Q T
K M T V M L Q A X L L X N Z M Q K M L J K J V F G Q F H
```

Another Day In Paradise	Hold On	No Matter How High
Billy Joel	I Go To Extremes	Oh Girl
Black Cat	It Must Have Been Love	Price Of Love
Blame It On The Rain	Its Gonna Be Alright	Prince
Dangerous	Johnny Gill	She Aint Worth It
Depeche Mode	Keith Sweat	Southern Star
Epic	Love Shack	Thieves In The Temple
Girls Nite Out	Love Without End Amen	Vanilla Ice
Good Times	Motley Crue	Vision Of Love
Here And Now	My My My	You Cant Deny It

1990 Songs & Artists 4

```
W C L O S E T O Y O U J S R B Z L M W T L F F M M R M C
D G D M N M T Q H M L A L R T J Y F E T R M G F D W L T
Y G N G N H N M P M M T E K O T K S M T T E N W K L M F
N L R R V N V B W U D H D N G T L E T L B X A V N X X G
J W L H C F K X E Y N Y S C N A J V Z R R D V L F K F N
R Y Q R Y V N L Y E N E N Q I C F O H F W C M N L Q C N
K N Q L J T L K E N C N Y T D S V L B H R V T J F O A W
K Q H G A E H S L O C M C E N T D F Z Z F D G U R F V M
H W C F B E U M N M R D C Z A E K O K M C P Y S E C Z E
L V E J E O P D N D W N L Z T P T E H Z G Y Q T J M T I
Q K M N Y E T P T A A J R M S B D L K D G J S L M T H L
Q J C E O H L Z A D T R N G R Y V D B M C E Y I T O G L
V R V A O T Z S Y P J I N M E S L A W L A N C K M P I I
R A F U L M I T G X I I O M D T L R C I F H R E E P N N
H J G G V B P N D O W H T N N E P C R X A Y T J L O O A
P H H K M M T H O Y O K W Y U P F O T E L N K E L S T V
T Y Z T U M N N M T Y D K D S N L J L L P M R S O I Y I
L R M H Q K Q D I L Y D C N S G C B C K C M Y S W T B L
X T E D H L A K R L N N H C I G O H K G R B M E M E A L
T H Q R H E J G L H C B O Y M L X T I V T C T J A S B I
T H R J R V Y T T E P M O T T C Q K Y C D L K A N A R M
K F R P R B G T C R L C N O M N R L T M A K X M A T U L
W X S T W R K T W J R B N Y V G R K X Y K G W E C T O Z
R J C V T V C M I R E M E M B E R Y O U H K O S E R Y X
N R K K R N N N F J A M E S I N G R A M C N Y Y K A M D
C R L B K W V K L I S A S T A N S F I E L D Z M T C I N
K R Z M Y A D N O M T X E N E M O C W G W V R R N T M D
S Y O B E G D I R K A O E H T N J D P K N B R L N Y N Q
```

Chicago	James Ingram	Rhythm Nation
Clint Black	Just Like Jesse James	Samuelle
Close To You	Lisa Stansfield	Spread My Wings
Come Next Monday	Mellow Man Ace	Step By Step
Cradle Of Love	Michael Bolton	Tesla
Feels Good	Milli Vanilli	The Humpty Dance
Gloria Estefan	Missunderstanding	The Oak Ridge Boys
Have You Seen Her	On Second Thought	Tom Petty
Im Your Baby Tonight	Opposites Attract	Tony Toni Tone
I Remember You	Real Love	Whip Appeal

1990 Songs & Artists 5

```
J D P U M P U P T H E J A M G S M L L J N T N K Z C D T
R N B F N Z R L M V N F T D E Z N L T M S X D R C W T W
K U X H P H C Y K M M G J L L D M Y M E B M T V L D T O
K O X V W B R L M Y J N Y G T W I W N Z Y M J W L T M T
K R W K Y F C L L F N M B M T F T O D J Q G H X M D Q O
J G M T N Q L G F Q H T Q T W C J V K L R F D H Y P H M
B R F M E X Z L W A N D M I P Y M J M A D O N N A T D A
T E M Y G N V H N M R F S C C Y P F H V B C H V C B V K
J D R Z J L J N P O A H T N P L D M J K K C K L W K V E
K N R J C P A O X Y E M I E I K R A M Z I B N R N H F I
Y U Y W A L R E Y S M U A H Y Z K B T D N E N G Z C R T
D L M L A N T P C T Q N N B Z N N R D E D E M O D I I R
O A L W P T E A L D H B M X A P N C P R M T Z T T R E I
B T H V E Q M T L M R E T R O L O T A I K H T P Y E N G
Y I H L K E Y D J L F D S B T M A G D T Z N J Q P B D H
R G F G T T Q B C A C J Y I E W T W G N X D E H L A S T
E I M R G V C T A G C N K B L E J W R E D R S J M N I V
V D U S P W Y A P B N K A K R E V G L C B L C M P N N O
E E V H L M M L N I E C S C R C N Y T M J T A T Y A L G
Y X Y T L A T T K T K C E O R K V C Z A V Y P L C W O U
D P P R T J E S L T S S I Q N K Q K E B W G A B J I W E
O D F Q M H N S O K E T N E V W C H T E L H D D K C P R
B V T P F U W M N H M H O J C D M F Q R N H E L N W L L
Y M P K W V E R T A M R H P N I T K V T B Y W X D J A N
R X P Z B D Q C X X D U O Y O T D O O G E B L L I R C H
E O P I D O N T H A V E T H E H E A R T N T W F D P E R
V G A G K V X N G B M G P O I S O N D N N R B T L M S B
E P M M T N L M T S P I L L I H P N O S L I W W X N W M
```

Alabama
Alannah Myles
Biz Markie
Cant Stop
Come Back To Me
Dan Seals
Digital Underground
Do Me
Enjoy The Silence
Escapade

Everybody Everybody
Friends In Low Places
Ice Ice Baby
I Dont Have The Heart
If Wishes Came True
Ill Be Good To You
I Wanna Be Rich
Janet Jackson
Madonna
Poison

Pump Up The Jam
Quincy Jones
Reba McEntire
Roam
Roxette
The Secret Garden
Two to Make It Right
Unskinny Bop
Vogue
Wilson Phillips

1990 Songs & Artists 6

```
R F D D L R O W E H T D N U O R A L L A H W V L X R H Y
P H H M Q B L K W X Q N W E N V O G U E M Z D M Z H J R
L L K M B L C L B D T R W T D F L J Y X T T F K B S M G
F R E E F A L L I N Y P R K I D E G K R M L T C K K K N
Y Z L R Y C M J G T C F X V T V K Y E M G R Y O L R Y W
M B R V W K R F T H K Y E X O W Y H A N I H O L E P B W
Q N M V T B K C P T B M N L G T C R G C V R H B A X X N
Z N K T W O T M M M I K Y Q D P G W K H B X N E H N Q G
Q R W R R X R Z B N L M Z K M U D Y D H K T M H C Z B K
Q L B V K H L C U G L C J M O T V C T K L T M T I B P F
T H C L K M C T T L Y N N L M A N R K F Y D N N M X V S
M H M F Z N E W A T I M N K N F A Z J R T Y U O E X X W
B X O Y N S N G L G D N N S W G V X T Z I V G S G T Q I
Z P L W Z J N E M C O P H D B B G K K P V H A D R R R N
T M T Q C I N P M G L E L T N F H R M T I P T I O N E G
H M F H D A T O E I L K T C O C L V T M T Z O K E C M T
E T L N X L N R S T T A M R E N N M C Z I J G W G P M H
B L E B B J A W O I Y S C J W D R Y C X S Q S E C M A E
L S B K R E N N E L O L E K J B D O L P N X E N L L H M
U D X B W F F H O B N P T K Q R C I Y Q E L I Y Q K C O
E V N E P G Z R K J E L F B A K L R E D S J N M K J M O
S L R W J L D T W N L L N X J T T V A R A L A Z H B G D
D E L X R A Z N L Z J J O N R R E L Z Z A E J D K H M T
H L J T Y X K P B J W M G V T C N V D M Y B R L T P R L
L J X N H K R E L E A S E M E M K K O P H Z B K G J T N
D J E T E V L E V K C A L B L R W N M L Y N M I N R X D
C F O R E V E R Y W X K M R R W S C L R Q G W G T Q T R
B C N G R R Z C K N L T T S L R I G R E V O C E H T P T
```

All Around The World	Free Fallin	Poison
Billy Idol	Garth Brooks	Ready Or Not
Black Box	George Michael	Release Me
Black Velvet	Here We Are	Ricky Van Shelton
Cher	How Can We Be Lovers	Sending All My Love
Crazy	Janies Got A Gun	Sensitivity
Eddie Rabbitt	Lou Gramm	Swing The Mood
En Vogue	Love Takes Time	Taylor Dayne
Five Minutes	MC Hammer	The Blues
Forever	New Kids On The Block	The Cover Girls

1991 Songs & Artists 1

```
T F M F T T Y T M L W O N T H G I R E R E H T H G I R Z
G T H P M Y N G A L L T H E M A N T H A T I N E E D M Y
K X G N L Y H S H L V H I G H E N O U G H C M G W Y H L
R P F R J N Y S V W Y Y F P H L L B G B M C C L P M B S
B Z L K Q J R E N I K D K T Y H X Q X K P R T V X C S N
F R Z V K Z L L K L S T Y D M T X K L X M K T F L T H O
W A Y V L C P E M R V A T Q U E E N S R Y C H E B H O I
Y Y D A R H L M R X C M W P R G R D C Q B N L W P L W P
R E B I N D K A T A Z M M R B V E C R Q Y Y N D N C M R
D M V A N A M H Z H W K M B E L V U Y T T N L D L N E O
L H J O B G D S L S D R R T L D O X F T B N M Z V J T C
P Y T J L Y L A R E M Z K I V Y R N O M L C R K O X H S
D C R I J N B I M I R K V X E N J K R K N T Y Y L L E R
B X H G A C I A K S R E N V T E N W H G R V R R R D W K
R B Y M Z F Z E B E N C O L S B A N E D H I K Y Z J A J
A F T K L G F Z R N A L Y U W L R R L M D R R X Z L Y Y
N B H T C K B O O U I F S T K C B N P E X J K N W T A Z
D E M K M K N R P E O J L O K J L O O C L L N C Y D L T
N I O R R T A V S A O Y N O N R H Z Q Q D L D M E M T G
E V F H R A B U B N E F K K W T B L T L Q W M M H G L T
W E M K J T A N E R A L C G W E T Z M P P I O L H C X X
M T Y M L C P S H I C K T B J R R T W F T S R L W M L Y
A S H D E Y X V T R Z G D L B X M L G P Y V L G Y B P V
N B E B V F C H B V N K T D G Q N K X K Q G W K L L X D
Y K A W X Q Y N O I G I L E R Y M G N I S O L Q G N J W
D M R N P G Z L C C N L D K C A B G N I M O C P E E K N
Q K T G V T K D V B R Y M R M N Q B X D Y Y H V K Z H F
N R L B D N T D C A N C M U S I C F A C T O R Y C Q P R
```

Aaron Neville	Iesha	Rhythm Of My Heart
All The Man That I Need	I Saw Red	Right Here Right Now
Baby Baby	Jesus Jones	Scorpions
Because I Love You	Joyride	Shameless
Brand New Man	Keep Coming Back	Show Me The Way
Bryan Adams	Leap Of Faith	Someday
C An C Music Factory	LL Cool J	Stevie B
Cry For Help	Losing My Religion	Timmy T
Fading Like A Flower	Queensryche	Walk On Faith
High Enough	REM	Youre In Love

1991 Songs & Artists 2

```
P B N N Z R R Z P M M O R E T H A N W O R D S Y H P Z Q
C B Z N T J Z L X M N M B C P K X Q T F H N N T K T F C
Q E R C W S B N K M T V C Z A L T C Z R M B T L Y T E X
H M M B J X R P N Z H D Y A G O B C O C K F K L T L K F
R E N X J N F R M W C L S R U Q Q F P K R Z M N I Q Z X
R R J V K I L Z R K N I Z C F X S K V Z D C Z N G R W L
H T B Q G N K K T O S T H R Q I B N Y H P C E R H F B Q
M X H E Y F V R D I I M O N E T C L K H M D R L F C P N
S E Y Z T J L N R V E C M V N L K O T X I F W A D N B K
D U T R B A A H A R K N O T J M R N T O M B T H Z M E N
W N M B S E C R R I R L G R W M D D N L Q R H L M Y R W
N P X M N E K I N D T D E Z K T R O D T H O E Z Z L O B
Z Z C O E Y N Y D A I A X M T L Y N G M M O E W Y J M N
P D E Y N R E S H N L A T K L M W B G Y C K S M X K Y I
L H T N N A T W I R Y Z M A R N B E P Q J S C X G K N A
T L E M R M S I E T Z S K O E R T A R K L & A H W H A R
Z L P S T T L A M T I W M D N B G T M N K D P Z G T L E
T L B R A M L K K E K V K H N D T P F Y D U E N G Q W H
N M K H T R L X P J Y Y I C T X R R Y T Q N C W C R K T
H L T T E R H Q T X T B C T H Y R I A J Z N L T T Y X R
N F P A Z V L L F M Y X K L Y T R D O E M N U K H Q T E
R B L L Q P R R Y L R T B R Z V H Z N K H Y B K E N D T
E M I T S I H T L L A V S D Z R D K X T T Y Z J K R X F
B B R Z C R O M A I M E R O D A I V H Y Y T R H L J G A
Z Q R X H X T H G I R W T R A C L E N O I L B E F B N F
N N Q L N P B C P I E C E O F M Y H E A R T J X V K R R
R M P Y K C F N O N E M O R E T R Y V R L J K Y L E B Z
R E M O T I O N S W N T G Q C R D R P T R M T H H D P M
```

After The Rain	Extreme	Rockin Years
All This Time	I Adore Mi Amor	Rythm Syndicate
Anymore	INXS	Sensitivity
Brooks & Dunn	Lenny Kravitz	Styx
Celine Dion	Lionel Cartwright	Summertime
Chris Isaak	Londonbeat	Thats What Love Is For
Crazy	More Than Words	The Escape Club
Diamond Rio	One More Try	The KLF
Emotions	Piece Of My Heart	The One And Only
Every Heartbeat	Real Real Real	Touch Me

1991 Songs & Artists 3

```
X K L R A E P P A S I D H M M A R K C H E S N U T T V C
T Y V F N W M G T I D O N T W A N N A C R Y B F D J T T
N G K B K C Q L E N M H X T N T L R F K W T Z Z N H T M
F W B P Y R K C M N Q D F M C B U R E G V H T S U M G B
D T V H W B C B P H M T K N J S L M G G C G Z H O B N N
P O L N N G K R T P Z G T D H Q I N R G F I Q I R H M Y
E N N K F L J K A K W V K R M T N O N W B L Y N D N T D
H N L T K K Y V T H V X U R E T O M V V I T C Y N N L K
P L O M R X T M I R D S L F T V M J V M J N D H A O C R
T J W T Q O R C O G H T I Q E L K K P G G E X A A I I T
B M F D S J C L N M Y L X I Y R L U Y K P R K P D T S H
C K P R G G R K V H A A S G K R L C N T M E Z P N A U Q
C L D C X F U F T F L I W A G S Z H K Y E F X Y U E M G
L A Z D R H T O O H N K R A I P C G F M K F X P O R Y R
E W T Z N T B E D T E Y V V S C S L B T A I R E R C K X
M I B H J Q V M H H N J E K G E X A G N R D F O F D N L
I L F J Y O T E V W M R U C M F L K L B A A K P Z A U B
T L F M L D H Z H M T R T K M Z E I Z T T N L L D B F P
T T K L P E E I R E G N I W E M N R M N N I D E W R T B
S O D M A J T N V R L A E S O B M Y E R Y P M K G E A Z
R P R R K E M F N W M D M H R R O M M H K Z E C V H H K
I O T W D Z N T K I R R N V G N I X F W T A Z P T T T Q
F W C D I V I N Y L S W R P R I L N T H N E M L A O Y D
E E Z Y Z C R N G H O G C F Z P L K R I N D B Q R N A R
H R L D Z C H T R D L V T Y L N W Q R K M P F L G A L T
T Q N R T N H L L M T Q O T L L B O W Z N K Q R L G P F
P L N Z G D B X X D R B M V L Y C W M T B X T V N I T L
K B V V Y J U S T A N O T H E R D R E A M K D M L N L M
```

Another Bad Creation	I Dont Wanna Cry	Round Aand Round
Boyz II Men	Ill Be There	Rush Rush
Cathy Dennis	Impulsive	Salt N Pepa
Corina	In A Different Light	Seal
Disappear	Just Another Dream	Shiny Happy People
Divinyls	Karyn White	Tara Kemp
Dont Rock The Jukebox	Love Of A Lifetime	Temptation
Doug Stone	Mark Chesnutt	The First Time
Down Home	Miles Away	Will To Power
Groove Is In The Heart	Play That Funky Music	Winger

1991 Songs & Artists 4

```
M K N K L R W R N A U G H T Y B Y N A T U R E D J S G Y
Q E V A U S O C I R S Y T H L H K V F T M Z M B M T V K
X B W Q P L T C N E K K H H I F I V E M R T B A O T K J
V R C M I K E R E I D C G P T X L T D H K P D O H R G F
H K A P R X H K T N K W I G E T H E R E A A M T M R H H
Y Q F M N O N G N J C W N L Q K D T M S A A Q X T J J R
D L G G D A M K B Z M L O X N N M N S T N M V T M G C N
J O J Y Y R T A K K K T T K I K R I E Y H H T L W Y G C
N H A N N W A Z N X Y M Y L M D O L W P T B M V T X R R
K I M N Z L G H G T T T B L R N O A K Y J X J G M F V I
N A M C Y F V E C L I G A E L H L F F K V B P C H R J C
D O F N M T R R V I N C B B G L N K T D J R D D T W P K
W V I T O A H N W I R T R P S L R B K X D L D B I I N A
S W J T R T R I V L L X U M M F D L G B M V A T M N L S
F N K D C P I O N F V V O A Q F R O X R N T B K S D Y T
N L O K T E L N P G N F Y C W L D V Y O F K E V W O D L
M Z W I E R L V L G N J M N W C X E G T B X M K L F Q E
N H W N T L A E R O Y H I I W K J W X H C V R R E C W Y
X D J R V A B C S L V N K V B M L I L E N N O M A H W Q
N P N T J C R A I L M E N E D M T L W R M F L R H A K L
B P J M B V W B V E A G P T Q R D L P J Z Z O Y C N H F
T L Y J D K J Z I E S R T W H D J N B U D K C T I G M H
N L R Z T V Z R T V I P U N C Y C E K K R N F N M E N P
M N V J X L B D Q T D L E T K T T V N E X V L H T T R K
M G O G E W E R E H J O E N A K F E K B M M C P C L Q K
N R N M H Z T F P Q K V O B C N F R J O L H C T L J B Q
L B Z M T D C L R X K V H G N E M D P X K M L J G B L C
K J H Y L L I H P N W O T O M U R O T V W L J G P B Q V
```

Brother Jukebox
Color Me Badd
Damn Yankees
Do Anything
EMF
Gerardo
Get Here
Good Vibrations
Here We Go
Hi Five

Im Not In Love
Im Your Baby Tonight
Love Will Never Do
Loving Blind
Michael W Smith
Mike Reid
Motownphilly
Natural Selection
Naughty By Nature
Oleta Adams

Passion
Richard Marx
Rick Astley
Rico Suave
Romantic
Tevin Campbell
Too Many Walls
Tracie Spencer
Unbelievable
Wind of Change

1991 Songs & Artists 5

```
R V P T R I S H A Y E A R W O O D N L F G N K T L I K L
L P Y F M M R R T C Z F X L N X K M T M J B B H N T Q E
Y W W K C K J R G N N A M E L P M I S A M A I E X O M M
T Y L R H L Z W K F R X A L A N J A C K S O N T E U C I
V K X R K R Q Q T M M V M B F M B L R Q Q M D H N C V T
R E H T E G O T R E V E R O F R C M H R T T L U I H H S
L T L Q N V T M M Y N T M N G Y C R E A M Q R N G M O E
N R L W V M H M T Z V L W N M X Y N J Q G T O D M Y L K
Y E D W J M M O L W J K O G K Y W C Z Z V Z W E A S D A
B L G L K A T L L F I S T M T R Z K M G K H S R J E Y T
J D L H I L Y B K E N C T K B V I P H C D X I R W L O E
R I D E N P K L Z W H K K W K W L E B R G D H O C F U V
T M R A R D Q Q O S V E B E A D C C Q G X M T L Y G T O
W E E M D N P T W A U T A N D N N N L B G H N L R D I L
H T K M H D O E M M B R N R A G N N O E M J I S G M G D
B T F P T M Y Y M T E A F T T H A N B V L P E H M Z H M
Z E N J E N G S H W S S S A L E N M T O H L C N X N T P
X B V H W R A I C E O I U J C I D N E L L C A F T C X N
F K T G A W S W X O D N N O E E A R M Y T G L K J K C L
J T M N W H L Y U A M Y K R H R M P F M H L P L R P W C
C X T Z O V O M M O M E A I R E J N K Y X Y C F T H P D
N R T U J U N O H Q Y I A A F C R R V F V F J G B T D J
H T S M U Z R D L L T O W R K I B I K I M V G H T Q D Q
D E X P Y F N B J T L J D P O J M F F T G N I T S F L N
C N N V Z W W K T V K R N M M U T W Q S T X M T Z H L K
K K B G W R D K T R M N Q D N L N W M U K J T Y F B P T
S T R I K E I T U P R J X K Y R N D T J R M R P C W B B
Y L F J R D C Q F Q R Q K K V C V L N B K K T L D H K X
```

Alan Jackson	From A Distance	Place In This World
Amy Grant	Here I Am	Sting
Bette Midler	Hold You Tight	Strike It Up
Bonnie Raitt	Hole Hearted	Surface
Cream	I Am A Simple Man	The Motown Song
Daddys Come Around	If I Know Me	The Thunder Rolls
Do You Want Me	I Touch Myself	This House
Enigma	I Wanna Sex You Up	Trisha Yearwood
FireHouse	Justify My Love	Warrant
Forever Together	Love Takes Time	Wicked Game

1992 Songs & Artists 1

```
X G N M Z W B Z R Q G L P S E I R C E H S N E H W M N T
L F F K Q T E S O L C E H T N I R W T T Q T T C E Z H L
Z B Y D O B E M O S E R E H W E M O S W Z K C E V Y K S
A N N I E L E N N O X X H T D N J H B Z T F V M E O N M
K T C H K Q T A K E T H I S H E A R T B F O V E R U R A
V X V L N Q L L N Z W V Y P F M G J V K O L C T Y V R I
T G N B V K M R M F L R H D C M G V J R M N R S K E Y L
R O D N E Y C R O W E L L A L T Q W G L A D T T I G X L
S M G L W N H V W F V Q B C M M M S K D N L N R N O Q I
I N N L T N Y L D R D J L Z M M M N T U T N M A D T G W
S V W Q N H B Q B A K L V C T A E N O N T J N I A A Z A
E B Y D L B G H K N L L J H D L A R L R R Q V G P W D S
N R D C S N Y I N N G L W D N C A N O Q K N X H E A M S
E U N Q L Q R G N Q E R A M I N F G G P T C L T O Y Q E
G C I L O L D K X O V P K S I Y N P T T W X N T P W N N
V E M T W R N L J P T N P P T O J L E V V M J E L V Q A
C S R L M G B K X H E R M A S N N D L C H F W Q E H D V
J P U Z O V N L N O R U O R H W G P T T Y K N U F O O T
W R O R T R R I N G H G U F P T M B N X D L R I H K J P
X I Y Z I M Q M A C P O R H T D I H A G T P H L L D W K
R N E P O K O Y O P Y M J E A S D E C H K T T A J H Y K
K G E C N O K M D D F F J W A K U L K J K D X N P N P R
M S R R N D E F F K N O N N L L M J W A L T N I F H G P
V T F N H T V H K R T J E B T R L R M W M H V G L W H T
M E N Y O C N X J R Q W R S N N H O V K Z R M H C C T T
H E B M D Z X J M L L C K T U X K V V R Z G C T K C K X
C N E J H L T Y K Q R L R X N O D X N E N N C V H N C G
W H L Q R R H B L G T S E G N A H C G N I H T Y R E V E
```

Addams Groove	Hammer	Rodney Crowell
Annie Lennox	House of Pain	Slow Motion
Bruce Springsteen	Humpin Around	Somewhere Somebody
Cant Let Go	I Cant Dance	Straight Tequila Night
Come To Me	In The Closet	Take This Heart
Dallas	Just For Tonight	Too Funky
Every Kinda People	Make It Happen	Vanessa Williams
Everything Changes	Neon Moon	When She Cries
Free Your Mind	PM Dawn	Your Song
Genesis	Real Love	Youve Got A Way

1992 Songs & Artists 2

```
D K M N A M I T H E S A M E G I R L D F Q K E T S K L J
I H N R R W P H R Q S R C R T K T D Q Y Q R V N R D X B
A Q N Z N L M R H V Q A L N K L L T K F C L O V E P Y B
M H V Z N Q P U I P R V W P Z D W L N L D N L X G P Z T
O Y E T N K R N O D T S G Y N L R T K K W T F P I Y G N
N V W I R K C T K Y I Y H T E Y P W N K F P O V T D V E
D X R Q G E N M N M T M X B O R L K Z F F R D L S R K I
S J X G G H N T P G R U G E F B B W W Z N B N M S D R C
A K T I R D T L F Y L I O T S M E R R M T D I C I R L N
N Z L L K P Y S G T B M Y B B O L W O Q T P K R T Q K A
D L B F B R N C T R G L W L A X O L I W K T T Z R T R D
P W M L E Q X F M M H L B G B G K T V T N X A R U B C N
E I D D E D N A S E L R A H C L N M M V H M H R C E W A
A H N I A R R E B M E V O N L M X I S I C Y W T M X K D
R Z L T Y M N B N N P P M W K V J I H T B U O O K N Z E
L D F Z A V K B M O T W J B K T R T Z T N B T U O Q X I
S M G H T R F L R K Y W O G I M F T J D Y K M I X F C F
N C V B S M X T M Y R L H M I L Q T E G L R T K E L E I
B A B Y G O T B A C K R N X T T L R Q A N I E T L M C T
T E N N E S S E E Y B Y A O C J T Y T P D F N V R R E S
Z Z Y L J C T C N C F L N R E H B D R N H A P S E R P U
Z N M H Y N R Q M F O X D H E H N K O A W P N T B M E J
D R L P R X K T P T R W E B X A T C F Y Y P Q A M D N R
K N O T P A L C C I R E R K E H T T E F M C K R R Z I V
T Q Q B T G P M D R T I S M D N Q H O T N J Y S W R S K
J C B L H C M X D B D H O K I N T R Q N H V R R Z Q T R
N T G L G K F K R G B C N M K K R K D N D B M T U N O J
G M K H J T K D E D B J K Y N I T S E D Y M Q N N S N T
```

Am I The Same Girl	Heights	Simply Red
Baby Got Back	Im Too Sexy	Sir Mix A Lot
Billy Ray Cyrus	John Anderson	Stars
CeCe Peniston	Justified And Ancient	Stay
Charles And Eddie	Mint Condition	Tennessee
Come And Talk To Me	Mr Big	They Want EFX
Curtis Stigers	My Destiny	To Be With You
Diamonds And Pearls	Not The Only One	Under The Bridge
Eric Clapton	November Rain	Vince Gill
Everything About You	Sawyer Brown	What Kind Of Love

1992 Songs & Artists 3

```
M H L X S N I G G O L Y N N E K Y H Z T T W Q T J R N M
P N N E V E R S A W A M I R A C L E X L Y M V M U T R T
E N O E H T N J P L F N Z X V Z G T P R N T N Y S L H H
P Z F M R F B C Q M B M N K K J L P V Z T D R R T N X N
N N H R G H I B O O T S C O O T I N B O O G I E T K L P
V M R E Q B Q N F P N K M Q H Q Q N D G M G D V A E R P
W K T T D H K F A D S O P H I E B H A W K I N S K C E E
K N Z S Z B T V J L K F A M Y P J S W M N R M R E E T T
R M Y I T V X Y R T L Z C M T N E L C Q E T C R M I S E
Z H T S W J R T L G A Y T L M S L R M Q E P R B Y P I R
T O B S F Y B C K R N K P W O H I D N B U L T M H R S C
C W M R L T A M D P L U A R L L K N Y L Q W Z K E E T E
X A T A K N S D M J E N N T O Q R D O M D N K M A T U T
F R L E C V H G Y M D S Q V H K Q D O S B M N H R S O E
W D Y P Q R A K T R N A E N D Y Y R K I O N T G T A G R
Z J K S F R N F F U E Y O G C T T K R P T N Z N F M N A
L O F E Y W I W G A O V N R L W R R H D L T O D P W I X
H N T K P L C X D U M O E L E I N M O C V Z O F P H W X
N E M A G G E A R L S Q N E S H X C J C U L Q M M Z S D
M S G H J R C S L T H N K K L X T L B Z C O M R E I B L
R J N S T E M P S M R K R V T P M F Y T L O T Y D M N N
B H M N S I T A G K T O K L V M O W O G Z P L N P P D E
Z M H N L L L B T C S Q G K D V D E N D Y L Q I A L X D
P L O E Q E Y D P S R M N X P G M Q P K N J T K L M K N
C J C H H E M I T E H T R E B M E M E R C E G B R Y U M
T M G T J L V B T E A R S I N H E A V E N D K L P K R H
F D M F T Z M Q K W T R W B N T Q B R D V M K W Q K F T
L L T P D Q A R R E S T E D D E V E L O P M E N T Y M K
```

Arrested Development	Jon Secada	Peter Cetera
Boot Scootin Boogie	Just Take My Heart	Queen
Do It To Me	Kathy Troccoli	Remember The Time
End Of The Road	Kenny Loggins	Shakespears Sister
Finally	Kris Kross	Shanice
Guns N Roses	Lift Me Up	Sophie B Hawkins
Hazard	Masterpiece	Swing Out Sister
Howard Jones	Never Saw A Miracle	Tears In Heaven
Human Touch	No Son Of Mine	The Last Song
I Love Your Smile	People Everyday	The One

1992 Songs & Artists 4

```
S T H G I E H E H T R H S H L M Y I B T C D J Q R I W H
K T N M G T Z M Q J W U T R X L L D W K D R Y F N Q D
T J N P X D S J Q Z V Y O K A L W K R L L R H Y N H X X
F J D F T Y H A E W M Q C Y B B K T V V H W O J I N G L
W N T J L C H R E S V G L E E G L X Y Y T U X O P X K I
X J M F Y D U P Y B T Z T X M V L E T M B R M D P K Q F
N X M P K C R T Y R E H O N P T A H E E K Y R E I W D E
O E L Q E R T T J X E H G Z T L M H L T Z F V C T B F I
S W L H L A Y G X R M C T B Z I S I T C S Q Y I N L X S
K Z T T P Z Y B E V K K N D S N E O D N P Z M Z O T X A
C M T V O M M V T F V V O A N V H Y M G D L H J R M V H
A N E H L N R N X L M D D T E A X K C E O I W K A K Z I
J M K Q F V J R M B M A E T O B Y J K Z G O D B A B W G
L Y C L N B V O M K N H S L Y M N T L X T I D I R Y R H
E F O J T Z M K H C P P A V W M C W U Q M P R F F M H W
A M R Y V N M H E N R N E T T K V O R A H R K L O I K A
H D P N L L Y R K Q K N L Y N M C O C K E M K L S R H Y
C W S K Q B G C K V V F P T R L B L T H K B D J K D M L
I G T W N W O R B Y B B O B T E G H H R R Y L P W M O E
M M E M P D R C V K K R J V R K T J B T K A A N N C Y W
L X W R B Y F T K X Y B Z T T T T J Z N T L N N M K G N
K M E R X C C L N X R R P B X L B N Z F H N G E P M R H
F M H R T J Q L C T L A L N E I H C I R L E N O I L K K
G L T N D U D W X G L F Y R R E S T L E S S H E A R T T
Z T D R J M L D V M R E S T L E S S H E A R T Y R X B C
Q C A Y M P T N E K Y C D O Y O U B E L I E V E I N U S
K L O C C R D R M C J R K K N N F T F D G K K K W N L R
D Z T T T K N B F D X F R I D A Y I M I N L O V E D C M
```

Aaron Tippin	Jodeci	Rhythm Is A Dancer
Beauty And The Beast	Jump	Robert Palmer
Bobby Brown	Kd Lang	Some Girls Do
Do You Believe In Us	Life Is A Highway	Steel Bars
Elton John	Lionel Richie	The Cure
Friday Im In Love	Michael Jackson	The Heights
Good For Me	Patty Smyth	TLC
If I Didnt Have You	Please Dont Go	Toad The Wet Sprocket
If You Believe	Restless Heart	Tom Cochrane
Ill Be There	Restless Heart	Why

1992 Songs & Artists 5

```
B N I A G A R E V O L L A L L A F I P L H L P H L K V P
L Q T V G Z F T L W C L T K G X R H H C H N H Y X J N J
L F P C P Q R C D W K Z Y B T F B Z F G I R W B P K R K
I X R L K D L Q R T R Q A R H E L E V D G L Q Q P R K L
H Z P P C P W X R T M B N R L S T T M L B R B G G C J K
N C K T N Y M N L N K P A Z R A L H K I C J P U O D T V
A R I N T H I S L I F E V D Z D M C K G T N Z N P R Q R
D G K H G R D N F R K B R K N V A G E R Y A S W A E W M
N L K N W D L V L L D A I N L B N U E G W T R E J L O C
S R F V T N A W I L L A N M G M G R P B A D H E N M M J
R L I K A N T K P Y D R P N Z L Y F I N F Y Q N V V F N
E R R G N C T L A B F A I Y Y Y G Y T K M Q B Z D E N D
P K A X H D H L I L J M L K B V Q C C N K T D M S M N T
P L R T K T D Y M V O Q I W C C R Y O F L Z M I Y B K B
E J C Q S N S Y B C E D T K A A M D M Z K L H S D L M W
P K L H L C Z A P R J A N Z V Y L F I M F T T N R R I B
I B R G R V I E I O E J N I R O S N N Y E E W H T T S D
L R G M T T E T E D P A N D H B Q T N V R L W W Z L S E
I N H J T K M Q N P F G K M L M T D O I G J M R F X I F
H D K P X X L W R A H R K Y K E W M O M X G A K B W N L
C L H Y D T L G K L L K E B H C A U G X O C N D W P G E
T Y E N O M E I D D E T R D G E S R J T V R M V E H Y P
O H H T B H R L L M G Z A M V W A F N T K F R B J K O P
H P U T I M R A W L L K P L A R M R L B H J R O R G U A
D I S A W T H E L I G H T Y W P Q F T H T Z Q Q W Q N R
E M Y Q W Z V Z T L D W S M L L D G B N X G Z X X X O D
R C N G R N X J N M W V L M T H E R E A L T H I N G W P
C D T C M T J R J T Y F X P D B Y Z P T H E R I V E R N
```

Achy Breaky Heart	I Fall All Over Again	Move This
All I Want	In This Life	Mysterious Ways
Always Tomorrow	I Saw The Light	Never A Time
Atlantic Starr	Jade	Nirvana
Constant Craving	Joe Public	Red Hot Chili Peppers
Dan Hill	Keep Coming Back	Right Said Fred
Das EFX	Keep It Comin	The Real Thing
Def Leppard	Layla	The River
Eddie Money	Live And Learn	Ugly Kid Joe
Hold On My Heart	Missing You Now	Warm It Up

1993 Songs & Artists 1

```
T Z F I N S A N E I N T H E B R A I N D P R T K V X E Z
B O T H S I D E S O F T H E S T O R Y L Y C P Y W R C K
T W M U L Y S A L U O S I R N E K C E E B T C P Z K N W
F N S Q R H R T R B L G O E E F G A N R K M K G Y B E W
H M A T N M K T L R O B V S G L S T Q C N C J D G D R N
L J M F H L L P R T I O N M J E R F D M O A E P C I W D
M R M J Y Z Q N A N L A P L F A K B R Q C T A Y T H A L
T N Y R P T L M S S C J M O C T Z Y D T K S S A M A L R
B P K H M Z A X I L V V R C N K V D R G I I Y D Z V Y L
D K E G L N B T O N Z G M X A H B V E Y N N C N C E E N
M K R S B J A O N C I L P M D Y M W K F D T O O T N O P
X W S W R H F N J V U D Z T R D G Y M F A H M M R O J D
C Y H N W A E C E A Y T R K O T L N I K B E E S F T G L
K P A O N N E M P K W Q H Y J N L G W F O C E I Z H N R
L P W E O T E F O R N D G F Y R H F C T O R A E M I X O
T P V Q N T W T R H L Q K K M M R N X M T A S R K N N W
T E T I P L T O Q O D R Y K E Y M Q B D S D Y U Q G F W
D K A N K B N H P M F N K T R K P M M C R L G S K M L E
Q G M R T W Q X E R G S O R E K Y L W R K E O T P M L N
A T L D Q H J K Y R I V R C J N P N Y W B C V I Q T Z E
M Q W L G Z G B V W E N N A E Y L T N R Z Y C C D M K L
B K K F N N T I L L N I C M E S P L K D L N P H R L T O
V N G R V R N Y R K G T T E N T Y M K Q V V Q F K V G H
M H V T X C H J J L K K Y I S N F M D X L K Z L Y T B W
V M S S E L K C E R A N R W S F R R N H N F X Z N R R A
X D H C I D O N T W A N N A F I G H T Z L P M N L G R N
N N L N H M L Y R E M O G T N O M L E A H C I M N H O J
L D V Q T L X T X H F Z J N N M L U F H T I A F F N M N
```

Again	If	Paul McCartney
Alright	I Got A Man	Please Forgive Me
A Whole New World	I Have Nothing	Reckless
Both Sides Of The Story	Insane In The Brain	Robin S
Cats In the Cradle	It Sure Is Monday	Sammy Kershaw
Dr Dre	Jeremy Jordan	Soul Asylum
Easy Come Easy Go	Joey Lawrence	Tears For Fears
Even A Fool Can See	John Michael Montgomery	Two Princes
Faithful	Knockin Da Boots	What Is Love
I Dont Wanna Fight	My Second Home	Whoot There It Is

1993 Songs & Artists 2

```
M F T N D N Q S R O T C O D N I P S B W D L M N R Z Q R
D G K M K D W O N S L V W L N N V R W N W T G Z E K T P
R R R H Y T H M I S A D A N C E R C R Z Y N H M K L C W
K T R M L B P T H A T S U M M E R K G C J T V N L T F Y
O E C N A R E V I L E D F O E P O H Z J V Q H K A T P C
K R I M M G N K K K J G H H W F Z R G X W T Z K W X M K
R Y D T L Q N T N K B X K J V C N M H P K M T L Y Q C L
N P H I W N N M T B C H E C K Y O S E L F W N V A L D Z
E B R H N A R M C D H N V L N R R E A L L O V E L R D X
K V T L G A S Z N K O X P M F M N K Q B H U R T C O Q W
N R O X Y Q R A X T T Y T R F R V R V R O T H N E X C H
R B D L V C O Y G Z I F O N Q X N T G Y R A X S K W O E
E X M D E N N Q W O Q N R U Q R R D O J T K H R G T M N
M J E V H M E K D O O H I R B J T T R S K E Z H P R E I
R R B R B P W L K R R D N K Z E N G W P L R P Z T A U F
O M U K S T O O P T K L D V C I L H Q O Z D S O B C N A
F V C Z K N M L H C C M D A O I A I V C L M N W P Y D L
N M E H U X A X Z S L P Z S Y T K E E Y K Y T U V L O L
I X C N D Y N M M M M D M W L D Y T Z V T T S Q G A N I
R T I K Y M J R H K D I K O N O N R S O E T R D G W E N
Y Z F G E Z X K P R G K V A U C G Q N U A I H T Y R C L
V T Z D Z B X T Y T Q E L L R H J I N H J F N G H E G O
T X T N Z Y Y B M N C T M Y C K T G W R L N K U N N J V
L Z N I A V Y Z V A R X I R C O K L V K F L D Y S C T E
X L P J D C K C N A R N T Y N N N G T B R K W G F E R D
K L Y M A W L D E R Q B W E P N F M R N T Z T L X L R D
R M C R N K O H N P M B R G L B T Z N B R H Q P L L N L
N Y T M Y N N L R M N K L Q Y K T K X R Z W J P N B V R
```

Check Yo Self	Ice Cube	Snow
Clay Walker	Im So Into You	Spin Doctors
Come Undone	Informer	SWV
Cryin	It Was A Good Day	That Summer
Dazzey Duks	Just Kickin It	Thats What Love Can Do
Ditty	One Woman	Tony Toni Tone
Does He Love You	Ordinary World	Tracy Byrd
Do You Believe In Us	Real Love	Tracy Lawrence
Heartland	Rhythm Is A Dancer	Whats Up
Hope Of Deliverance	Show Me Love	When I Fall In Love

1993 Songs & Artists 3

```
E Q R L B G B X F A L L T H A T S H E W A N T S D V H R
T T L Z M A E T G A T M T P K X N W H E P J B R N V Z P
I H K K W W R L C C R K Q X K H R U L K X Y D K N B M K
N E T E H L B W R T H V F Y R X E K F H R P G J L R K X
E P R L O W Y L Z K V M F L L Y F V E C B T O E Y L L L
H R K C O Q A R N X Z J L N L F R G T F L L M S T K F Q
T O X R M L R F R T T B B E C N D S G B F E T L E W K B
F C R I P V G L R X R G W H Y E A T P J V T Z Q L R N X
O L B C T B F E Q M X I K H E L M J N O N N M W L L Y R
L A Z R H P O F P F S N L H E K K K L L I C H K D M L G
L I Z E E L S H J A A R T N V X M Y L A X L P D K V E I
I M T N R K D Z Z D C N O X N W D L G N N Y A X P H T N
T E H N E Q L T D M O S O M X O M A K N R V Y L K P A B
S R G I I M E H L N L X X T B G N T A L I L T F G Q L L
E S I L T H I G I L H L L E H W Y R I D C T M N Z K U O
H C N T I F F V W X Q E M K O E U L C A K G I N K J O S
T Q K W S B I L X T H O R D F D R R S N R H R T Q R Y S
N R C F N L Z P B F S L T E N T O S Y S T T Y X X T D O
I M M K M M L L W L Y I J A W S Z Z A O E N R L B L L M
V N N Z N T T T D K K Q R N B E R R N D H L M O B K O S
Z K A D K K H F L A W U T Y X Z G E D J L D E Z P C T P
Q H I N G T M F E K D G W N J K V O J M D O R P R M I P
K Y R N O L X R J F Y V V R P A X K A Y L Z V R O N E W
P R B W N H B H C T W N L D H C Q L M G K K X E J H V L
F R N K B O Y K R A Z Y H I H Q K Z R W A N P F S M A M
U O Y O T N U R L R B Z N D U I C E J T G I R J T O H J
B Y W C C V R R L G Y O B R E P A P L F M B N R B T N Q
R N G Z M S A V I N G F O R E V E R F O R Y O U T C T G
```

All That She Wants	Gin Blossoms	One Last Cry
Another Sad Love Song	Have I Told You Lately	Paperboy
Boy Krazy	Here We Go Again	Portrait
Break It Down Again	Hopelessly	Run To You
Brian McKnight	H Town	Saving Forever For You
David Crosby	Huey Lewis	Somebody Love Me
Duice	I Have Nothing	Tag Team
Duran Duran	Inner Circle	The Proclaimers
Expose	In The Still Of The Nite	Whoomp There It Is
Fields Of Gray	Livin On The Edge	Xscape

1993 Songs & Artists 4

```
J P Y D A J M H G K L F P M K M R W E N D A L N W I B L
R F O P T S N S R J V V T C S E S O R F O D E B D L M M
Z N H S G L O T G G V T T M G M F C N K R T F O R R C R
L T V X I Q Z N K I J N B O T L L R W T V Q N P N O D E
J K C M P T Y R G X P H L K B T D K P K B T N L M N Y V
X F P K B M I G K F F E Q Y T Y M L J M C D I K T E K O
G R N H T P D V X X O T L Q Z G K L M A M C A J C M R L
Q O B T M X B D E D D R T T Y L J E L N B Z R T E O R N
R Y O L L M Y K R K C M Y B T T G L I L H K T O F R K I
Y A X D L T A L I B I S S O V I H X E T B N Y L F E Z R
T D F L E S B F M L R N X E U I L E Z R H H A O E L H E
W E R L I N R T N K R N V F M H H E V D M X W V N A K V
O R L L Z V O R V O Q O A D Q C K Y E M L N A E X S M E
S D K M H B R U H N L R A M O B O Z V R J B N S K T O R
T H M B G F T E G F C D L O O O W L R K H B U O C C N O
E T H R T R C P O H D R H J H W F B K K F T R M E H E F
P C Y W D U Q S A Y N A F C Z Q Y E N N Y K M E R A Y P
S K C Q R Z T C B T T Y H V K L P R E V P X X B W N I Z
B N T B H N E X F T S I P D T B D X E R N W T O R C N K
E N T C E O X F A U L K K K R R N P R V F W R D M E T Z
H D W M F G H H O D T X R M L R M M N T E M B Y T Q H Y
I Z O B Y G C L Z T R G L R R Q H H F F B M I N K V E D
N M A J M P A K E V O L N I L L A F R E V E I F I Z B M
D S F N M E F W J R K P K M K N L G R V E S O P X E A L
E C J K J P N L L H X J M O R E A N D M O R E V M Y N D
L P T Y Q D L G J L B M M P K M M G Z T B J P N K M K X
R P E R R P L T L N R V X L C G P Q K B H F B T D T R Q
Q H H L C W C N C K M N T K B K W H A T P A R T O F N O
```

Ace of Base	Hey Jealousy	Ooh Child
Alibis	I Dont Call Him Daddy	Positive K
A Song For You	If I Ever Fall In Love	Runaway Train
Bed Of Roses	Im Every Woman	Silk
Bruce Hornsby	Im Free	Three Little Pigs
Chattahoochee	Moments Of Love	Toby Keith
Dre Day	Money In The Bank	To Love Somebody
Expose	More And More	Two Steps Behind
Forever In Love	Mr Wendal	What Part Of No
Good Enough	One More Last Chance	Wreckx N Effect

1993 Songs & Artists 5

```
K R M J M J X K V I V E X M H L K T H Q B J N Q Y B M Q
T D N N D M H P R J R Q F V T X N O T X A R B I N O T Y
X D N L L J L R W D M R L I P B J H J M G Z L R H R D N
D N Q K P M Y R Y M L K E E L L P T N J W N M E T F B X
N I T K V H P C A M L O H S G E V W M M X T X P E R T B
L S H M R F W V W Z M V G Z I N L D M J J D F E L E B X
R E E B N R F M A N Q H N F P S A P D T N R Q E L A D Y
Z M R N X K B R K L N I A R O N T R M X V E G D M K G D
H O I W P W D G L O R B M C R S M I J I K A K D E M K F
Z C V T M C H J A R N N S B L Y D N B Z S M R N W E E P
R P E M H H B Y W M C Y T L E D B L L L N L Z A H P I R
C I R J M F H F T T G K X H A Z F J E W E O Z R A C L Q
Q H O T F H J X N P R R A K E M H R G I M V K E T L T D
B S F V Q T M P O N E N T R M W R U R X F E B P Y L N Q
R Y D N R R N V D T N H E V V B O H Y N N R L E O K O S
N M R Q K G X N R I Y H B A B Y I M Y O U R S E U K W T
M N E R R K N O V M T V R N O G L Z C F N T K D D Q T E
N E A R X T F E T E E M R T N Z Y M W Z W L K F R J R N
J H M B H M R H B D L A T C G N W M M T T K J T E J A A
D W S N O S W U M T G I T B Y H T S X K L K R W A C E L
V M Z C A E O R J F S Z V L J B H R L D F G K N M T H P
M Z X R A Y J W Q T N G V H O A N M H M H X K N J G E E
C B Y K L T N C A Q M N T D I A R L D R Q X F B F R H L
R F R L C D L H T H K Q N Q Z F F L R R G Z Y V B M T B
Q T I R D L W C C Y P R E S S H I L L L T H Q M Z H W A
L W W J W G N A H T G A T U B N I H T U N R K C N M T G
N K F B N K B T L T K K K G F H I P H O P H O O R A Y I
K W H E N S H E C R I E S Q L K V C Z Z N T K G V H N D
```

Angel	Freak Me	Slam
Anniversary	Hey Mr DJ	Tell Me What You Dream
Baby Im Yours	Hip Hop Hooray	The Heart Wont Lie
Comforter	Irresistible	The River Of Dreams
Cypress Hill	Meat Loaf	Toni Braxton
Deeper And Deeper	Nuthin But A G Thang	Weak
Digable Planets	Onyx	Whats It To You
Dont Walk Away	Rain	When My Ship Comes In
Dreamlover	Shai	When She Cries
Fields Of Gold	Simple Life	Will You Be There

1994 Songs & Artists 1

```
P L E A S E F O R G I V E M E J K R L N V D N K R P C X
N O D O U B T A B O U T I T K N N G G M J C W T M Q G L
R Z P L L V N D J L O V E I S A L L A R O U N D G B L D
B M M R D X N Z K P V K H V X N T Z L Y D G M L A J R L
T C N V J L N Z M C M C R X O L N M E R T F N C F W K M
W I F H K R W J B T H F V S D L B C N P B K K Y V K Y K
B R E A T H E A G A I N N P L K N N E O T A Y M L K F E
K C Z R G T V N Y M L O L W X E R I P L N N L X M J K E
J L N P Y T K L M K S Y N X C H Z G H D I F R F L L V P
L E K N N V L P D A T D W O A G U Z F C H N P P Z M Q Y
W O B C X E V T E Q K O N F J N T O B N U C E N R F T A
A F P K K D K S Q V S N I S V K R Y Y H X M O D R M N H
R L J R P C R M J H I T L E E T P C H R P M O O I V T E
G I L W B U P Y E O A T D C H N H G K M T T P S L O K A
C F L C O P K R T L G U N A J M O N C B W K U D D I N D
M E R F M M Y N N R M R I F L V G Y N K P Z N N L K O U
M K E C V L R E M L T N R G T L V X K T F M D G L T R P
I H L N C U E B L W M A G N D T L G P C W K E R I W V Z
T T T R T U M L M X R R N I E M V Q R M U J R F H T J Q
D V O E Q T F K T C G O P G M V M H M C L L S R H T K Z
T W R K J J V F G L D U M N V C E B B K R L T D T X M F
D V G N E R R A W B V N U A Z Q T R X W L B A B I N G G
C V R P G P L V W L T D B H B N R J L L V D N M A C N M
N Y T N X K Q W G L M Q P C Y B W C W I L F D N F X M K
F V J W D S E Y E Y M N I L U F I T U A E B I I J F K N
N B N M J M G L J O H N B E R R Y J P W R N N A L C W F
B T M L X D L E V O L T O G E V U O Y F I H G G L Q L C
M M T H G I N O T Y B A B Y M E B V C X J M X A B X D Y
```

Again	Coolio	Please Forgive Me
Back And Forth	Dont Turn Around	Queen Latifah
Beautiful In My Eyes	Faith Hill	Return To Innocence
Be My Baby Tonight	If Youve Got Love	R Kelly
Bop Gun	John Berry	Sheryl Crow
Breathe Again	Keep Ya Head Up	So Much In Love
Bump N Grind	Love Is All Around	The Four Seasons
Celine Dion	Lucky One	Tim McGraw
Changing Faces	Never Lie	Understanding
Circle Of Life	No Doubt About It	Warren G

1994 Songs & Artists 2

```
H T N K T A I H P L E D A L I H P F O S T E E R T S T L
Z R D N Y N N L Y P U U O Y E K O R T S Z V H G P X F J
L N G X Z D T A L W A Y S I N M Y H E A R T Q Z N M R F
G K Z C W W A A L T T N I W B E C K V L D Q V L B D B R
W C Y B D J R E E B H N Q M T H P M K Y G E T T O J A M
H N J T H O D C R B L G P R I P Q D L K W P H D G W B K
G Z L W P G M J I M E T I R M S T P V Q R C V G Y H T M
S K M R R F I B L I R Y R M N S F D P O O H S K R Z R
N T D L F R Y J N L B F U C L W P Y L H L L K P C L N T
W R A L W F H Y R O C U V T O A Z W O W M N W K I K L M
O G P Y N M G L K R X F P D L M S K R U G K M T R F B Q
D J K T N R Z N P J K P N L V U P T Q G Q K T L N K N S
E U K W P L L X M K C I N N A T C L I R L L M W C K D E
B S Q J F Z M K K B W U R C I R N X E T E R E R P N Q I
A T Y W X P N G C Y O E W N W M E L C T U K M L D Q M M
N K N D V I K H M Y V B D N I G D N E Z E B A F L W K M
N I K N W C E O T E T I A L L M X X E C J L N R N L C U
A C B N P R T U R K A Q B M D R A Z L G P N Y B F N A D
W K V K O E O O T N R G R B N S D Z T C L N M X R B M T
I I Q N M H F F O V K H A G I V Z B K Y M L R G Z M G S
T N F O T D L U G D H D T V G M Q H X C B G E M B W I E
L I C I N Q T C G K Y T W Q H Y P N F L W N P X Y T A T
T T W A Q L N M M M X T C M L R T T B L T S D C J R H
R M W L A B P L H M Q Q V J D O D M M X T F I W W Q C S
L O J W L Z N D R N Q N J H G V D K K C T K H G Q F H A
N J W J B K M W D K T Y X H L E M W T G R G W J M P F R
L F T L W L H J W H A T S M Y N A M E R Q Q N G H N D C
Q M C K R K T L R N V N K X Y X J C M K H W M L V H D K
```

Always In My Heart	General Public	Now And Forever
Beck	Getto Jam	Shoop
But Its Alright	Hero	Stay
Come To My Window	I Miss You	Streets Of Philadelphia
Completely	Im Ready	Stroke You Up
Craig Mack	Indian Outlaw	Whats My Name
Crash Test Dummies	I Wanna Be Down	Whisper My Name
Culture Beat	Just Kickin It	Wild Night
Da Brat	Little Texas	Wink
Domino	My Love	Without You

1994 Songs & Artists 3

```
C C W N L C K V D N N D O N T T A K E T H E G I R L M E
F P L V E X V S N D F T G T H G I N R E H T O N A P R G
Y O D X V A G N M K H Z X J Q K Y V K R K Q H Z D A K M
Y L O T V L L M Z A A L L I W A N N A D O H Z N S X R B
F T N L W N R M T N E B E O L A S I L L M F U U K K H V
E W T W I B Q P C L M R L R L R S L V K T O R W D B D L
Y M L N C S T M T C F K D M K Z E H W Z R E J X L E L R
C W S M M P H R H C O W L B G F U P K A K A L H G C Y C
R B K S M B F P Y C Z Y L Y S Z L Z T Q N K L T H A G Q
R T A D I L U L R Z R R T Y X B B A M Y Y L R K D U W R
F M B C Q K Y N T I R W A P N P E M T J F Y K Y L S H D
Y I W R K F D V I D D W W J N B M H K V B R R K G E E T
N N K W L I K N J T L E R R E H I N J D B E N T G T N Y
O I V B L G N M A A Y L T H R N T A K Y V K L D O H C H
S K R D D H R T W P I N T Y G W R E F E F J R R D E A M
I A P W M T M Y H V U N T L J P E L M M M Q Z R Y N N N
D M G C C M H F I E R T D T M R M A R Y N Z V J G I I X
A O M V C R X N T U D R U L N M M T L B H G C Q G G S N
K Z Q J V H O E T H Y A X H X M U S K L Y R K K O H E F
A E D Q G N W R W Z K C Y R S X S G N L Q O F V D T E R
U M J H L T K C E R F J B J D M R N F W K O N R P R Y R
H T G O E H Q F J S R N Y P K R C A H C L V W Y O W O M
S Y V W K D N K T N O D H P N R Q G H L R E L X O Z U L
O E T W B Y W B P M B L M M G N Z R W F K T Q F N L K J
J E Y M N E G A Y O V C I T S A T N A F G H M Y S P W N
W L W M T H E P O W E R O F L O V E Y T W A L H Y P V N
W K P R G R D B C R Y S T A L W A T E R S N W T J P T T
W Z W X C T I F Y O U G O T H Z M Y G Y M G R D H C L Q
```

All I Wanna Do	Everyday	Loser
Always	Fantastic Voyage	Neal McCoy
Another Night	Foolish Pride	Shut Up And Kiss Me
Anything	Gangsta Lean	Snoop Doggy Dogg
Back In The Day	Groove Thang	Summertime Blues
Because The Night	If You Go	The Power Of Love
Crystal Waters	Ini Kamoze	Turn The Beat Around
Dont Take The Girl	Joshua Kadison	UNITY
Dreams	Lisa Loeb	Wet Wet Wet
Erasure	Livin On Love	When Can I See You

1994 Songs & Artists 4

```
B H N F S J Z T R A E H Y M F O E C E I P Q L I N G E R
Y P T W F T X L P R N M M R K C X K B H C C T B N V M B
E D Y G K I A R D J H N N L M R R D N Q F W J E C S T C
W C Z R J H L Y E T K P R W G D W B D R O M M C T T K N
Y K I D C T L C I G R K Q M R Q F D B U U P K A R N W N
R J T U N K V W Y M U T K R N K M B K O N W R U K A D D
K F Z Y J N T T M M I L V D Q F G B M Y D P C S P W N Q
R Y C Y L D G R K T M S A K C B K K N O O R U E G E R K
S W Y R M L N I N G Q I S T K L X H Q T U N O O Y H P X
A A H J Q V J A S L N L J E E G L K X E T R Y F X S R D
L H Q A K B J R N E T K K L D N M T H V A J R L D T A M
T M T T T K M K W I H B R M M Y P B B O B N O O X A Y J
N A R J J I J L M N G T W Y M P O A M L O M F V L H E E
P D H C H D S V A A L I Y A H T B U N E U T Y E Z T R N
E T X M S R M L C W J L Q L M Y L I R K T N R R P L F O
P R N I N M K E O M M N M R I T L K D A Y K C Z K L O Y
A P H R Q G B K N V P M H L C L J W K M O T V Y E A R L
A T D L N C L N L D E R O R A N I W F L U V T R W R T N
N K L M M M C W R P L V L C L G W F W L T V U D W M H O
D J Y L G T X P T X E E S V H Y M N M I L T L J B T E E
E L H F F C Q H H Y R Y S T B Q L H Y Y A C K F P T D H
N H M R M D E Z O R D T Y S M M R F T M F L N T F M Y T
V Q N C W B C U Q O P O F M L R J M M R J V T R W K I M
O J R R I G R G B E A Q H H G O C I N D B H K Y B G N I
G R B G R W T R N K T L Q C Q T V B R A N D Y P W G G Y
U R O C A W U I A P J S E C R E T E W G H V B R T W W Y
E N W Y R O H M J F L D F Y E Y A R N I L O C R N F N G
E P K Z Y S H K P N L P F M L E V O L R O F L L A Q F J
```

Aaliyah	Endless Love	Regulate
Ahmad	Found Out About You	Salt N Pepa And En Vogue
All For Love	Gin And Juice	Secret
All That She Wants	Ill Make Love To You	Shine
Baby I Love Your Way	Immature	Stay I Missed You
Because Of Love	Im The Only One	The Big One
Brandy	Jimmy Cliff	The Sign
Colin Raye	Linger	This DJ
Cry For You	Piece Of My Heart	What Is Love
Dwight Yoakam	Prayer For The Dying	Your Bodys Callin

1994 Songs & Artists 5

```
I B A B Y I L O V E Y O U R W A Y Z W B X P K L M A M Q
Y L X T M F Y A N Y T I M E A N Y P L A C E F Q N K A N
T B L R J T K C W V P D B I G M O U N T A I N D P H R D
F H Z R K H M H X W H O P K J F T R C N L N O K M Y Y Y
M H E K E T P D N L Q K O Y T P L M H V W U L T Z L C M
M T Z C W M G J Z G J H L L G F G R R T R C M A T R H C
R T Y B R L E N R N O W H N A N M B T F V N R F R M A M
V A M F M A T M W K G T I K U T Q G E K W C U X K H P E
P K E M V D N B B B K K Z M O J J N E R H L N Z R N T I R
J V T A D L N B Q E A R Y E Q N L A A T K D F E K H N E
B X K Z Y R T Q E M R E T D W I R T C D P P N L N E C H
L R K B Y N K N A R I H Y M N A T J A Z R K Q L N W A T
G N N R W T I R L D R W K G J A I F K F Q F K E W A R U
F V F N K K R A D L F I S L M N I T C Z J N T I M Y P O
T P W M N H N O V G N B E A A A E K P I Z S R D R N S E Y
K R K X C R O T G A R F N S D T L Y R N Q C V B M H N E
M X V N E G T O X R L M T N Y L E F T N G A T A K E T K
M B D T E P V O Q K N F N R O P R W B L I G B G T L E A
K L E H H F N T T W X Z Q D C N K N N N M T P D N O R T
Y Q T Q F W C S W J T M T T C N H C D A B N G R A V H L
T F J Z J T B E M H L R M G M X K H M P C L M B M E N L
I D Z H N H R E M H X H H J L J T C F Y H F Y Q P S L I
L K C Y Z R K R K K M R X J A G X V Y P P X M X U M R R
R G K M P N U O Y R E V O T E G O T N I Y R T J K E L X
R A E W S I K L J F F R D X R Y L T P Q Z H D N C W T Z
M P B V Y D M L L C O L L E C T I V E S O U L D I M J G
N R H E G D I R E H T E A S S I L E M K Q K N L P Q H K
B Y Y R D N D D D K H L J R J V X T L L A H N O R A A F F
```

Aaron Hall	DRS	Mary Chapin Carpenter
Amazing	Eternal	Melissa Etheridge
And Our Feelings	Flava In Ya Ear	Mr Vain
Any Time Any Place	Funkdafied	Pickup Man
Baby I Love Your Way	Gabrielle	Real McCoy
Big Mountain	Got Me Waiting	The Cranberries
Cantaloop	If the Good Die Young	The Way She Loves Me
Can We Talk	Ill Remember	Tootsee Roll
Collective Soul	Ill Take You There	Tryin To Get Over You
Crazy	I Swear	Whatta Man

1995 Songs & Artists 1

```
X K L G R V G L Z L B O O M B A S T I C F B P F B M N N
R M M T N N T Y N D C N M L C V Y H H N K L Q N R T I N
K G W G C L O H U O Y T U O B A N I K N I H T R T K A N
Y Q V X F U R Z X R M D J B R L N R J R Z M V X M T R A
J P H T G N W T U O Y N K E E R F T M F Q K D D V P Y T
E T T O W I H R R K M L W W S Q M G Y W W N L N L K D A
B R T K P Z J M X Z H P D O X K F R E O D K K L L Q N L
A I T H L L V Y X Z K L M Y R H P E W B U J P I T T A I
T H G T W M D D P X F E R R X E N D E R B S K T M H C E
T B S U M M E R S C O M I N D K G Q W P K E E L R A C M
O H L R G K M T X N V X L B D A S P H G T K L E M N G E
G K R W G N N R E N S Z B E L L V R R H Z T T N M K K R
U W R W F K G T R M X O D Z E H T I E L H C G W L Y W C
O R K M T V O N T L M N M F O N V W D T M R H R Y O L H
Y G H X D L L Y N G E N I E F N A H T L L F W Z G U C A
L R X F O L A D J B Z L R R O Y E N M N E A R W M T K N
R L V V M W B Q N T A L H T I N F M F J T E W P R Z K T
I L E N A C K O E T M I L D T G E J O X R V M E G H Y T
G H K N X H F M E L J H O E X K Z E N R R H L U I Z X R
F M U L F P O G H N L R G W N W Y V L T E P T G R M Z K
O R B R M T A K L N J A B V O I T Z T S W C M Q W P A V
D L Z R L N Q L H N R G C W T B M L W W E V H N G B H J
N C B L N C Q Q R F H U C K V K A S K L P S Y A W H X Y
I Q O O D N E I R F T S E B P Q J E E R D H S K N M R N
K R G D O O G R O F K C A B R Q X L K H K W K T T C G J
Y R L Y P F L L D W T V J L V T Z Q L A Y Y G L A X E C
M N H V Y O U U S E D T O L O V E M E N T K Y K T R N K
T M X R L F X M D K T H E N O T O R I O U S B I G Y P R
```

Back For Good	Like The Way I Do	Someone To Love
Best Friend	Luniz	Sugar Hill
Boombastic	My Kind Of Girl	Summers Comin
Candy Rain	Natalie Merchant	Take A Bow
Cant You See	On Bended Knee	Thank You
David Lee Murphy	One More Chance	The Notorious BIG
Freekn You	Rednex	Thinkin About You
Gonna Get A Life	Roll To Me	You Got It
Hes Mine	Run Away	You Gotta Be
Jamie Walters	Someone Elses Star	You Used To Love Me

1995 Songs & Artists 2

```
D J F P Y O U A R E N O T A L O N E W W T L L B K P B V
Q M M T R F D P N M X G L B N T D Y U B G A P M N N V W
F K B M Q G T N R M B B W Q B E S D I Y K V D Z M R M T
X N R N J L Y M A B W P H D A A N F I F H I L Z S R L H
B D W V M H K E B R D G V R T U D M N Y D N F E X V L E
J E T F D Q R L L N V Q M N O K D G Y Y M R Y J K P D R
R T F M R C F Z W N F A A R J R T R H A L A G G V N I E
G N O O S Z R W G T M F A G B M Z M R R H C F M P W V M
A J D O R S X K Y A Y N T L N T T T C E O D B F I B X B
N H N J T E L R W T U W L H T V I R D T O H Z S B I X R
G H G J H S I L B R L Z Q C G N Z A R M T K H D K L E A
S W L F A J E L A W K R T L P I W L K J I T T K Z L O N
T O L R P R N E E F L X P A H G N Y X N E T J T H B J D
A L W N P N I M R T R K G X L M T R F T A L R T R E E T
S F B M O H C K R O Y E M D D C K W E T N R R N V T Y S
P E H M P D K H A F L O T M D L C C X H D Y W Y L H E T
A M N T G H I G G O D L U A G N K M L T T M M N K E N D
R L Q M I K F R U G D P K G W P N H L M H O D Q G R O L
A E M H B Y R D S D V A A K O P B Z R T E D N F K E T K
D E M Y Q C E M N D B J N M M J T M V J B L Y A T F T X
I F R V V J N L W C G R K R T N K C M Z L P L Y H O O X
S T T K T L C F O Z T R P B O I K L H K O M T D P R C C
E T N R X W H D R L M D H C K T L V B J W G X M K Y N G
W N O D L O H V B W Y Q Z G M D S L K R F K P J P O D T
V T A S I L A Y M E D O W N B F H A I W I D N K R U J R
L R T H T T F E T S N E K O M Z M Q X S S R J G L M P X
R B R I F Y O U L O V E M E N M N H C E H N Y F L R N R
D L C K E E W E H T F O Y A D Y R E V E T F T N J T K N
```

Another Night
As I Lay Me Down
Before I Let You Go
Big Poppa
Brown Sugar
Carnival
Cotton Eye Joe
Dear Mama
Every Day Of The Week
Fantasy

Feel Me Flow
Gangstas Paradise
Hold On
Hootie And The Blowfish
If You Love Me
Ill Be There For You
I Wish
Martin Page
MoKenStef
Nicki French

N II U
Pam Tillis
Run Around
Scream
Texas Tornado
The Rembrandts
Tootsee Roll
Wade Hayes
Waterfalls
You Are Not Alone

1995 Songs & Artists 3

```
R M K L R C W N M F E N O L A A I N I G R I V E V A E L
Q K R M F O W C Y D N V M I T M M L B L L R G P B K T G
D K D K N R Q D N G E P H T D L T B Y T S G N L C N K M
M G Q K Z K D R H W G S H T K Y H L N T E P O A X Y L C
Y T I J H L X X H M P L R L T B E K G N E C S Y V Y K D
F R R M E T W K D B B P N E L L S C N K R H E E F K W T
P M O K H F Z T Y Y D C N M E U W P S K T K V R J K N Q
P T R E B K F T R T M M N I W E E G I L L G O S X T L D
P L D L H K D C A L V X T S L S E K H N L N L A N B K D
K L D N Y T R K A C F T L S H T T M T C A L A N V D T P
L K L T E E M L R H K D H M R E P T V T X T T L N H C
K G T R H T D V E K S E W O G A S M N N L T N H K X I R
C T H T H C N A O C G O C N X V T Q A C L L I E H R S B
V Q E A W F K N M O X F N K F E D T W R A R A M R R W E
W L T P G L Y N C M R B T Y Y L A K U T T R S N K X O T
G K R Q I R K R Y H N G K T T E Y R O R L B I K K K M T
X G Y K R J N K Q V F Y H O G R S C Y Z C Z H B G N A E
M T E K Y J V Q T X H M Z N L M C O R O N A T M W J N R
Z M S O U L F O R R E A L K V N Q K R T Y P T O G K A T
E U O Y R O F E F I L Y M E V I L I F N F K D T K K N H
R T V N D R C R N G O I W N M T N M R E O E T X W L D A
M M Q L R C P L W N B L W L Y K P B Y L B L X A G L T N
Y Z G W L H R Y N E M N E L M K R L P A C N H Y K Y H E
L R T N H P M J L F M N W E N V T R N H L K R N R L I Z
N L E N J D R I S H A G G Y K V Q N M N C R L J N K S R
N X N S N G E K T F W B R Y Y S A M Q A B T T K M G M A
L R M Z I V L Y Y L L K C R D W C X L V F L O O D Q A G
L N Q V E M U O Y S S I M I I L D B K K L T M J X X N K
```

Better Than Ezra	I Know	Shaggy
Blackhawk	I Live My Life For You	Skee Lo
Blues Traveler	I Miss You	Soul for Real
Check Yes Or No	I Wanna Be Down	Take That
Corona	Jeff Carson	Tall Tall Trees
Desree	Leave Virginia Alone	The Sweetest Days
Flood	Let Her Cry	This Aint A Love Song
Freak Like Me	Little Miss Honky Tonk	This Woman And This Man
Groove Theory	Misery	Van Halen
I Believe	Players Anthem	You Want This

1995 Songs & Artists 4

```
L T Z T L S D E T R A E H N E K O R B J M J K M M Z V M
M W J E M T B C R G M R P K W G Y R D S N U R R E T A W
U Q J S P R T I L Y O U D O M E R I G H T L X K R R L R
N W N O V O Q M H Q R M Q P R X X N V T B C M W R M H Y
T H R R X N Y V F L Z R C A L L I W A N N A D O M K H W
I N M A K G X B A L W A Y S H B R R R I C K X R E H Y L
L V D M J E F A I T H E V A N S T T C X N L N D N L Z C
T N T O C N D L T H C C K W H J Y A K M M W N G I K K O
H R M R K O D Q N Y R R E Q H Q N J C B L A R Y M Z Q L
E N L F R U T Q N J H T B G Q L W A N W H G M T F D R O
E G M S R G K M R M I E W F O B N G Q Y M V D N O A Y R
N M N S K H B N T H J L R V N T J N M K N K F L N E Q S
D Q J I K R C L W I Y H E N S K R D X C L X M V A H R O
O T Q K F L C N A T O Y T T D R L B W T N R Z K M O N F
F V K T N P A S R C O D O H T O E R P N N B X L Y I J T
T T W J V Y H Z H U K P E D H G N N V T F N R N N D P H
I Z L G R Y M X L Y L S J W E M N D O Q N J C O A A F E
M T F B K T E I V O G D T X W C K R Q T R D V T K R P W
E W J J P M K K V W N U I R R O E J N B S L Z O K L E I
L Z O F L E A I X N T W Y R E Q H M L Z L N H N R X E N
J N K L T C N Z R D P X T M T E Y S B H V Q W Y V K R D
B T E H I Y L N M R J X V K R I T W I E K K C O D J C M
R T A N O R D F R X Q T N R P K M R G S R B K U R M F P
P T O U X L V M J T C R Z V N N Q A G T I J L R K B P P
B M K B P R B H K C B B Z L R P Z L L Y M H B L N R F Z
Y N O M R A H N S G U H T E N O B Q P E K N T O F D R N
T T R T M N M T T T L T L B B T C R C W D Z K V T K L X
D W B L E S S I D U N I O N O F S O U L S F L E C T Y P
```

All I Wanna Do	Colors Of The Wind	Not on Your Love
Always	Creep	Radiohead
Any Man Of Mine	December	Shy Guy
Blackstreet	Del Amitri	Strong Enough
Blessid Union Of Souls	Faith Evans	Tell Me
Bone Thugs N Harmony	Hold My Hand	This Is How We Do It
Brokenhearted	I Can Love You Like That	Til You Do Me Right
Brownstone	Jon B	Ty Herndon
Bryan White	Kiss From A Rose	Until The End Of Time
Cant Stop Lovin You	Monica	Water Runs Dry

1995 Songs & Artists 5

```
F B T R A E H E H T F O E S P I L C E L A T O T L M C D
R Z J N M N K N O N L Y W A N N A B E W I T H Y O U D Y
C D Y N C M K K C O M E A N D G E T Y O U R L O V E V H
D F I Q B L Z D N M R S H A N I A T W A I N Q D F T F M
T R K O Z D R W N V H G N M K H N C G Y K M E L M E E M
F J A N N Z R T W G C U Q J J O C H A O W M L L L V N P
J J Y W J N K K N X S W H R M B K W L Z Q T T P D E O H
I L V H O K E I T E B Z Q O Y H A E K L W L T Z N R Y K
L X K M L H K F H P R Y R Y K N G F C G T S O K R Y L Z
L K K C M A A T A D P E H P U N S M M O B H B R K L N H
M B J L N M N N T R I L X R A T R Y M K N E E W V I O F
A R U A M I X Y I L R N Y D C T E A E F T S H M N T E C
K W I O K L Q Z O D Q I N G M C D L N L Q E T L T T H L
E D J L Y N F V L K A W S P X M N P T C D V N A P L T Y
L K A X T T E Y I R T D M D C M E E A G R E O C N E M X
O W D V V Y U R D K G N O N N Q T W L L C R T D X T I N
V N M L O L T O V V A O X N W N E E P M R Y S T M H L T
E C G U N M K L B B G Y X R N Z R M I T M W U Y M I C Y
T F S H L A Q K I A K Y I R B B P A C T H O D N R N N Q
O K C M D K S G T K M M Q K T R E G T D G M H H L G V N
Y V R C T N M K W T D A V Y U X H L U H Y A Y X N I M T
O T D J X E B J O V Q T E G R S T I R K L N T N Q D Q C
U T L J D E F B W F M V N R X H N L E K N W H W M O D F
B L G T L K V R Q V Y R Q I D A A S L E A H P A R H H W
V N R I F B D M D T M O K T B V K I T D K W H X R K L M
Z B E F X A M Y V G T Z U H T C J H G C D H H G L T Q D
M V Y Z C B M Y N M L A I C E P S T H G I L D E R R N M
E P G L K Y L L Z N A D R O J L L E T N O M N B Q M R Z
```

Adina Howard	Dream About You	Raphael Saadiq
Ask of You	Dust On The Bottle	Red Light Special
Baby	Every Little Thing I Do	Runaway
Believe	Good	Shania Twain
Big Me	Ill Make Love To You	Shes Every Woman
Come And Get Your Love	Im The Only One	Sukiyaki
Constantly	Mental Picture	The Pretenders
DAngelo	Montell Jordan	This Lil Game We Play
Diana King	No More I Love Yous	Total Eclipse Of The Heart
Dionne Farris	Only Wanna Be With You	Walk In The Sun

1996 Songs & Artists 1

```
J C N X D B G K P L Y T P X A S I L A Y M E D O W N V F
J K O N K G V M D N A M P A H C Y C A R T R G J W J R N
N D O J R E D N O W B W G K P J M R W R M R W L W L R U
M H N W X C K K L J M Q K L T Q H S G R Q W H L C I N N
V Z E C A R R I E D A W A Y J M M M K K G L Y G M V Z B
L Q N V D O N T G E T M E S T A R T E D Z W X T R I B R
K K E J R P T D L F P T F L E P I R O N I C R F T N T E
H M E P Q M T Y P N U K M R K H E W Y P K C K H G G N A
G T D N M N M H K J N O D X I K R A M R F M G Z Z I T K
I H S H N Y M Y N C Y T Y T Z L L B R M B I N R G N M M
H G T R K C W B N T E N M E H K F H T L N M Y W M A N Y
E I O D P O M M C E Q E W M S L J T R A J N B I C M L H
M N K N D U Y G W V O D K W N O D L H J H A C L J O X E
G R N C R N H S R F Y R Y F Y J L T B H U A M N D M N A
N U O P Y T Z C F C W A K T R B S A X L N S A N Y E K R
I O W Y M O M T F M F G M W T E A W N T L N T T K N J T
K Y G W M N N T R M K D Z X T I G B S N E C H A D T D H
A S R T K M L M M D H N W I N T B L E L A A D I G W W L
M I T P K E Y C B Z B U N T H W E E E M C W G L D I M J
E S X T S H R X G L J O T N X E O S L R E G T X T G R C
R I T D N B T V Z I T S D R P L K N O T I V M N W R M L
U H R M A X Z Y R N N L F B L K P S D N T X E N O K Q Y
O T Q C E D Y T K V T U A W L B S R O E L I L I R D C B
Y T L D D K K M T T M B W D X R P N B J R G L L L R F Z
Q M T N O C N M Q D Y X Q I O V Y Y K T V W D T E E L Q
R J F C B M T K R L L R Z A N O T X X M N Q A M M K B H
K T R K E E S L L U O Y D R U E D V M W H T O L Y T K V
R B T D L W Z K P F D S K X D X L T W M G N K J L T C Y
```

As I Lay Me Down
Believe Me Baby
BoDeans
Carried Away
Count On Me
Diggin On You
Dont Get Me Started
Dont Wanna Lose You
Ginuwine
Hit Me Off

I Cant Sleep Baby
Ironic
Just A Girl
Little Bitty
Living In A Moment
No Mercy
No One Needs To Know
Pearl Jam
Selena
Soundgarden

Sweet Dreams
Tha Crossroads
This Is Your Night
Tonites Tha Night
Tracy Chapman
Un Break My Heart
Wonder
Wonderwall
Youll See
Youre Making Me High

1996 Songs & Artists 2

```
H M M T Y N L K K M Q C P Q W K D N L K L D W B R K N K
X K G P H D F K T Y Z R V N S E M I R N N A E L Y C Y T
T T L A S T N I G H T Y P D Y F Z N S P J X C K R M A T
P Y H J W Z Z N L E M L L E T P Z Y T L G C L X C G W D
G L N E F A J N Z W F R M X V B N M P T J X D L T T A G
M K R L B F L N O T T N R P H A M W M L X K I T N B N N
L M Y I F E V A K N V T N E F M L B M T L M S J O M U I
R R D X G P A F N N I J O F T O G B T L V X H R D R R S
X X G W R T W C K I P P I B U R F H D W O R W B L T N S
G T I R M N A F H Q S T E N E R A F T N B H A D L H K I
N P V W T M N H L E T M G E X L M C L N X M L N V E G M
V L E L L L C G T A S I O G K L O Y A J C K L E K S L G
T L M T W L N T T Y N O N R V N W V E N N X A V H M P H
P W E G T J N S K H Y E F H I A O W E K A D H O N A G V
T M O F K C A T T E R M W C N S E P P D R E G L N S C M
N K N V F F H K N D W H C N H L S B E O B F D U W H B N
T R E L K C R O L W E H A K Y E W E F E N Y D O M I R L
F L R A H F M I X R N B D N P L Y L T M K Y Y D L N F F
C M E G N T H V E D E V L L R N R E V T R J N O R G A L
C R A K E C X D T W A N Y T H I N G N P E Z V H U P S Y
B K S G W Q O Z I K K J C R F Z M P V N M D V W P U T W
L R O Z V Y K T T B T R K S G N N R K F E K M K P M L N
K M N T O Z H Q H N R Z I Y H L M L G R R G L G M P O F
J M B U D Y T H G T R S L N Z G N N T L K M W N M K V V
M T G T O F M T B N A T V G B V W Y L L P Z L N K I E H
L O Z U K H D C W O N K I D L R O W E H T V T K P N T W
R F M K K C L O S E R T O F R E E H V L Q X D L K S M M
M L R T M M M I N D Y M C C R E A D Y Q X V Y K N P Z L
```

Alanis Morissette	Give Me One Reason	Pony
Anything	Jewel	Runaway
Breakfast At Tiffanys	Keep On Keepin On	Tell Me
Children	Last Night	That Girl
Closer To Free	LeAnn Rimes	The Beaches Of Cheyenne
Deana Carter	Loungin	The Smashing Pumpkins
Dishwalla	Mindy McCready	The World I Know
Dont Cry	Missing	To Be Loved By You
Fastlove	Oasis	Where Do You Go
Get Money	Only Wanna Be With You	Who Do U Love

1996 Songs & Artists 3

```
C R B M K D Y V K W R L T Q Y N Z L T T V I Q L B T C H
T M M O X C O U N T I N G B L U E C A R S L R J W T Y D
Y R E O G T M X T R K W F F F L M F G M C L Y L M T C C
Z C Y R M E R N T I L M K T J Z K A L T H T M X I H R R
N I R Y R S X N M L N Q J R V M F Z M M M R P G C C T D
Y F N M Q I N M R E F I P P T T W L Z B C Y G W L I K W
R Y M N K D L P R O H G O M Y K Y H O T E I M J M X F R
Y O T I P A N B D J R D K D N B L C B S D R R E T X M M
P U Q P X R Q R A Z J J B K W N T U H O D Q R R M E C D
P R H U X A R R R I W L N H N Z O Z N R B E O X N L E M
A G F N M P S R H V N T R Z H D Y D W F G B L R J E H F
H I C I V S R G Q B M B F N O L V O K O E T O R P T N R
U R R T W A N R N R L K R N K Y L K U R L B V B I E X Y
O L U T X T D V I I R N F I X K M N T W S F L V D O D Z
Y O C I W S Q T A X H R P M D K Z M M O I U T R N M H D
S N I S V G H B R K N T L R N G I N N V E N A I K M M O
E L A K H N R Z E N L G E N M L E A R S L N M D T B Y W
K Y L X Y A L B H L K C R H E Q O T O N N H M Y R E G N
A K C H R G K B T L X R K S T J K M V A R K G B L V L L
M N O C L B K N E P H V M W T L E R J N D R H J Z O X O
T E N J R H G B K Z Z W P Y Y T L A C I L L A T E M V W
I W F P B R L J I F V X K K H G C A K Q P T K D D M N E
F W L L W L K N L Y R L J I X V D F M C F T J R N D N H
I Y I N J K P T N L T B N S O F A R A W A Y C K M P B W
P R C D D N P F W L C G M B C W B D S U F O E N O D M C
L B T Y J Y R P G C K P T I T N A W U O D W O H T N F D
Z M K G W Q T H E T O N Y R I C H P R O J E C T D C K K
M D A N C E I N T O T H E L I G H T D M R W Q P Q V F T
```

All The Things	If It Makes You Happy	Metallica
Amber	If Your Girl Only Knew	No Diggity
Counting Blue Cars	Ill Try	No Doubt
Crucial Conflict	Jann Arden	One Of Us
Dance Into The Light	Joan Osborne	Robert Miles
Deep Blue Something	Joe	Sittin Up In My Room
Doin It	Let It Flow	So Far Away
Down Low	Like The Rain	The Tony Rich Project
Gangstas Paradise	Los Del Rio	Time
How Do U Want It	Merril Bainbridge	You Win My Love

1996 Songs & Artists 4

```
T E Q N M Y O R D I N A R Y G I R L N B Q T H S D P M X
Y R R M H Q L M M Y X N Y G R C X Q Y M Z H D N J N F Q
K E K S X M F O H H Q H N L R R N K S Q M L W I Y P K L
I H G C J X M M N T N U M V F G H K A R B D R K Q P X X
S W K N J D M K B E U J N I T B T Y T T G W Z A N Y Y M
S E P L O T Y H T Z S O J T W T C L N Y M W N T K V P X
I M F N H W X T R C L T M K I A K C A C P B Y T M V R D
N O M Y N Z R M I Y J T A R T L N Q F M K K P E R C K P
Y S M L M R D F Y C T L E R T K I T V O M K V H V Q M N
O K N K E T O T A L D V T R T O B T T B N K L R R Q N B
U T R D L M K M Z P O A B Q N N T S S O D L W D N C B H
X H B V L D R C N L R X U E W L J V T L C Y Y E R K H W
Y X V K E K X L Y B P L S Q T D F Y W T E O W Y T H K Y
O R A M N D R M R P C W F L N N R N G Z E E M G O L K R
U R N A C K E K L Y E J K W G C O V Z W D H P E R U D T
R N E R A B Y G R E T K O L N O T R K I L G C S O N N C
L V R T M M M D T P O T G O N N Q X T N G L W O Z V K N
O P A I P M H D M O T M G E T T Y I H D B Z X Q C P E L
V M C N L G A M H S Y T E J P B O F K F M W F K F I V R
E C A A D Y L V O T O L P L L N E H C U O B A L L X R H
A D M M Q J T H T N S D M H R N M D R V W X Z D B R F Y
M M M C N R G N H E R Q H T S T R A W B E R R Y W I N E
A X Y B Q P Y B F R Z A L W A Y S B E M Y B A B Y L J N
Z N F R L B R P A N E R A C A M M F Y N T R M M G Y L Y
E K V I H J L G K N Y P L M I C H A E L E N G L I S H P
S Y L D N N D R Y T R R L N W Q G P T X J G R Y M T M M
M M Y E C F T R M G W N T M P N N B R Q K P L M T H T H
E T Q Q M C B H T P L Z P M T E K C I T Y A W E N O G K
```

Always Be My Baby	Macarena	Only You
Be My Lover	Macarena	Ordinary Girl
Fantasy	Martina McBride	Quad City DJs
Ghost Town DJs	Michael English	Rhett Akins
Hook	Mouth	Ricochet
I Want To Come Over	New Edition	Somewhere
John Mellencamp	No One Else	Strawberry Wine
Kissin You	Not Gon Cry	Total
La Bouche	One Sweet Day	Until It Sleeps
Lonestar	One Way Ticket	Your Love Amazes Me

1996 Songs & Artists 5

```
J M L P G G J H C K P W V F K L L R M K L G H X W D D G
D X X X D R E V O L Y E H R D U H H T D Q R C H P P F C
T Z R Z T J Y F D W R M X M O N D S T N C Q Y O M P K L
K K L L W C C M M V K Q V S R X L R T W Y D X N N L C K
Q B Z Y Y I Q J N N W K T M L L Y T T T O M R E X F W F
M J Y O O C L N C M C E L K O N L T N E Y F H B T B T T
J J E U U R V D P P N M K D J B M Q S G K D T Y K R G D
L F N C R M W K A A F M O L N Z L I F I H L F O M L I F
H R O A E P K G L N H O R H N T T U F J W L N N L T P H
R C M N T J Z P V L G T D V R H S Z E D N E D E O R K C
M L S F H K M C R O W E Z H U K L A T C V G L G J W C A
T K Y E E J Y Y O I Y F L R C H N H K P L T I A L Y G E
F L D E O N A G S L Y B T S M I B O L T Z E K M N D W R
Z P D L N G H T D D N S G Y J K R U B F U K A Z D N Q K
Y K A B E C E G O R O Q B R K K T Y S O L O R R Z N O B
R T D A F D B B K B F O V T D P X L N T D L M K S M T D
V W L D D N O X A X O K C V G V W K K O A Y G N T K G I
N N N F B N G D T H H L L R C H J C R Y T R K P M N Y N
J X K H K L C R D L I H C A O T S U S E J Q H N J V F S
Y X X C M Y M A R I A M X G R W T N J Y C P R Y O J K E
R J M C T P Q Q C D L R O W E H T E G N A H C N M W Z N
R K R L E L B E A U T I F U L L I F E K J F M T T E S S
Y N C M Y M R H F N N J D C T L X C D W M K C N J B S I
L V L H Z D E B O R A H C O X H J K M X N Z R R L T K T
T Q H X A K K R Q Z W C D T I M E M A R C H E S O N G I
Q B Q P L N F B R D N F Z Q W B M V K N K R V R C W W V
V T N Z H B P Y D T F W G V G F K W M P M P Z F K Y M E
T L N J L U O S R U O Y E V A S L L I W O H W D M M K D
```

Az Yet	Hey Lover	Planet Soul
Beautiful Life	I Got Id	Reach
Blue Clear Sky	Insensitive	Time Marches On
Busta Rhymes	Jesus To A Child	Tony Rich
Change The World	My Boo	Twisted
Daddys Money	My Maria	Who Will Save Your Soul
Deborah Cox	Nobody	Why Does It Hurt So Bad
Donna Lewis	Nobody Knows	Wild Angels
Goo Goo Dolls	One By One	You Can Feel Bad
Hay	Outkast	Youre The One

1997 Songs & Artists 1

```
R W J K Q C L R S E Y E Y M O T N I K O O L M R L G L D
L T H Q L L K H L Y H Q Y L R R C C B X C N Q Q L K F Y
M P R M R Y S A R A H M C L A C H L A N K M L N R R L T
N N P A L E S I M O R P A E K A M R E V E N B E E S Z P
T M C J C Y O U S H O U L D B E M I N E R Y M J M E B H
R Z J Q Q E K K Y W G D R X P P P M Y X H O H R I M U M
M N D G R R A T Q H K P Q L V N F P K K R K N L T A I X
B F Y X T F I D E M G M F B B Z L R R N T R W M E G L V
M R N Y P G K F K R G T A H C M M N W D M K N X R G D Z
K K D H G L F V Y I E M Y R T M V W M N R Y K L O N I Z
B R Z I Z K T X T M N H I Q K U G F P I D A D R M I N H
P W D F M B Q M N W M S T C M M O N W V R Q L Q E Y G Z
P O L X W O P J B N C V M E H T O M Y E N O H Z N A A Z
N W K Q C B M N K T Q N G Y B A Y R P G W M L W O L M G
R P K Q W C B P R J P K X Y L L E R R T T T K Z P P Y A
F D W T T A W M L Z L T A L F O L L T I T T T B P T S B
W X Y F J R K X L D T W F N P B V U P L S P H Y K I T M
W U Y M Y L B T P T Y O A A R J H E O E K O J D G U E A
V S Y T T I B T Y N R C U K F E N L I Y T H N K B Q R W
Z H P N Q S V L A Y I L K K K C N O V S Y E Y H R N Y A
X E P L L L Z D O E C N L K M R X O R L T A R R N T L B
K R Y X K E E U V A O F D R H D R K E G Z H S S K P L M
J B X T L C L E R B W W P X L P L J X M K Y E D O G G U
G L N G N R I R O F L C K W C G K D H R O C C S J N L H
X L K A T L A D M W K T K B J M T L T R Q S N B H B N C
M Y D D E C Y W R T Q H F O R Y O U I W I L L M Q H T N
B E L B K K T Y F L Y L I K E A N E A G L E W W Y R H H
W G I T N R B C X V C U W H E N U G E T T H E R E D H L
```

All For You	I Believe I Can Fly	Paul Carrack
Bob Carlisle	Look Into My Eyes	Quit Playing Games
Building A Mystery	Mark Morrison	Rome
Chumbawamba	Michael Peterson	Sarah McLachlan
C U When U Get There	Mouth	Say Youll Be There
Da Dip	My Love Is The Shhh	Someone
DJ Kool	Never Make A Promise	Trace Adkins
Fly Like An Eagle	Nobody	Usher
For You I Will	No Diggity	We Danced Anyway
Honey	One More Time	You Should Be Mine

1997 Songs & Artists 2

```
I F K R R K N M Y N Q N H A R D T O S A Y I M S O R R Y
T G N K F M M W N K L G N I H T A E R B Y L E R A B P Y
S Y N Z L Y Z M N B P T N F T C Z T U O T T E H G W N Q
I G N K T N G P Q M D N K K T Y Z R X K M V Z F M M O L
N P X B M K K F R O Y L Z V L L P G T R L S R F N R S X
Y F T L J T K N N T T N O T I M E D H D U F G K R I N T
O F J N Y B H T O N E N I G H T A T A T I M E R L N A R
U Y B N R L L G K J L Q K H W Y N N U J T N J V D V H M
R T J V F E B X I R D G V R L W B O H T G M E R T M L N
E L K Z T T N N R N P Q Y Q K K B N J M T R T H K Y E W
Y B L G R L H X C V T S X C G A P N M A S C X F W H C M
E R O C X N P I G T M S P D T H L Q O P T M L C G G N P
S P U F H V K H R I L Q A A R L V R R E W X R L Q O A H
P O B M M M V W L D G K H L N B H I D V T N L H K T T E
F K T J O M J E O L E W G B D T N N L O Q P H K T H S L
M R H H V R R R K N L Y U N Y G E T Y L Z Z M P M A I L
Q Z E M G M H R E T K T E M S D D D Y F K K J Y N M D O
G K V A G Q H A M H T O R B R T D R R O T X N B Y C E R
M L E P K Y V R S A T A T A L A Z K J T H W D L L I H T
F P R Y R N L N L I E E G I D I L C K S N G I T T T T V
L P V L R G A O B L T E G G S H N R B E A R B S M Y O F
D B E T K R V S C D G Q I O P A T D B B M T K G T Z G X
N V P T V E N E T A C B R N T G W L N E O Z M X K E G Q
C W I Z X N M M V Y M D N F J T V W W H W W L X M R D X
M N P F Z T F A V R L L Y H Y L I F O T R L N H H G M B
L W E N E Q S M T L R M F K D F R T P H U T Q F R F B D
W X G L V L H H B M H H T L T K L F E K O T G T M K X Y
R W C A N D L E I N T H E W I N D M C G Y T P X K M Y F
```

Barely Breathing	Hanson	Rumor Has It
Big Daddy	Hard To Say Im Sorry	Savage Garden
Butta Love	Hello	Silver Springs
Candle in the Wind	How Was I to Know	Smile
Dont Let Go	Its In Your Eyes	The Best Of Love
Freak Nasty	Last Night	The Verve Pipe
Get It Together	Let Me Clear My Throat	Third Eye Blind
Ghettout	MMMBop	Twisted
Gotham City	No Time	What About Us
Go The Distance	One Night At A Time	Your Woman

1997 Songs & Artists 3

```
L D R S E O G E R E H T V L E M E V O L T S U M U O Y B
M O N T V Y D B L C J M N N I B E L O N G T O Y O U O F
R N Q Z Y L J N K I E H S N A C N U D D C G L M K G O X
W T T R E T K J M B M L D N X N R J P X Z G H W U O M W
F S M V N M P Y V F T T X Y V V K R T K C M G O L H M T
T P W P N Y I D W M R M Y P K B T N B L C L Y I Y N R K
J E J W Z H P T D V K L F P D P V M Q C Y O S P K A J N
B A F J Z V O P E N D Q M T B P T C M P D H N J E C N N
L K L O P M N W T L G Q H E A V Y D D E G O L H V W K G
H T Z J R M B V D C T A G W D L J M R A T F Y V P K W W
A F C R L T M S V O K T L R R F N E M I Z M X L N P V N
L D P D N N H D E Q I E I L B X H E Z L N Y L T A R G Z
L E K A K X Z E D S L G N L B W S E X I L D D M M O L J
A N C F U Y J J F E S K E N A Y K L E Q V I H X E M Z C
N I F N G L G R Z I M I Y T Y S M R X T N P D J L I R S
D T T N W P A A F N R D K P T C E Y Q W L U J M B S H E
O N T X Z C H C F N D S R Y R H H K S P Z C X K I E B C
A E Z Y W R V N O A Z X T B L T E E A E W T Q V S A T R
T L X Z E M K Y D L R G W T T F Y R S T L D B G I I X E
E A B T V K K Y M T E Q H F I L R D E N L F O C V N M T
S V S C W W B M Z R H P C I K M E E W Z E T M T N T D G
V I T T Z A T K T V N M K G B C E B T F I Y Y P I E K A
S K T B B J M T D C K R X E Z N T J L T P M L L J N X R
F F H Y M K K G C T M W M H X V J Q A L U Q K Y N O J D
G H M R Q G T T L L K N P T C M W L Z R I B Z J M U L E
P W Q M B L B J Q X H X M F T V L G Z D L B M M D G T N
D N R A T T H E B E G I N N I N G Q R L M Q L K Y H C R
T M M P K M Z P B Q I D O N T W A N T T O Q N F M Z Q T
```

All By Myself	Here In My Heart	Promise Aint Enough
At The Beginning	How Do I Get There	Secret Garden
Butterfly Kisses	Hypnotize	Shes Got It All
Cupid	I Belong To You	Sister Hazel
Dont Speak	I Dont Want To	Takes A Little Time
Duncan Sheik	Ill Be	The Gift
Foolish Games	Invisible Man	There Goes
For the First Time	Kenny Chesney	Valentine
Hall And Oates	My Baby Daddy	Where Do You Go
Heavy D	Paula Cole	You Must Love Me

1997 Songs & Artists 4

```
W C F X C H X Z M H H X M B M M Z T J B T Q K V N T C N
H L L Z H G K K G V G T G K C H A N G E T H E W O R L D
A K N R P K B S U N N Y C A M E H O M E M K P N T V I E
M L F W L O N G N E C K B O T T L E X M Y J W X V N F F
Z I L L L P C O N I V E R T K C I R K M K R T K B L I I
L T H C H Q Y B T A R M Z T Y M T J M L V Y G V H T T L
Y S J Y R V F R F E N D N O D N A N O R T M Q R D V M D
H Y Q Q T I R D H D K A K L T C T V Y R L G P F V N A E
W O J F F M E W V S L N V Z R N C I A T L X D P S X K M
A U X L L M Y D P R K T A A C R V P E C W W K K C T E R
N R R N W R T I O R G R M K H B A Q X K H N O H L M S A
N L F B E G C N R U T G Q E E K G Q N O I O P B N R Y H
A O K V K E H I N N T L T N C D R W W M R L H A N F O C
B V E H G Z N V V W N Y D O Z Y E D R B G Z I C Z L U I
E E U I M V V L Q B L S R Z Q G O Y H Q X P M K N N H M
V T R D D R Q O R C W D H B F I K T E K N Q Z S W N A E
K L H G A L K C M X L Q V A L C I Y D G A K J T R P P S
S Y R E W B M N H O Q W B I W D M M J Q N V H R V Q P M
F T M T F T H W C R L G V X E N M T U M K J B E L P Y J
D J V N R R Q A M D R E T R D N C A W B M G R E R R H N
C H H Y C V E H K Q R G E L Q X R A T R C K W T I G M M
B C M G J Q N S Y Y M M N M Z R N K L N D K D B G J K R
W T X D T C Y N H N R L G J G G N F P V V D P O E F M R
R I L F G B D R D M X E M J Y B M F M N I Q L Y I N W R
N B Z Y G X M D B F E X N K D G K C F M R N T S B M W B
K J X F Y Q H U O Y G N I S S I M E B L L I M H R G H T
D B R R C F U O Y T N A W I Z F J C N L X V R N A X Y V
Y X K N R R U P J U M P S D A B O O G I E R K D B L P V
```

All Cried Out	How Do I Live	On And On
Aqua	If It Makes You Happy	Rick Trevino
Backstreet Boys	I Like It	Semi Charmed Life
Barbie Girl	Ill Be Missing You	Shawn Calvin
Bitch	Its Your Love	Shawn Colvin
Change The World	I Want You	Spice Girls
Cold Rock A Party	Longneck Bottle	Sunny Came Home
Erykah Badu	MC Lyte	The Freshmen
Everywhere	Meredith Brooks	Up Jumps Da Boogie
Havana	Naked Eye	Wannabe

1998 Songs & Artists 1

```
H M R V N G K R K D C M Y E Y B E Y B H K J R G Q L V C
W Q J J W C R V R N Q R E V E R E V E N B A D L V Y K V
N N M T W V T T H E F I R S T N I G H T B B L Q W T M W
T L C W A F M M M D H O W D O I L I V E H L G A Z Z C H
G O L R N T J T N A H N T Z B M M R Y M N K J R L W H Z
T P H A Y N Y R H V F C Z G R C K M K N E T N D J H X N
G U C T Y X W A X E D T R M L R R J R X Z R G T R V O D
C H B C I M M N N M P D E G T J N M Y L O T C L M M J O
O N R T P E C L L A T A M R K R V Y K K R M M M P Y T M
M D L D H J K R Y O A H R Z A T U T N K F D F V K B M Y
E Y X N N U L A O T K L N T R L M E L Q E T E K I F T D
W H Q Z K L M C M D Q N I V Y E L J C S B B L T L I T Z
I B C J N B L P W L F R J T V C H T T O O L T K T G V H
T I T Z C O K F I T Y O V O T L O I H T L E G U B K W J
H L J W S K M R V N X T L D P M N N G E R O O C R V L A
M L T E Y T F C J M G E F P Z Y Q N T S S B R B H G V L
E I V S M U W N J M M C L R S Z I T W I N E B S D R T L
M E M T R O C Z J W G N N C C O K E R I N C Y Q Z D L S
V M Y S T D D H O L N N H E G W E H K K W U G E K N Z A
R Y K I M E N H M L K I D T J T L N P J Y P E G A L G I
M E F D K I S R N K L I I F S Q I G V N V V C S R R C N
M R J E Q R D K C D L S V Y Z H M J H G W X L L X T S T
X S V H K C V J B S W J M V T R J A N E T Z P X Z V Q S
C W H D J L W H D O Z P D W Y M R X M B T H E S T O N E
J W L N F L Z N H R H K R C G W W P R B L M L B Z K M N
J F P W L A A N Y O C T D H D C M T L T N N R F L B L X
P B C B F L Q R N X S E V I W D N A S D N A B S U H J D
N P H V N X Y Y W K D T D T K X G D F Q Y L K J K X J N
```

After All These Years	Hows It Going To Be	Tatyana Ali
All Cried Out	Husbands And Wives	The First Night
All Saints	Janet	The Party Continues
Billie Myers	Landslide	The Stone
Bitter Sweet Symphony	LSG	Thinkin Bout It
Bye Bye	Make It Hot	Too Close
Come With Me	My All	Torn
Destinys Child	Never Ever	True Colors
Frozen	Ooh La La	Tubthumping
How Do I Live	Show Me Love	Westside

1998 Songs & Artists 2

```
R U O Y F O E S U A C E B K D T B K B T G J L K K C U K
S L M L O O K I N A T M E N W C H A D M X G L E L O X K
R T F R Z S K W Y N L T T L L M R G N R C J H V Y Z Q R
I F I N W E M B O J Q B P M E E Q R T B K T Y O C F D P
D Z L L R X W Y W L Z K P D N T F M N N I T T L Z T T Q
O D K Z L A T Q H V S W R A V A M P N M L E M A D H F M
T T Q G V N Y N P E Q D K R T L M E S X M N T T K Q K L
T T V Y N D O G R R A E N H E M W L L O R L P T Z G R X
M W D R K C B T F E D R E A Q V L N C E L B D U M O E P
R T W F R A B R A L V R T Q E I R L Z N T H D B Z N M C
B K T R K N R T A P Y O T W W C L E M L E G N L L E M F
K Q L L Q D W D T R L R L J I I I Q V A T X O M A T U O
B M M Y Z Y I R O L K A T R W L C N V E T G M D T I S O
L K K H M E R T H Y Z L Y I O W L E K B H X W K O L L R
Q T N R S L C Q P N H G Z E N F N G P B H T Y T T L E E
N X K T M I J Q B C H N M X R B O N O B G K M K G N U H
Y N X X V G R K H J N N R Z R C Z D H O Y Z X X N O R T
N Q M Q G T R O M E O A N D J U L I E T N R R N I V C E
F F K M P K M G W J P L N W X X V D W C M R D Z R E W S
A S O N G F O R M A M A F G F E E L S O G O O D U M V I
K K D Y N X F G F N I A G A R E H T E G O T R Z T B R A
V C I S T I L L L O V E Y O U C P B Z B T H Z M A E K R
N N Q W D I A S I F I T A H W K M R T T L E C G E R M V
D W C L K T L F Z T Q N X R W L T M R H N G N N F L W J
W K K X N Y A W T U O B A D N U O R D I N N J H E Z F Y
B K X N M K K Y N Q L X T Z K G C R V K G C K R S R B V
G Z Q B Z V R N V J D H N T T P K I Y L B V Q F A L F W
T E V O L E B T S U M T I M C V D W W L P R M P M Y F Q
```

A Song For Mama
Barenaked Ladies
Because Of You
Butta Love
Cruel Summer
Divine
Do For Love
Father
Feel So Good
Gone Till November

Heaven
I Do
I Still Love You
It Must Be Love
I Will Come To You
Let Me Let Go
Lookin At Me
Mase Featuring Total
My Heart Will Go On
Nice And Slow

Raise The Roof
Romeo and Juliet
Round About Way
Sex And Candy
Still Not A Player
The Verve
Together Again
Victory
What If I Said
Will Smith

1998 Songs & Artists 3

```
R W L Q C M L V C W R A Y O F L I G H T T M T C C R G P
C V K G R Q R F P X K T K Z N L R G G K Y L L M Q T T Q
B K B D P E R F E C T L O V E L D R G B C X G J M I K R
M J O J O J D N A I C K E J T C L J O C R B O L M T P H
A T Z V L P N T N D H M J M W T T D T L N N P E K R E B
K F R K R H L G F N Z N A R I R Y N T Z I U H J D A G Y
E N F U R M T K L J M Z Q N N T B G M O K R H K V C L O
E C N R L G N B D L C K Y J I R R M T O U G M E N F N U
M W N V O Y E K L Q Z L M P B S M E O Z T C N T V H H R
S Y L C P Z M A L L F O R Y O U S H T T T S H T M T Y E
A M C D K Z E A Y A R Y M M I J E E L F W N J I G N H S
Y B Q L H D C N D C R U S H J H N T M H A E Z R T K L T
U D W M F M N M Y L F B R G T N F V A E N E T C X K M I
H A I W D K U V Y H Y K L T H R H T M N E T M Y H W P L
H Y S X Z R O X R A J D O L K F I W I Q R D K I P L E L
M D H D F L N D H S W G E B L F M F R V B H O C T N X T
Q R L C K K N B C S I Y H E E R E W Y R N F M J I W S H
Z E I Z W Q A G U I M N M E P R M J L V M L R M X X U E
P A S L X W C C M K C B L G P L G G F D W G S M C F O O
K M T C N L I K O S V N M A N J Y D Y D P I N F T N R N
Y I T G J X L Q O I Z N I R M I Z R Z Q Y D V I T F E E
Y N L H M X B Q T H J G D K R B W V J O Z J Y Q K N G D
F Z N P I P U J V T E N G R P Y Z S B K N A N P R W N K
P L M D M S P J N Y F K L D W K P E Z Z S M R B T N A K
T T D X P P K K Z W L X T K M Q H K L N M K L B Z M D Z
T D K X F Q W I R J R W O N K T N O D Y E H T D Q Q N Z
P H L C M T J C S P J L T V F K T M R T T B Z R N X L M
L K M M K J N C R S F B B G L T P T N M C W X C R N W Z
```

All For You	Jo Dee Messina	They Dont Know
Crush	K Ci And JoJo	This Kiss
Dangerous	Make Em Say Uhh	This Kiss
Daydreamin	My Body	Time
Frozen	Perfect Love	Time After Time
Heavens What I Feel	Public Announcement	Too Much
I Got The Hook Up	Ray Of Light	Touch It
INOJ	Say It	Truly Madly Deeply
Jennifer Paige	Swing My Way	Wishlist
Jimmy Ray	The Boy Is Mine	Youre Still The One

1998 Songs & Artists 4

```
G H J R N Z P V T A C I N O M D N A Y D N A R B B J H Z
J N R Z H O W L O N G G O N E R W S K C I H C E I X I D
J X L C Z M A K J N E D K G N C L W L Q G D R J W G V V
N W K P V I L K M R F C D W Y T N P L Q H V L K T T N L
N F M N D T T A A M M K M B T F U W Y X R V X F R D C N
P P R A K R S L D T C T B R H L F Y M Q N E R M V K D
F K M N Y E D Y P K R L N T E E L C N R R A N O Q B C V
X T K Z L L K E E W E N O G F R A L M F L T O M R H L M
Q T C C E Z F Z J C D V N I T B V E F B P A E T D W T C
D X N V P J K X Z R N A L M F P O F W P Q L H H Z R C R
Q U E B F R V M H R R Y K N M R R J L J Q I T I W D N Z
N R Q V P X T J V U M E B O R P K E K N G E L S R N M T
T I L M H H T D O L X V Y M T W H A M Y N I L M L U Y H
W Y A R X Z R Y L R R I Q R V A K N V X S M I O H O W E
H R N R Z T M A K M E F Y T O D M Z F P J B T M T R A R
U H W N E I M Y L K R C N X I E J O I H F R S E B G Y E
O N K J X H P H F L N V O M N D H C O F G U E N R Y J S
Y T Z K N L T N H K F V A V L K E T M N N G R T Z A T Y
E L Q F N R Z S V G L L X C E U M Z F N Z L U O L L P O
V R V F N C P N S N R M K N P R F M X O R I O N T P R U
O M V T Y K M N M I X B C Y X T Y X L B S A Y W C Y F R
L V M C Q Y J B G P K P O S M F Y O J T X E R G K C N T
I V K V V L L H W Q T U D N C Y V V U I W M C X N R L R
E R D R Z Z T E M K R Y M L F V L P B R L J L I X A L O
K H D F R C R N T L M O N I F A H R P M S L Q R O M K U
I B L R M M M X I A V L E T S R I D E M L O B X K V L B
L Y L H Z K M F W P L Q R R C B F M T B T D U E N H H L
P C P Z R Q E R Q Y J M J X R F P R R Q H D V L R B K E
```

Adia	Im Alright	N Sync
All My Life	Im Your Angel	Nu Flavor
Brandy And Monica	Kiss The Rain	One Week
Dakota Moon	Lately	Recover Your Soul
Dixie Chicks	Lets Ride	Spice Up Your Life
Five	Like I Love You	Theres Your Trouble
From This Moment On	Marcy Playground	Uncle Sam
Gerald Levert	Monifah	Voices Of Theory
How Long Gone	My Way	Wyclef Jean
Ill Be	Natalie Imbruglia	Youre Still The One

1999 Songs & Artists 1

```
L W R W Z Z F Z E P O L R E F I N N E J M Q T X N B L X
Q P K R G M V J D Q T E H R N O O L L A B K C A L B T Q
M Y J L T L R L T L U S Y E H L A U R Y N H I L L N X K
N L Q M R Y R K X S A V T F E E Y N K L F Z Q L X F W N
Z X M R K T N C S T V A L V P X A O G T E L E M T E L B
K K C K Q T R I I D N N E A N K K R N K M R X Y Z P F T
P N Q Z M P T S C U U R H B L A W K T K N R H K W N R R
X R N C V R F L T O Y Y L X D L T O B B C T C C L Q R H
L J H M A Y Q R Y M N U W H L T I E N V R B B M L P H B
N R Z C Y Y O F O O E K X X G C T H G K P E P R X T Q Q
H R S O Q F I R H E V B J S N P L I A I O M A Y J C M J
K L U K K D N T Y R M G L H I N V W S V N T Y K F D V L
K M D M Y I N E T D K R K A H F Z A A M E A D F E F Q R
K M M R N A S N N A K T L W T K P N R Z X T C E C R F E
G Y X G C B L C Q E D L C N T E W T A M K T O N E W L M
R X V R L Y M M D H Q D H M A S P I E X L C T G V N L E
X T A U X Z M X J Y N R Z U H E G T V X P K R K I R I K
N M E F G K R R R M V F T L T R X T A F X R I C D V K I
X L N G X R T R M F R Z V L P Y Q H N K K N P Q L Q E L
F M P L T N C N X O Y V W I O T X A S N M W P Z V C Q S
B T D C D P T T L T M D N N W N B T W U K Q I H C L K R
Q N L O U B E G A U M H D S O C T W T K O N N M R Y Y E
M C H R L Z F L R O W D K N O J N A J L K I B C B K K G
R H Y Z P X R X W L J L Y F D W R Y R N C G X L A J K N
Q D W L Z V V N N L C T M K C L A T E L Y R R N T S Q A
R T G J Z V J J W F K T E L L M E I T S R E A L A R E R
L X M D P Q Y N I T S E D C R K X F P P M L Y M L O Q T
Z M T H Z T S E R U T C I P D E D A F L T C T Y R H S S
```

All I Have To Give	Heartbreaker	Out Of My Head
Black Balloon	If You	Sara Evans
Blue Eyes Blue	I Need To Know	Satisfy You
Can I Get A	I Want It That Way	Scar Tissue
Case	Jennifer Lopez	Shawn Mullins
Destiny	Lately	So Anxious
Doo Wop That Thing	Lauryn Hill	Strangers Like Me
Every Morning	Let Me Let Go	Tell Me Its Real
Faded Pictures	Lou Bega	Trippin
Fortunate	Marc Anthony	Tyrese

1999 Songs & Artists 2

```
F K H I Q D V B J T N N M S L L I W K R A M M X H F S T
M G K M E U L H D M F G N T H Q R K K M A X W E L L I X
V K D Y Q D N R M F N G Q L Q T N F R C L S M V Z X T L
D V Z O L N I P R G J X Z R L S X J H N L M K T R M I J
K X D U G K P L R Y L K H O Y E L R G L F T J N N X Y A
P F Q R R P Z D S E M B V N L P I G I S A L Y N D R A M
Q S K A W L W V P T T E C T T S J B T H S M R J K V W B
L E Q N G K F M V N L T T V T M S A T H T L K M M D E O
R M Y G H Y N D W I J O Y I M L Y E E T B J T K T L H R
W I P E N L F N K L B N N W L T K S H J K B Q L R W T E
I T J L E M V E R A F A G I H I S G H D K G Y P Y C S E
L E M A N R T G N C A T B E L O I W T N W K Q J S T T R
D H V Y L H E I N G K S S G H N P D R M K D T S G N A H
W T F E I L E H U K L A N I K C P R J C V L I M L B H K
I E N S I I S I T L M I G N T T X M F C L K T F L W T X
L R W O N L L T I E H H A K K K N K R B T D P K R L D R
D A F E S E E B A T M D S T E A L M Y S U N S H I N E N
W E G N R C F B E R R E R K Y R W P A G E K D B N X B W
E S G A X P R M U O Q T K F M Q R L K Q R E V E I L E B
S E T F K N O U J O N L T A Y H F T R Y O Z K B Y Y N F
T H F V W S G H B R Y K H R T F X R B X O F Z K N L R M
N T J C Z Q B Y R S T N L T X V T K R H M Y M W L R G M
D C K K S O M A L I A B E T N L H N G J E R Y L M K Q N
P R N R G L V T N W B Y F H B M R J Q G T Q F D X K Q W
Y G G Y C J Q H T L M Q K Y W W L L F V N G Z N C M V X
R E T F A R E V E Y L I P P A H R Q T X A D Q G R V N W
N H W K X E A G L E E Y E C H E R R Y G H C X W Z N L R
L M Y C P B E C A U S E O F Y O U M N X C V V C M L B K
```

All Star	Im Your Angel	Slide
Bailamos	Jamboree	Something Like That
Because Of You	Jordan Knight	Stay The Same
Believe	Last Kiss	Steal My Sunshine
Bills Bills Bills	Love Like This	Take Me There
Chante Moore	Mark Wills	Thats The Way It Is
Christina Aguilera	Maxwell	These Are The Times
Eagle Eye Cherry	No Scrubs	Unpretty
Genie In A Bottle	NSYNC	When You Believe
Happily Ever After	Shes So High	Wild Wild West

1999 Songs & Artists 3

```
G X R K M K L M W D L Z Y O U P R P T X K H K L K R T E
N Y X W N R H N T C L K M N A N G E L N T D O T P N L L
O V R L F N N R X B Y N H D F T R X M U M V Q R J I L A
L R W N L L B V T N Q Z V B H T T X O J E K T Q V V T M
T R T H R X Y K L N X N H G T W K M N O T G K I R Q J E
H D N K A X W A L N J G I L D V H L F V Y Y N M M W Y F
G K K P F P R X W N W N V Q M S T M T L L L R T R R R E
I D X K T V H E Z A O O P B A N Y T L N A H P X M D P T
N L T C A F R D V T Y T D M L L N E G V T L N K V R P I
L J F P H L F O E E K F S S I W W T I Z K V U V N D T H
L T F N T W S V C P U J Z F I O H D V M R O M P N F L W
A C A F E Z A W L T Z O E C P H A P P T Y R E J Q T P E
R G S Y C S R Z E R N M Y E D L T D D H Y M N X R R U L
Y X T G A M R X K E M K S E O C K E S B N N R F T A Z G
M L B D L D H Y B V T S G C V L L I T W M L I T K E Z N
M X A B P H E N Q M E L A K K A R H K I T V Q J W H A I
T T L R O K T M Y J K L A W D E H A A G R B U H M Y T S
C P L Q N L T K O M P T G D H R Z M Q N X W E H L M A Y
B L A Q U E B P P S D Y L C Y Q B A T W D N I Q J F H M
E V O L R U O Y S I E V O L Y M Z Z G W I S G M T O T D
L K V T Z L P B N F K D K T F B T E X S Q L L T K C K C
D C C D N Q B H K I I R L X F L M D A J M K E Q X I C R
M L H T F M T M S P R X L Z P M D I Z N M D S P X S A N
C N B G C M T S X V P I T R P H D M C P D L I N Y U B N
W N G B Q R M C M T R K S W B I N E L M T N A M Q M Z H
M Q Q V P E M M M B K R T L D J K J R R W W S N X C R Z
F N Q N X K X Y K V P H R O M M B M K N Q Q Z B Y N D G
K H B L T G N I K N E Z I T I C W B K L N L T M K K W T
```

All Night Long	Have You Ever	My Love Is Your Love
Amazed	I Do Cherish You	No Place That Far
Angel	Iris	Save Tonight
Back That Azz Up	Jesse Powell	Single White Female
Blaque	Kiss Me	Smash Mouth
Citizen King	Len	Someday
Enrique Iglesias	LFO	Sweet Lady
Fastball	Livin La Vida Loca	When I Said I Do
Fly Away	Love Of My Life	Write This Down
Hands	Music Of My Heart	You

1999 Songs & Artists 4

```
X B L I G V R N K V N H N R L B Q Q N M R M N R M L F H
B R H W L Z E L A G V N L Y T M G T K W C K F Y X E Q W
A R E E Z O Y V N M L Q O B N M Z X J X M G S M M Q D Y
B V P P A N V M E T H U I Y Q G K C J Z P R N R Q C C Z
Y L G Y M R F E K R W C Y F V B Z C F N A T E B N T V P
O N W K H U T Y Y E L O A R Y H P S N E T B G V I L D L
N K T K C J J B R O B A M B K O U T P H M X M R T T R K
E W D R F R W E R W U G S M L G U S G E K K K Q R V M C
M C R F J J M B O E T H X T A A Y H M T R L L B A Z N N
O C Q K X I X C K N A Z T R N E T E A N V A G X M M X T
R C F Q N N O L R O K K R J N K R L H D N J X X Y I M N
E Z B E T T R L Y T P A H T C E V H F G M T L F K A L K
T T N K T T U Y C A Y G I O S N R R E F Y Y X T C M N D
I G Q E T L V B P K W R K A T P N L Q V I B L T I I B A
M P H F L R N R C C B A E H T E O M M Z K G W O R N M H
E G T A Y F D Y C A H L T Z G F L T T L N E H Y V V Y P R
L V B V N P L K J B P O T O M Z P K Z C E K A R F E H E
Q Y T D Q K C R R X O J W I G H T M C G W I T Y K P Y V
K M X Q M J M V N M K M N T K E T L K J I L S T W Z Z E
T N X L W D Z Y S C R E F K M V V N N N L S I X M R P I
H O W F O R E V E R F E E L S T K U T M O T T T F K M L
B G I V E I T T O Y O U M L F N V B O L V I G K Q J L L
D Y Q Z Y A J Z D H T M B V J J L H K Y E T O Z Y W C A
M R Q T V R B T K G Q K H N Q N P Z R K D A N H D L Z S
B R A D P A I S L E Y R R M Q B L D M K Y H N W V J B E
F Y T Q R I S T I L L B E L I E V E Q N O W A H L T C H
G N I H T T S E D R A H E H T P K B P X U Y B M G Y T S
R M T N Q H C P H E B O T E V A H T N D I D E H N B J J
```

Angel Of Mine	How Forever Feels	Ricky Martin
Baby One More Time	If You Had My Love	Shes All I Ever Had
Back At One	I Knew I Loved You	Smooth
Brad Paisley	I Love You	Sugar Ray
Britney Spears	I Still Believe	Tal Bachman
Everlast	Jay Z	The Hardest Thing
Ghetto Cowboy	Jumper	What Its Like
Give It To You	Lullaby	Whats It Gonna Be
Heartbreak Hotel	Miami	Youve Got A Way
He Didnt Have To Be	Please Remember Me	You Were Mine

Made in the USA
Monee, IL
11 November 2020